匡亚明 主编

中国思想家评传丛书

严羽评传

许志刚 著

南京大学中国思想家研究中心

南京大学出版社

中国思想家评传丛书

《中国思想家评传丛书》序

匡 亚 明

伟大的中华民族在长达五千年连绵不断的曲折发展过程中，像滚滚东流的长江那样，以磅礴之势，冲破了重重险阻，奔腾向前，现在更以崭新面貌，雄姿英发，屹立于世界民族之林。这是人类历史上的一个奇迹。产生这一奇迹有诸多原因，其中十分重要的一点，就是我们勤劳、勇敢、智慧的各族人民，在长期的生产活动、社会活动、思维活动和对外交往以及抗击外来侵略过程中，逐渐创造、积累、发展了具有以生生不息的内在思想活力为核心的优秀传统思想文化。这是一种伟大、坚强的精神支柱，是我们民族凝聚力和生命力之所在，是历史留给我们所有海内外炎黄子孙引以自豪的无价之宝。

当然，和各国各种不同传统思想文化一样，在中华民族的思想文化传统中，也是既有精华，又有糟粕，因而全盘肯定或全盘否定,不对;一知半解、信口开河或裹足不前、漠然置之,也不对。郑重而严肃的态度应该是对它进行实事求是的科学的研究和分析,取其精华,弃其糟粕,继承和弘扬这份瑰宝,振兴中华,造福人类。人类历史发展的连续性,就是在不断去粗取精、继往开来和改革创新过程中实现的。继往是为了开来,开来不能离开继往。民族虚无主义和复古主义,都是违背历史发展的辩证规律的。

现在我们国家正处在一个新的继往开来迈向四化的关键时刻。继往就是继民族优秀传统之往,开来就是开社会主义现代化建设之来。对中国传统思想文化从广度和深度上进行系统研究,实现去粗取精的要求,正是继往开来必须完成的紧迫任务。我认为这是中国各族人民,首先是文化界、学术界、理论界义不容辞的光荣职责。但面对这一时间上长达五千年,内容上涉及人文科学、自然科学等各个领域的传统思想文化,将从何着手呢?毛泽东同志早在1938年就说过:"从孔夫子到孙中山,我们应当给以总结,承继这一份珍贵的遗产。"①这是很有远见而又切合实际的英明建议。从孔子到孙中山这两千余年是中国历史上思想文化最丰富的时期,如果总结了这段历史,也就基本上总结了五千年传统思想文化的主要内容。当然,基本上不等于全部。孔子以前和孙中山以后的情况,可以另行研究。因此,我认为首先最好是在时间上从孔子开始到孙中山为止,方法上采取《中国思想家评传丛书》的形式作为实现这一任务的开端。这就是从这段历史的各个时期、各个领域和各个

---

① 毛泽东:《中国共产党在民族战争中的地位》,《毛泽东选集》第2卷,人民出版社1952年版,第522页。

学科(包括文、史、哲、经、教、农、工、医、政治等等)有杰出成就的人物中,遴选二百余人作为传主(一般为一人一传,少数为二人或二人以上合传),通过对每个传主的评述,从各个侧面展现那些在不同时期、不同领域中有代表性人物的思想活力和业绩,从而以微见著、由具体到一般地勾勒出这段历史中中国传统思想文化的总体面貌,揭示其积极因素和消极因素的主要内涵,以利于开门见山、引人入胜地批判继承、古为今用,也为进一步全面系统地总结中国传统思想文化打下基础。自从毛泽东同志提出上引建议后,半个世纪以来,不少专家学者已从各个方面做了许多工作,但对全面完成这个任务来说还远远不够,还要在深度和广度上继续努力。作为"抛砖引玉",本《丛书》只是这个继续努力所应完成的工作的一部分。《丛书》凡二百部,约四千万言,自 1990 年开始陆续出版,争取十到十五年全部出齐。

《丛书》所以用"中国思想家评传"命名,主要是考虑到中国传统思想文化中的核心是生生不息的内在思想活力,而历史事实也反复证明,凡是在各个不同时代不同领域和学科中取得成就者,大多是那些在当时历史条件下自觉或不自觉地认识和掌握了该领域事物发展规律的具有敏锐思想的人。他们取得成就的大小,取决于思想上认识和反映这些规律的程度如何。思想并非先验之物,它所以能反映和掌握这些规律,主要是通过社会实践和对前人思想成果的借鉴和继承。思想一旦形成,反过来在一定程度上又对实践起决定性指导作用。

韩愈说的“行成于思，毁于随”[①]，列宁说的“没有革命的理论就不会有革命的运动”[②]，这些话，虽所处时代和所持立场不同，所要解决的问题的性质也不同，但就认识论中思与行、理论（思想的高度概括）与实践的关系而言，确有相通之处，即都强调思想对实践的指导意义和作用。因此我们以“中国思想家评传”命名，就是力图抓住问题的核心，高屋建瓴地从思想角度去评述历史人物，以便对每个传主在他所处时代的具体情况下，如何在他所从事的领域中，克服困难，施展才华，取得成功，做出贡献，从思想深处洞察其底蕴。历史上各个时代富有思想因而能在有关方面取得成就的人，直接阐述自己思想观点的论著虽亦不少，但大量的则是其思想既来自实践（包括对前人、他人实践经验的吸取）、又渗透在自己创造性实践之中，集中凝聚在他自己的业绩和事功上，而没有留下论著。另一些人却只留下著作而无其他功绩，对这些人来说，他那些有价值的著作就理所当然地是他的伟大业绩和事功。如果论述一个人的思想而不联系他的业绩（包括著作），必将流于空洞的抽象；同样，如果只讲一个人的具体业绩而不结合他的思想活动，又必将成为现象的罗列。评价思想和评价业绩，两者不应偏废。而不断在实践中丰富和深化的思想活力则是经常起主导作用的因素，强调这个因素，引起人们的正视和反思，正是我们的主旨和目的。当然，思想和思想家，思想家和实践家，都是既有区别又有联系的不同概念，忽视这一点是不对的。《丛

① 韩愈：《进学解》，中华书局《四部备要》东雅堂本《韩昌黎全集》卷十二，第3页。

② 列宁：《怎么办》，《列宁选集》第1卷，人民出版社1976年版，第241页。

书》的重点则是放在两者的联系和结合上。至于如何使两者很好联系和结合而又着意于剖析其思想活力，各占多少篇幅或以何种方式表达，则自当由作者根据传主的具体情况创造性地作出妥善安排。

自从人类历史上产生了马克思主义，不仅全人类解放和发展有了划时代的明确方向，学术研究也有了更严密的科学方法，即辩证唯物主义和历史唯物主义的世界观和方法论。根据这一科学方法，在研究和总结中国传统思想文化，特别是联系到《丛书》的撰著时，我认为下列几点应特别引起重视。

一、坚持实事求是的原则。实事求是是贯串在马克思实际活动和理论研究中的主线，离开了它也就离开了马克思主义。只有切实掌握了客观情况，才能得出正确的认识和判断。前者为"实事"，后者为"求是"，二者相结合，就叫实事求是。事不实则非夸即诬。为了弄清情况，就必须对情况的本质与现象、整体与局部、真与伪、精与粗，作出区别、梳理和取舍，这样才能掌握情况的实质，达到"实事"的要求；然后进一步加以分析研究，找出事物本身固有的真相而非主观臆测的假象，并验证其是否符合人民利益和人类历史前进方向，是否反映科学、技术、文化、艺术的发展规律，这样才能得出正确的认识和判断，达到"求是"的要求。实事求是是治学的基本功夫，是对每个传主的功、过、是、非作出公正评价的必要前提。不论古今中外，对历史人物过高或过低的不公正评价，大都由于未能认真坚持实事求是原则的缘故。

二、坚持批判继承的原则。马克思主义学说就是批判的学说，而批判是为了继承、发展和创新。这就需要我们在实事求是的基础上，既要继承发扬传主业绩和思想中的积极因素，又要批判清除其消极因素。凡传主业绩和思想中体现了诸如爱国主义、民主意识、科学见解、艺术创造和艰苦奋斗、克己奉公、追求真理的精神，即在符合历史前进要求的“立德”、“立功”、“立言”诸方面有显著成就等积极因素者，必须满腔热情地加以继承和弘扬，并紧密结合当前社会主义建设实际，使之深入人心，蔚然成风；凡反映有诸如封建迷信、专制独裁、愚昧落后、丧失民族尊严和违背科学进步等消极因素者，必须以历史唯物主义的观点加以批判，清除其一定程度上至今尚起作用的消极影响，而消极因素经过彻底批判后可转化为有益的教训；凡积极因素和消极因素相混者，更当加以认真清理和扬弃，既发扬其积极因素又摒弃其消极因素。我们力求一点一滴、切实认真地探索各个传主思想和业绩中珍贵的积极因素，使之成为全国各族人民正在从事的继往开来伟大历史工程的组成部分。

三、坚持“百花齐放”、“百家争鸣”的原则。“百花齐放”和“百家争鸣”，是发扬学术民主、促进学术繁荣的正确原则和巨大动力。前者强调一个“齐”字，后者强调一个“争”字，是表示学术上平等、民主和自由的两种不同状态；前者突出的是统一与和谐，后者突出的是区别与争论；两种状态又统一于不断地相互促进和相互补充、转化的持续发展提高过程之中。“百花齐放”、“百家争鸣”的原则体现在撰著评传时，应从“齐放”和“争鸣”出发，综合中外各个时期对有关传主的不同评价，吸取符合客观存在的对的东西，摒弃其违反客观存在的不实的东西，然后创造性地提出经过自己独立思考的、赶前人或超前人的一家之言。同时，对整个《丛书》而言，也有个共性、个性又统一又区别的问题。这就是一方面作者应把“实事求是”、“批判继承”和“百花齐放”、“百家争鸣”这几点作为大家的共性(统一与共识);另一方面,对每部评传的立意、结构和行文(文体、文风和文采等),则主要是作者的创造性思维劳动和雅俗共赏的文字表达艺术的成果,是彼此的个性(区别),不宜也不应强求一律。评传作者都有充分自由去发扬这一个性,力求在对每一传主的评述中探索和展示其积极因素,使之和正在变革中国面貌的伟大社会主义建设实践融为一体,丰富其内容,促进其发展,而不是仅仅停留在对传主思想业绩的一般性诠释上。

我认为,以上三点大体上可以表达《丛书》所遵循的主要指导思想,但也不排除用其他思想和方法得出的有价值的研究成果。

感谢所有关心和支持《丛书》工作的单位和个人,特别感谢《丛书》的名誉顾问和学术顾问。他们的热情关心、支持和指教,使《丛书》工作得以顺利进行。更要感谢所有承担评传撰著任务的老中青学者,他们都以严谨的治学态度,作出了或正在作出对学术,对民族,对历史负责的研究成果。没有他们的积极合作,《丛书》工作的开展是不可能的。《丛书》副主编和中国思想家研究中心、南京大学出版社,在制定《丛书》规划,约请和联系国内外学者,审定书稿以及筹划编辑出版等方面,克服重重困难,做了大量工作,他们的辛勤劳动是《丛书》能按预定计划出版的必要前提。

现在《丛书》开始出版了,我作为年逾八旬的老人,看到自己迫于使命感而酝酿已久的设想终于在大家支持合作下实现,心情怡然感奋,好像回到了青年时代一样,体会到“不知老之将至”的愉悦,并以这种愉悦心情等待着《丛书》最后一部的问世;特别盼望看到它在继承中华民族传统思想文化的珍贵遗产方面，在激励人心、提高民族自尊心和爱国主义思想方面，在促进当前建设有中国特色的继往开来的社会主义现代化物质文明和精神文明的历史性伟大事业中，能起到应有的作用。我以一颗耄耋童心，默默地祝愿这一由一批老中青优秀学者经长年累月紧张思维劳动而作出的集体性学术成果能发出无私的熠熠之光，紧紧伴照着全民族、全人类排除前进道路上的各种障碍，走向和平、发展、繁荣、幸福的明天！

热诚欢迎国内外同仁和各界人士不吝赐教，以匡不逮。是为序。

1990 年 10 月 7 日

内 容 简 介

本书从严羽的生平、诗歌创作、理论建树三个方面展开论述，而以后者为主。在生平研究中，以严羽所写的诗文为基本依据，多方钩稽宋、元人诗文集、笔记及有关地方志，考订其一生经历；在对其思想的研究中，注重对其思想体系及各个组成部分进行探讨，对他给予后世以较大影响的观点、主张，如妙悟、兴趣、以禅喻诗等，作了较多的论述；同时，本书对严羽诗歌的艺术特征也作了分析，力求使人们了解一个全面的、合于历史实际的严羽。

A Brief Introduction

This book spreads out discussion from three aspects: Yan Yu's life, poem creation and theoretical contribution, and the last one is the main point of the book. In research of his life, we based on Yan Yu's poem and works, meanwhile, we dealt with many poem collections, collected works, notes and related local chronicles of the Song Dynasty and the Yuan Dynasty, in order to make a textual research of his life experience. In research of his thought, we mainly inquired into his ideological system and its component parts, also we paid more attention to his idea and advocacy, such as the witty remark, the interest, and the analogy between the buddhism knowledge and the poem theory, which gave more effect on his followers. At the same time, the book also analyses the artistic character of Yan Yu's poetry and does its best to give people a whole understanding of Yan Yu, telling the historical reality.

目　次

A CRITICAL BIOGRAPHY OF YANYU

CONTENTS

第一章　闽北山川育英才

严羽，字仪卿，一字丹邱。他是中国古代最杰出的文艺理论家之一，曾在中国文学思想史上产生过重要影响。严羽生活于南宋后期的福建邵武，正是这个时代和他家乡的物质的、人文的条件，造就了这位特殊的文学思想家。

一、崛起的山城

福建北部，青山耸翠，郁郁葱葱，绵延数百里；绿水秀川，环绕其间。山，充满了生机；水，孕育着灵秀。无怪乎古代的文人、硕儒多尽情地赞美这个山区。戴复古在诗中写道："千山表里重围过，一水中间自在流。"① 黄清老诗中说："溪随天马西北行，半空忽见莲花生。双鸾欲下却飞去，旌旗引入丹霞城。"② 另据《嘉靖邵武府志》卷二附录《石碑记

① 《题邵武熙春台》，［宋］戴复古《石屏集》，上海三联书店 1988 年版。

② 载《咏天马山诗》，［明］陈让《嘉靖邵武府志》卷二，上海古籍出版社影印天一阁藏明刊本。

歌》云："天帝（山名）行龙五十里，巨门武曲、金星起。一脉如丝滚绣球，耸起登高［和］狮子。势别雌雄隔樵水，争奈雌雄不联起。"这些诗都从宏观的角度歌咏了福建北部、中部山区的壮丽景色。黄镇成在诗中还进一步称赞了这里的山水之美："寒泉飞下绝涧响，老树倒挂苍苔碧。"①

这被诗人多方赞美的山，就是邵武的山。这清澈美丽的水，就是环绕在群山、邵武之间的清泉、湍溪。这里的青山绿水哺育了无数杰出的人才。严羽就出生在这环境优美的邵武。他生于斯，长于斯，晚年又隐居于斯。樵岚山、樵川、莒溪、沧浪之水环绕着他，培育着他，伴随他度过欢乐的童年，又成为他晚年生活的重要组成部分。故他又号沧浪逋客。

邵武的山川虽然秀美宜人，但在政治、经济发展方面，却长期处于较为封闭的落后的状态。三国时代，邵武刚刚设立为镇，继而改为县。这也只是刚刚起步而已，还没有发展的机会和条件。晋怀帝永嘉年间，中原板荡，士大夫率族人南迁，江南的经济、文化得到了较为迅速的发展，又有所谓"八姓入闽"之说，邵武遂在人才、经济实力等方面获得前所未有的发展契机。经过宋、齐、梁、陈和隋几个朝代，虽然战乱不止，闽地和邵武的经济、文化的发展还是不可逆转的。唐代的统一、强盛和经济繁荣以中原地区为其代表，但一个庞大帝国的存在，也势必构成了这个山区发展的外部条件。而唐朝末期的战乱和大批士人渡江、入闽，则直接促进了邵武的崛起，缩短了这个山区同外部世界的距离。此后，赵宋统治者于太平兴国四年设置邵武军，这个一向闭塞落后的小县，

① ［元］黄镇成《桃花岩诗》，载《嘉靖邵武府志》卷二。

遂成了那个地区的权力中心，成了福建北部的军事重镇。这个巨大的变化，自然更加促进了邵武经济、文化的进步。

特别是赵宋政权南迁以后，定都临安（今杭州），名门望族由北向南迁徙的浪潮比晋代永嘉年间更为迅猛，进入福建和邵武的侨居者也成倍地增长。据《嘉靖邵武府志》卷五载，此时的邵武"始无不耕之地"。这种说法或许有些夸张，但从相近时期的发展数据中也不难提供一些有力的证明。前书又引《旧志》说，崇宁中（1102—1106），本军户 87594，咸淳七年（1271），户 212953，在不到 170 年的时间里，户口数增加了近 1.5 倍。从这个侧面也可以看出邵武发展之一斑。至于迁居邵武而又见于记载的，也举不胜举。其中较著名的早期迁入者，如政和二年（1112）进士、累官太常少卿、中书舍人的季陵，他祖籍处州（今浙江丽水西），客寓邵武，在这里娶亲，于是落户生聚，成为侨居人氏中的佼佼者。另一位名人则为南宋时朱熹的得意弟子吕胜巳，祖籍河东（今山西），他的父亲吕祉以吏部侍郎镇合肥，战死后葬于邵武的樵岚，子孙遂徙家于这山青水秀的环境中。①

一个地区的封闭状态，固然不利于该地区的经济、文化的发展。但是，如果它具有较好的自然条件，构成自身发展的内在基础，又能在一个有利的形势和外部条件具备的恰当时机，从封闭状态中摆脱出来，它就拥有比其他地区更为优越的区域性环境，从而也提供了一个有利于人才成长的人文条件和自然条件。例如四川从封闭状态中解脱出来以后经济、文化空前发展，人才辈出，先后出现了像司马相如、李白、苏轼这样

---

① 见《嘉靖邵武府志》卷十四。

雄踞当时文坛的杰出作家。无独有偶，邵武在历史上也按照同样的轨迹运行，哺育英才，从而作出了它的贡献。

据《嘉靖邵武府志》卷一载，邵武因时势推移曾有过不同的名称。晋以前称昭武。昭意谓彰明，因处在武夷山南，故以彰明武夷为名。晋人避司马昭之讳，改昭武为邵武。又因郡中有樵岚山，樵水出于其间，郡治居于河水北岸，于是，又称其地为樵水，也称樵阳。邵武命名、更名，都离不开这里的山山水水。这也为我们提供了了解邵武自然环境的线索，即《嘉靖邵武府志》卷二引《旧志》所称："前跨汀、赣，后依武夷"，"杉关、铁牛控其西，石岐、水口扼其东，梅口、西安阻其南，金山、珠寮障其北。"造就了一个山环水复之中的邵武。

邵武为群山环抱的自然环境决定了它的经济发展，也在很大的程度上决定了它的政治和社会治安的状况。山区不利于农业生产，加之封建剥削严酷，造成了这里的贫困。于是，这里成为反抗封建压迫的农民起义队伍经常活动的区域。正如《嘉靖邵武府志》卷二所说："四境有虞，邵必被兵，民亦不难于从乱。是唯山深险道，可以藏慝匿奸，突来而忽去，生之无道，教之无素，易动难安，岂非自然之势邪?"也正因为人民贫困，郡县无法聚敛更多的财富，使得邵武军及所辖各县，除邵武及建宁设有较完整的城墙以外，邻近的光泽、泰宁两县都没有城郭。对于赵宋政权来说，这当然是不利于统治基础的巩固的；对于居住在这个区域的人民和普通知识分子来说，这是贫穷的标志；同时，它也为下层人们的流动提供了方便之门。周围府县无力谋生或被迫离乡的人常常流落到这里，增加了这里的人口，也增加了这里人民素质中的不安定性。于是，这里的贫困因素和不安定因素也不能不影响当时的读书人，从而在他们的生活中，在他们的性格中，打上环境的印痕。

自然环境也造就了这里独特的风俗。晋代以前，这里人少地荒，史书较少直接记载。论及其风土人情，也大多同楚、越连在一起，显得有些宽泛。于是，那些记载就只能具有较为浮泛的参考价值，而无法确定哪些记载仅仅属于邵武。对于这类记载，我们没有必要赘述。唐宋以来，则有很多别具价值的直接记录。据《嘉靖邵武府志》卷二引《旧志》云，其地“人性轻扬，尚鬼好祀，刚烈尚气，力农重谷，火耕水耨，少大饥岁”。宋王象之《舆地纪胜》卷一三四云：“人性犷直，尚气，治生勤俭，力农重谷”①。这些记载都指出了封闭的山区环境对邵武风俗的形成，起到了重要的制约作用。这里的人大多竭心尽力以从事农业生产，很少有经商贸易的。不仅如此，连外地的商人也很少进入这一地区。于是，这里山环水复的自然条件，也就成了把它自己同外界隔绝开来的屏障。这种半封闭的环境决定了下层人们只知道粗茶淡饭，食稻茹蔬，不知道也不能想象还有比这些更适合于自己的食物；决定了穷山沟里的人们只能蓬头垢面，一年到头戴不起帽子，扎不上头巾，不知道也不能想象还有能使自己的生活变得美好的服饰。至于较富有的人，也因没有外界的潮流刺激他们那较为原始的植根于自然经济的欲望和追求，缺少时兴的商品供他们享乐。他们大多没有广厦、雕楹式的住宅，没有华丽的冠带、衣履。除了官员以外，很少有人骑马。下雨天往往

① ［宋］王象之《舆地纪胜》，台北文海出版社 1971 年影印本。

自己打着伞，提着鞋，跋涉于泥沼之中，也不甚以为苦。因为物资匮乏，人们待客宴宾时连鹅都绝少上宴席，猪、牛、羊肉自然罕见，更不要说佳肴美味了。[①]

自设立邵武军以后，这个封闭的、带着浓重的落后色彩的地区，开始在政治、文化方面取得长足的进步。特别是一些有识之士到这里做官，凭借自己的学识、文学成就和权力、威望，引导这里的文化健康发展。例如尹洙于康定元年（1040）知光泽县，他以自己在散文方面的成就和对古代散文的理解，启发、勉励后进，使当地的文体为之一变；嘉祐年间（1056—1063），李山甫知建宁县，他在那里提倡儒学，建立学校，奖掖后进，于是，那里的读书、求学之风得到了有力的推动。[②] 与此同时，北方迁来的贵族大姓也为这里注入了文明活力，促进了这里的文化的发展。在外界提倡和名门望族的带动下，当地稍具条件的家庭也纷纷把培养孩子读书、仕进作为改换门庭的唯一出路。于是，读书、求学在这里蔚为风气。据《武阳志略》载，“人尚理学，彬彬乎道德文物，有邹鲁之遗风”，《嘉靖邵武府志》引《旧志》载，此地“儒雅乐善，比屋弦诵，号小邹鲁”[③]。另据前书卷十三《乡贤》所载叶武子成长的经过，也很能说明问题。武子“初游乡校，学周礼于永嘉徐元德”，继而受学于朱熹，颇受这位大师的好评。由此可以看出，当时邵武乡校能从外地聘请一些具有真才实学的先生来此教育子弟，因此也推动了这里文化的发展。刘

① 《嘉靖邵武府志》卷二。
② 参《大清一统志·名宦》。
③ 均见《嘉靖邵武府志》卷二。

克庄撰《邵武军军学贡士庄》曾描写说：闽地没有富裕的知识分子，而樵川士人尤其贫困。旧日军学所设立的贡士庄，供给微薄已极，无法维持生计，而官府所提供的生活资料又非常贫乏，致使有些颇具天资的学子，无法继续求学①。这种情况表明，在当时的邵武，一些出身下层社会的青年为生计所迫，无法坚持读书求学；同时，"小邹鲁"之名的获得与传播，也十分清楚地显示出当地青年的求学热情，不为那里十分艰难的条件所挫。莘莘学子克服了先进地区青年所不曾遇到的困难，顽强地坚持着寒窗十年苦读的奋斗之路。

风气的扭转逐渐成为有利的精神文化条件。邵武变了。首先在名门望族中培养出一代又一代杰出的人才。其中尤为突出的当数上官氏、黄氏和吴氏。上官凝，邵武和平人，宋仁宗庆历二年（1042）进士。凝的次子均，于神宗熙宁三年（1070）赴京应试，受到苏轼的赏识，廷试第二；均之二子都有功名。到了南宋，上官涣酉登嘉定元年（1208）进士；涣酉弟涣然于淳祐元年（1241）擢进士第。邵武黄氏也是俊逸满门，《嘉靖邵武府志》为之立传者，竟达十余人②。

在那个时代，还有一个关系到邵武文化发展和人才成长的重要因素，那就是朱熹晚年的影响。晚年的朱熹，已是名满天下的儒宗。而恰在此时，他到了福建北部，在距离邵武不远的建阳县考亭设竹林精舍，聚徒讲学，并且于宁宗庆元六年（1200）在考亭辞世。在这期间内，远近求学者以及最后送葬者纷至沓来，轰动全国。这对于相距不远的邵武来说，影

① ［宋］刘克庄《后村先生大全集》卷九十，《四部丛刊》初编本。
② 见《嘉靖邵武府志》卷十三。

响之大，可想而知。那里的向学之风的形成、那里的“小邹鲁”之称的获得，都不应低估考亭这股劲风的推动之力。

邵武的山山水水，邵武的人文条件，构成了严羽生活与成长的外部环境，也为我们提供了研究和理解严羽的重要线索。

二、“几代诗名不乏人”的家世

邵武并不是严羽的祖籍。这里的山水之美同严氏家族的繁衍生息结合在一起，乃是唐代以后的事。

严羽谈起自己的家世时，总是充满了自豪之感。例如在《送主簿兄之德化任》一诗中就表达了这样的心情：

> 唐世诸严盛西蜀，郑公勋业开吾族。后来避地居南闽，几代诗名不乏人。叔孙伯子俱成集，我兄下笔追唐及。①

这里较多地涉及到诗人的先祖和家族历史，应该说是较为可信的。这里的“郑公”，即唐代宗时任剑南节度使、封郑国公的严武。《旧唐书·文苑传》载，“黄门侍郎郑国公严武镇成都，奏（杜甫）为节度参谋、检校尚书工部员外郎”。② 这里的“郑国公”以及杜甫诗中多次歌咏的“严郑公”，都是指他。在严氏家族来说，有一个位至公侯、名垂青史的祖先，确实是值得骄傲的。严武镇剑南，聚族而居，谓之“诸严”。严羽谓

① 《严沧浪先生吟卷》卷二，《适园丛书》本。

② ［后晋］刘昫等《旧唐书》，中华书局1975年版。

之“盛西蜀”，自不当以夸饰之词看待。据史载，严武为华州人。这与朱霞在《严丹丘先生传》[1]（以下简称朱《传》）中所写的“先世居华阴”的记载相合。这既可以证明严武为严羽家族引以自豪的先祖，也可以说明严氏祖籍在今陕西华县。前边所引诗中说，“后来避地居南闽”，意在表明家族迁居福建的经历。诗称“避地”，表明他的家族曾经不很得意，不能不离开曾经兴盛、曾经得意的西蜀，或其他生活过、繁衍过的地方。所谓的“南闽”，是指南方之闽，不应该狭义地理解为闽之南部，甚至特指福州。据朱《传》称：“五代时远祖严远使者随王潮入闽”。王潮入闽，见于《新唐书》卷一百九十，又见于《嘉靖邵武府志》卷二。王潮为唐僖宗、昭宗时人。兄弟三人均有材勇之名，为王绪召募从军，任军正，深得士卒信任。其后，王绪同秦宗权因上缴赋税不和，宗权发兵击之。王绪举光、寿二州兵五千人渡江，攻陷汀州、漳州。至南安，王潮杀王绪，夺得兵权。继而消灭了占据福州的陈岩之婿范晖，进入福州，闽地遂定。昭宗于乾宁中（894—897）就福州设威武军，拜王潮为节度使。朱《传》称其事为“五代”时，与本传有出入。但是，严远随王潮入闽这件事，必当有所依据。只是由于严远或严羽的其他先人在这期间社会地位较低，其他建树也不够突出，未能见于历史记载。就渡江这件事来说，王绪为逆臣，严远为其麾下，又从王潮，至少都不能说是荣耀的事。严羽把它说成“避地”，也未尝没有为先祖避讳之意。

---

① 载《樵川二家诗》卷首。《樵川二家诗》，［宋］严羽、［元］黄镇成撰，［清］徐翰辑，《邵武徐氏丛书》初刻本。

从上述有关记载可以看出，严远入闽后曾在福州居住，而后才举家北上，择居邵武。由于这段迁徙过程不见于文献记载，我们无法指出其确切的时间和迁居的详细情况。大致推断，当在严远晚年或其下一代。王潮之所以能在福州站住脚，仅仅在于他掌握着一支军队，凭借武力割据一方。他被封为节度使，也不过是唐朝统治者的安抚政策和权宜之计。对于严远或他的子侄来说，他们这些外来人能否长期据有福州，王潮是否值得长期依靠，都是很现实、很迫切的问题。在这种形势下，严氏家族避开政治斗争、军事斗争的漩涡，寻找一个较为僻静、较利于长期发展的地域，移居那里，应该说是一个较为理智的选择。而邵武这个正在发展中的地区很自然地成了他们的目标。

至于说到“几代诗名”的问题，严羽也是很自豪的。对此，有的学者以为是指“三严”、“九严”。其实这是误解。所谓的“三严”、“九严”，都是严羽的同辈和晚辈，既不合于“几代”之意，也同严羽的自豪心情不合。这里所说的“几代诗名”，并不排除自己和同代人，但是，更主要的，当指其前人而言。其中最早以诗名著于当世的，还要属那位“开吾族”的郑公严武。当时，诗人杜甫居住在成都草堂，身陷于困窘之中。恰好此时，严武以御史大夫镇蜀。杜甫与严武的父亲严挺之有旧，且武又爱甫的诗名，遂给他以较好的照顾。杜甫成了这位集军政大权于一身的严武的座上宾。严武所主持的宴饮、游乐等活动往往邀杜甫参加。于是少不了文人雅士的题咏、唱和，包括他们二人的赠答。如严武作诗《寄题杜二锦江野亭》，杜甫则以《奉酬严公寄题野亭之作》相报。此外，杜甫的《严公厅宴同咏蜀道图得空字》、《奉和严中丞西城晚眺》、《中丞严公垂寄奉答二绝》、《严郑公宅同咏竹得香字》[①] 等诗，都表明严武不仅有显赫的地位，同时，也有一定的诗才与诗名。

严武的从侄严绶也是名垂青史的“诸严”之一。他及进士第，官至荆南节度使，封郑国公，似乎也是个较有诗名的人。从晚唐到南宋这几百年间，严羽家族是否还有人以诗名世，均已无从考察。但是，严羽自称“几代诗名”，当不是虚妄之谈。诗人在这里谈起自己家族的历史和前代的诗名，是有深意的。从诗中看，第五、六两句转到目前，“俱成集”的“叔孙伯子”当指“三严”、“九严”。诗人意在表明，自己的家族源出于名门，又有诗礼治家的传统，在自己的时代出现一批诗人，重新确立或超过祖辈在诗坛上曾经拥有的地位，既为事理之必然，也是义所不容辞之事。

考稽严羽的祖系即“诸严”，对于我们了解他的一生和他的成就有不容忽视的关系。与此同时，考察严氏家族的重要亲戚关系，也必然有助于对他的成长、交游乃至文学成就的了解。这里值得重视并需加以考察的是吴氏家族。

在《严沧浪先生吟卷》中有一封重要的书信，即严羽的《答出继叔临安吴景仙书》（以下简称《答吴景仙书》）。这封信是研究严羽和《沧浪诗话》的学者经常提到的重要文献。然而，人们几乎都从思想、理论的角度去认识它。至于其在考察严羽的身世、家庭以及他的诗派方面所具有的独特作用，人们还不曾注意到。这封书信为我们考察诗人的家世提供了可

---

① 见［唐］杜甫著［清］钱谦益笺注《钱注杜诗》卷十二、十三，中华书局 1958 年版。

贵的线索。此信称吴景仙为出继叔。又据原书旧注云："按他本（作）沧浪《答吴保义书》。吴陵，字景仙，表叔行，有诗名。"[①] 旧注所标明的"表叔"和传本的"出继叔"看起来有些矛盾，也许这互相矛盾的外观加剧了人们对它的史料价值的不信任感。但这仅仅是表面现象。如果深入分析的话，我们就可以从中发现一些其他文献无法替代的依据，可以据此考见二人关系的实质，也是我们认识严氏家族亲戚纽带和主要社会关系的唯一依据。首先我们应该看到，"表叔"二字告诉我们，严氏家族和吴氏家族是以姑舅为纽带的姻亲关系；而严羽称之为"表叔"，就表明，不是吴氏之女嫁到严家，只能是严氏之女嫁吴氏之男为妻；同时，联姻者的辈份，也较容易确定。他们一定是"表叔"的前代人，也就是说，联姻之时发生在严羽祖父一代。祖父的姊妹即严羽的姑奶奶出嫁吴氏，于是，其下一代才有表叔之称；这一点又可以通过严羽同景仙过从较密、诗派中吴氏人较多得到印证。联姻者的辈份不远，甚至他们还作为老祖宗在掌握着两个家庭的大事，决定着两个家庭的关系的亲疏远近。书信称景仙为"出继叔"，则说明景仙原本不姓吴，作为过继之子后才改吴姓；同时，"出继"一词还表明二人原来的关系，即严羽是从自己家族的角度称呼景仙的。也就是说，景仙原本姓严，为严羽本家叔叔，因为严羽的姑奶奶严氏家没有子嗣，便把景仙从自己的兄弟那里要来，过继给吴家，也表示出亲上加亲之意。

明确了严羽的重要亲戚关系以后，我们还应进一步考察吴氏家族的文化教养情况。我们前面已经讲到，邵武文化繁

---

① 《严沧浪先生吟卷》卷一。

荣发展的过程中，有几个大家族尤其突出。其中就有邵武吴氏。例如吴处厚，字伯固，博学，能诗文，登宋仁宗皇祐五年（1053）进士；吴点，字圣与，登神宗元丰五年（1082）进士；吴伟明登徽宗崇宁五年（1106）第；吴英，字茂实，尝从学于朱熹，登高宗绍兴三十年（1160）第；吴炎登光宗绍熙元年（1190）第。（以上均见《嘉靖邵武府志》卷十三《乡宦》）

当然，这些人虽然都姓吴氏，并且都是邵武人，我们也不能断言他们为同祖同宗，不能说他们都同严羽有亲戚关系。然而，根据中国古代大家族往往聚居的特点，也由于文献资料较为匮乏，我们也不能排除其中有的人，甚至有几个人同严羽的家庭有亲属关系。

此外，从严羽的传记中也可以找到一些证据。这些传记在写到严羽的诗派时所列举的诗人大同小异，即以严氏、吴氏为主。严氏以“三严”为代表，即严羽、严参、严仁；吴氏则有吴梦易（字潜夫）、吴陵、吴半山。

凡此种种，都可以说明邵武吴氏也是书香门第的大家族，并且很有可能也是从中原迁居邵武的名门望族之后。这样两个家族联姻，既符合中国古代讲究门当户对的传统，也有利于子弟的教育和成长。

在文化南移的过程中，在一个区域性条件良好并且具有“几代诗名”的家庭里，出现一批有成就的诗人，这的确有其必然性。而在这些诗人当中，在这个家族和作家群体当中出现一个诗歌艺术水平较高并且在理论上高踞于他们之上的诗人，出现一个继承中国古代文艺思想的积极成果，推动古代诗歌理论发展，同时，又足以代表当时诗歌理论建树和发展水平的思想家、理论家，应该说，外部条件已经具备了。严羽这个以其杰出成就引起当时人和后世人瞩目的诗歌理论家，就在这样的物质环境和精神条件之下应运而生了。

三、个性鲜明的少年

严羽出生时，他的父母、兄弟和家庭生计等情况，我们已无法得其详。只能从有关“三严”、“九严”等记载中得知这是一个大家族；“三严”、“九严”又都受到良好的教育，而且严羽等人长期客游异邦，这些事实说明，没有较为殷实的家产是做不到的。可见这个家族的经济条件比较好。严氏家族在这较为落后的山区处于小康状态，当不会有大的出入。可以说，这个以前显赫、繁盛的大家族，虽然几经迁徙，却仍然在经济上、文化上占有较强的优势，足可以把自己的子弟培育成才。

严羽的生年是个颇有争议的问题。很多学者对此进行了较为艰苦的考证、辩说，然而很难取得为大家所公认的结论。关于严羽的生年的讨论，大体上有四种说法：孝宗淳熙年间（1174—1189）①；光宗绍熙三年（1192）②；宁宗庆元元年（1195）③；宁宗庆元三年（1197）④。

考订严羽生年的学者，大多注意到他的唯一一篇明确讲到自己年龄的作品，即《促刺行》。但是，根据哪些因素确定这篇重要作品的写作时间，这篇作品同其他几篇作品的关系如

---

① 张文勋说，见其所著《严羽》，载《中国历代著名文学家评传》，山东教育出版社 1984 年版。

② 王士博、陈定玉说，见《严羽学术研究论文选》，鹭江出版社 1987 年版。

③ 朱东润说，见《沧浪诗话参证》，载《朱东润学术论文集》。

④ 陈伯海说，见《严羽和沧浪诗话》，上海古籍出版社 1987 年版。

何界定，更进一步说，这篇作品及相关的作品究竟写于哪一年，对这样一些重要问题的认定，人们都很难取得一致。因此，人们对他的出生年代及其生平的认定，也必然存在较大的差异。

王士博先生据《促刺行》和《庚寅纪乱》立论，认为庚寅是 1230 年，诗的内容是纪叙 1230 年邵武所发生的变乱，写诗之时却是 1231 年辛卯。他是据《宋史》所载起义首领晏彪被杀害的记载确定“乱定”时间的，然后由此上推 40 年，认为严羽生于 1192 年。陈定玉征引资料较为详博，其结论与王文基本相同。应该说，王、陈二位学者的论断大体上接近历史实际，只是在主要资料的认定和引用方面还有值得商榷之处。至于其他几种说法，同王、陈二位的论述相比，其所征引资料的可靠程度及所引出的结论，值得商榷之处更多，这里不作辨析。

严羽这两首诗的写作时间，的确同他家乡的一次农民大起义密切相关。但人们在考证这次农民起义的时间以及《促刺行》这首诗的写作时间方面，学者大多引用《宋史》、《续资治通鉴》等书的记载为依据，认为邵武这次同严羽关系极大的事件发生在绍定二年（1229），而起义被镇压是在绍定四年（1231），并由此推断诗人的生年。在缺乏其他更有力的证据的情况下，这种做法当然是无可厚非的。然而，值得我们特别注意的是，严羽是这一事件的目睹者和直接关联者，又是一个善于以诗的形式纪事、抒怀的诗人，并且，他也确实在诗中记载了这个事件及自己的有关行踪。这就比其他经过加工、整理的第二手、第三手史料具有更直接、因此也更可靠的性质。根据他的诗篇进行考察，这次事件的发生并不是绍定二年（1229），而是在绍定元年（1228）。其《平寇颂》[①] 诗云：

治平改元，有寇于建。昔犯我鄙，狼蹂豕践。

诗中所谓的“改元”，即指理宗的年号由宝庆改为绍定。诗中所写的事件正发生在改元之初。当然，诗的语言具有较高的概括性，不同于散文的精确。但是，我们也不能排除在某些时候它又具有不容置疑的准确性。而此诗若与诗人的其他作品连类进行考察，便可提供极其可靠的证据。诗称“改元”，另一首诗又题为《庚寅纪乱》，并且都围绕着同一事件抒发感情，这就为我们考证这一事件的时间、诗人的行踪、诗人的年龄，提供了比其他史料更具有说服力的证据。这次事件历时三年，这一点几乎所有的文献都无异词。因此，诗中所说的“改元”就不应该视为模糊的提法，而应看作事件发生的确切时间，即绍定元年（1228）。

由此诗人外出避乱三年，于绍定三年（1230）返回故乡。遭到这次大变动后同亲朋好友相聚，又面对家乡的破败景象，严羽十分激动地写下了这首《促刺行》和另一首更详细地记录这次事件的《庚寅纪乱》。他在《促刺行》中写下了自己的经历和回乡时的状况：

三年走南复走北，岁暮归来空四壁，邻翁为我

① 案今本作《平寇上史君王潜斋》，见《严沧浪先生吟卷》卷三。兹据《嘉靖邵武府志》卷十改。

长太息。人生四十未为老，我已白头色枯槁。[1]

这首诗为我们提供了考察他生平的重要依据。其中除了“人生四十”这一句因说出自己的确切年龄而为人们经常引用以外，还有几点信息也是极其宝贵的。诗中表明作者是经过三年避乱后刚刚回到家乡的。因此邻翁为同他重逢而生无限感慨。如果回家已经有一段时间的话，他们彼此的感受就都不会这样强烈了。同时，诗中还讲到了他回家的时间是在“岁暮”。

《庚寅纪乱》[2] 也作于这一年年末，而且相距不会超过一个月。诗题中的“庚寅”即系于绍定三年（1230）。题目很确切地表明，诗人在庚寅年写诗以记录家乡所发生的变乱。有的学者说，诗的内容是记叙 1230 年（庚寅）邵武所发生的变乱，写诗之时却是 1231 年辛卯。这种说法同作诗规律和历史事实都相去甚远。首先，题目中所标示的时间都是作诗的时间，而不是追叙事件的时间。例如龚自珍的《已亥杂诗》，无论当时的诗人还是后来的学者，都毫无例外地认为是作于已亥年即清道光十九年（1839），绝对不会也不应该说成是后来追叙已亥年的经历而作；另一方面，如把庚寅说成是邵武变乱之年，因而把《庚寅纪乱》解说成记述庚寅年所发生的变乱，则更与此诗内容不合。从严羽的诗中可以看出，事变的首领于庚寅年被杀，其随从众人被赶出邵武，变乱虽然还没被彻底镇压下去，但对于邵武人来说，事件已基本上结束了。此时，诗

① 《严沧浪先生吟卷》卷三。
② 《严沧浪先生吟卷》卷二。

人回到久别的家乡，并以诗的形式写下自己当时的感受，乃是十分自然的事。

在考察这一事件时，人们都不难发现正史和地方志的记述存在着显而易见的矛盾，或言绍定四年，或言绍定三年。单独地看，这些资料各有其可信的理由。然而，相比之下，我们更应该相信严羽的记录，而不要为间接的、第二手、第三手的资料所误，以至于使最有价值的文献资料失之交臂。

诗中说："近喜大告捷"，一个"近"字，表明他在事件平息不久就回到了家乡。这与前诗写成的时间应该是紧密相连的，即同作于这一年的岁末。诗中的"感时须发白"，也和前首诗的"白头"相应，也可以作为两首诗写于同时的佐证。

从这两首紧密相关的诗，我们可以得出如下结论：绍定三年即庚寅年（1230），给邵武以极大冲击的农民起义被镇压下去了；严羽结束了避乱三年的动荡生活，于岁末返回家乡；当时他刚刚四十岁，却显得未老先衰。当然，这里的"四十"很有可能是取其整数的大概的说法。可是，在确定这个问题时，我们也只能以此为据，由这一年逆推上去，以判断他的生年。以上述三首诗为内证，我们可以得出结论：严羽生年为光宗绍熙二年（1191）。

严羽出生时南宋统治已进入后期。他的童年是在一个既能激发人们的热情和幻想，又不断地令人沮丧、失望的历史条件下度过的。

南北对峙的天下形势，曾激发宋代无数热血青年。他们要湔雪靖康之耻，要收复被金人侵占的中原。他们要在对金人的战争中，建立自己的不朽的勋劳伟业。陆游、辛弃疾、李纲、岳飞等都是这方面的杰出的代表。到了南宋后期，时局对人们的激励又增加了新的内容，甚至给人以能够大有作为的假象。当时，南北对峙的态势相对稳定。北方的金朝统治集团内矛盾重重，竟至于发生政变。内耗使以前那个随时随地威胁宋人的强大的金人政权，变得衰弱，变得不再那么危险。在这种情况下，那些满怀报国热望的知识分子以为这是打败金人的良机，是老天赐给自己的投笔从戎、建功立业的契机。

与此同时，朱熹及其学说的荣显，也体现出朝廷的有力的倡导。它表明治经讲学、做一个学者，以传统的儒家思想教育人，或者通过对经学的学习、研究，以达到经世致用，实现兼济天下的人生理想，也是一条充满了阳光的道路。朱熹在考亭讲学之时，远近学子负笈担籍而至，就表明了当时的青年，特别是邵武的青年和知识分子，从中看到了希望，看到了前途。治国安邦，恢复失地，这是时代摆在当时知识分子面前的任务，也是他们这一代可能名垂青史的重要契机。于是，在这个时代产生一批积极入世的知识分子也就成了十分自然的事了。

然而，另一方面，当时也有一些令人相当失望的事情。诗人林升在其《题临安邸》中描绘说："山外青山楼外楼，西湖歌舞几时休。暖风熏得游人醉，直把杭州作汴州。"[①] 诗虽然篇幅短小，却十分形象、生动地展现了南宋上层统治集团的心态和他们的醉生梦死的生活。与此相对照的是，一些满怀爱国热情和社会责任感的将领屡受打击，一些对上层统治者偏安一隅、贪图享乐的思想行为提出批评，要求他们

① 见《宋诗纪事》卷五十六，上海古籍出版社 1983 年版。

励精图治的正确意见和主张却受到排斥。这样的社会现实不能不令那些积极入世的知识分子心灰意冷。

但是，对于一个正在学习、成长中的儿童来说，前一种精神因素的影响和灌输具有更重要的作用，何况他又生长在一个较为富裕的、有着名门望族的声誉和自豪感的家庭。社会的大环境和家族的小环境共同构成了严羽成长的外在条件。这些条件引导着他，激励着他，促使他形成积极入世的思想和性格。

严羽后来在回忆自己青少年时代的成长和个性时，总是充满了自豪之感。他在诗中自述说："少小尚奇节，无意缚圭组。"① "尚奇节"，这是他对自己的性格的很好的概括。尽管有关他青少年时期的记载非常少，可是，只要我们深入地研究他的《严沧浪先生吟卷》，还是不难从中发现一些可贵的资料。我们完全可以通过这些零星记载，对他的成长和个性有所了解。

严羽的"奇节"即他的不同寻常的气节、操守，是他的个性的主要表现，并且这"奇节"也同他后来的学术性格乃至他在理论方面的建树有着内在的联系。因此，我不避繁难地探微索隐，发现了他的"节"在三个方面具有与众不同的"奇"的特征。

他的"奇节"首先表现在他的知识结构和修养方面。严羽的祖辈不乏显赫之人，但是，却没有以儒学闻名当时、播于后世者。本书无意苛求所有的世家都产生儒学大师或以儒学闻名的知识分子。对于一个世代相承的名门望族来说，家

---

① 《严沧浪先生吟卷》卷二，《梦中作》。

学的特色会在几代人中产生直接的传承关系。据《旧唐书·文苑传》载，严武性“急暴”，杜甫酒醉后瞪视武曰：“挺之乃有此儿!”该书是将这件事作为杜甫“恃恩方恣”的缺点来记述的。但如果从另一个角度考察，似乎也不难看出，严武并不是那种奉儒以治家的人。不仅如此，正像很多政治家表面上信守儒家，而骨子里却杂取百家之学，特别是法家、权谋家等切近社会实务的知识，相辅相承，以构成自己的能力和本领。而这种精神状态和学术特点，自然会成为他的家学的特色，给予自家子弟以较大的影响。从对严武直到严羽的有关记载看，严氏家族在学习和继承前代文化传统方面也毫无二致。即他们也学习儒学，而对儒学以外的百家之学，反而更为热心得多。少年时代的严羽受其家风的影响，也受到当时形势的激励，在学习科目的设定上，比较注重经世致用之学，注重研究社会现实问题，以及解决这些社会问题的方略。当然，在这一点上，少年时代的严羽未必会有那样明确的目的，似乎更多地体现出他的家庭对后代的导向作用，即在他接受启蒙教育之时，便对他日后的发展作出了较为明确的选择和规定。

宋代的科举制度一改唐代科目繁多的做法，减少取士的科目。哲宗时设经义、诗赋两科。这是当时一切知识分子的必修科目。对于想要通过科举考试进入上流社会的士人来说，就更是别无选择的、必须下苦功夫学习的科目。严羽生活在当时社会条件下，既受环绕着他的基本条件的制约，又顽强地表现出他独特的个性。他也学习经义、诗赋这两大科目所规定的各门知识，但是，他的求知的欲望和努力并没有被科举这样浅近、狭隘的目标所局限。严羽在诗中谈到自己的为人、本领和学术特色的时候，曾提供了较为可信的证据。他在《剑歌行赠吴会卿》中就吐露出这样的真情与真言：

到处犹吟然诺心，平时错负纵横策。①

这是他已经“双鬓白”之时所写的诗篇。此时，他反思自己大半生经历，对自己的人格、知识结构和本领，既有懊悔之意，又有自豪之情。“犹吟”二字表现出自我肯定的充分信心，而“错负”二字，则表现出对以往所坚持的、奉行的东西的重新审视，表现出对往昔的信条和自视为特长的本领的否定。此时他所否定的主要的就是长期以来颇感自负而终于误其前程和一生的“纵横策”。

“纵横策”指的是战国时代知识分子为各国君主筹划合纵、连横的战略方针所献的韬略、谋划，即以《战国策》为代表的文献资料。这部书所记的内容以奇策异智为主，把他们出人意料的言论和计谋，他们那由布衣直取卿相之位的事迹和一步登天的荣显，辑录在一起。书中所记的策士们切中当时某些问题症结的言论，有识之士平步青云的经历，都给那些对人生、对自己的前途充满幻想的青年以极大的鼓舞，很容易唤起他们对于未来的热望和对于事业成功的憧憬。少年的严羽既对未来充满了信心，又生活在外族入侵、南北对峙的时代，这就使得他对这部书所代表的“纵横策”不仅热衷，而且在很长的时间里表现出执著的追求。

戴复古诗《祝二严》中说：“羽也天姿（资）高，不肯事

① 《严沧浪先生吟卷》卷三。

科举。”[①] 复古同严羽不是少年时期的朋友，他的诗一般地说不应用来证明严羽少年时事。但是这里所引的诗句却不然。诗的前一句讲天资、天份，对于朋友在这方面的特点，即使相知于壮年、中年，也可以看出其与众不同之处。因此，这句诗足可说明，严羽自幼聪明过人。这又同他的读书、学习互为表里。一个天资聪颖的孩子，多读了些寻常孩子不读的书；而那些“纵横策”之类的奇策异智，又有助于他的智力的开发，使他更加聪慧。后一句诗所说的“不肯事科举”关系到他的人生道路的选择，这自然是青年时期的事。然而少年时期读书、学习的内容和方向，却对于他的人生道路的选择产生直接的影响，甚至具有决定性的作用。严羽既然因“纵横策”而自负，这就自然同科举道路有很大的距离。由此可见，“不肯事科举”这句诗，适足以成为他少年时期读书和修养之“奇”的佐证，以见出他异于一般少年之处。

总而言之，可以考见的资料表明，少年严羽所学的知识、所读的书，与大多数循规蹈矩、恪守儒家成法的知识分子有所不同。他除了学习一般知识分子必读的经学典籍、诗文集外，还下功夫阅读战国策士们出奇制胜的智谋、言论和他们平步青云的发迹经历。他对此很有兴趣、很热衷，将其作为日后进入社会谋生、作贡献的主要本领，因此才有“错负”之说。

然而，我们也应该看到，阅读、学习纵横策，对之抱欣赏的态度，并非严羽首倡。早在北宋前期，苏洵、苏轼父子所代表的古文作家就很推崇《战国策》。苏洵还说：“苏秦、

① 《石屏诗集》。

张仪，吾取其术，不取其心。”① 这一方面反映出人们对战国策士在瞬息万变的形势下，所表现出的超人的智慧和论辩能力的钦敬，对他们所取得的杰出成就的欣羡；同时也反映出人们对策士们那种只讲效果、不讲原则、不顾信义的人格和做法，抱否定的态度。到了严羽的时代，南北对立的局势似乎给当代的苏秦、张仪们提供了大有作为的机会。严羽诗中所谓的“错负”，乃是后来的口吻和态度。至于当年，则未尝不自豪、自负得很，未尝不充满信心地设想，只要老天赐给自己一展才华的机遇，凭着自己从战国策士们那里学来的奇谋异智，即使不能直取卿相之位，也可以作为终南捷径，取得个一官半职，博得个青史留名。可见他在少年时代所受的教育，就与大多数知识分子有所不同。

当然，这种不同也是有限度的。我们还应该看到，少年的严羽学习并热衷于纵横家们的奇策异智，这仅仅是他的知识结构的主要成分。除此以外，他还学习、掌握了当时知识分子必须具备的知识，如诗赋、辞章之学、儒学等。他在诗学方面的修养无需多说。他留给人们的《严沧浪先生吟卷》中的诗作及其诗歌理论著述《沧浪诗话》，都充分表现出他在诗歌理论与创作实践方面的造诣，足可证明他在这个领域曾经做出刻苦的努力。至于儒学，这是当时占统治地位的思想，也是大多数知识分子安身立命之本，是他们仕进的必由之路。大多数知识分子都孜孜不倦地学习它、研究它。因为只有植根于儒学，他们的学识、才华方能得到社会的承认，他们才能深刻地理解当时的人，解决当时社会乃至国家存在的问题。严

---

① 《嘉祐集》卷九，《谏论上》，《四库全书》本。

羽和他的长辈生活在那样历史条件下，虽然要学奇策异智，培养“奇节”，但也不能不从社会的需要出发，掌握儒学方面的必要的知识。不仅如此，他还进入名师之门，以强化自己对儒学特别是宋代理学的修养。黄公绍《严沧浪先生吟卷序》（以下简称“黄公绍序”）在谈到严羽的生平时说，“若稽职方乘”，表明南宋末期，严羽不仅有大量诗篇流传于世，他的生平也见于记载。黄公绍从“东乡诸儒”那里一定会得到很多传闻资料。但是，他不用传闻，而引“职方乘”，显然要表明自己所讲的内容具有更可靠的根据。黄公绍序称严羽“尝问学于克堂包公”。此后，李清馥《闽中理学渊源考》卷三十九《严仪卿先生羽》和朱霞《严羽传》均有同样的说法。李、朱二人当本于黄公绍序，或者以此序为主要依据而参之以其他文献。但不管怎么说，严羽问学于包克堂，即包扬，当是不容置疑的史实。关于问学所涉及的一系列问题，将在以后详细讨论。在这里我只想指出，他能够进入包扬之门，向这位著名的学者求教，这件事的本身足可说明，他受过儒学教育，并进入儒学名师之门求为弟子。这使他在知识储备、个人修养方面具备一定的基础。正因为这一点，他的“奇”，才作为他的性格、知识和能力的特点被社会所接受，否则，他就会被视为异端而受到排斥。

严羽入包扬之门求学，在前面所引述的几篇文章中言之凿凿，毋庸置疑。然而，求学的时间却不见于记载。据笔者考证，严羽在少年时期曾有过接触包扬的可能。那是在庆元六年（1200）包扬事朱熹于考亭的时候。考亭在建阳县（今福建省建阳市）。从包扬的经历看，这是严羽在家乡或距家乡较近的地区有可能向包扬学习的唯一契机。遗憾的是，当时的严羽只有九岁，考亭虽然离邵武较近，却还有百里之遥。让一个年仅九岁、在生活上还不能自理的孩子到百里之外去读书，即使有仆从随侍左右也是不可能的，同时，这样做也不符合中国古代少年儿童基本上都在家乡入学读书的惯例。此外，我们还应注意的是，包扬到考亭事朱熹，恰在这位一代宗师辞世前的极其宝贵的几个月中。在这段极为有限的时间里，他自己要得到可贵的指点，还要创造条件让自己的儿子包恢和其他弟子到这位当代儒宗面前亲聆教诲。[①] 这些事对于包扬及其学派的重要程度是不言而喻的。因此，他绝不会有时间去教谕一个年仅九岁的孩子。由此可见，即使严羽在父兄的带领下到了考亭，也无法见到包扬这样著名的学者。还有，上述文献明明说他“尝问学于克堂包公”。“问学”自然不会发生在孩提之童背诵蒙学教材的幼学阶段。它无异于告诉我们，在严羽有了相当的学识之后，又师从包扬，向这位著名的学者求教、发问。这也可以从另一个角度证明，严羽入包扬门求学之事，并不发生在他的少年时期，不发生于包扬暂居考亭之时。由此可见，严羽少年时代只是在乡校中读书、学习，就像前文所讲的叶武子那样。既然这里的教师的水平比较高，又很负责，家长们怎能不乐于把自己的子弟送来读书呢！对于严羽来说，他的教育者主要来自他的家庭和乡校。家庭中和乡校中一些思想较为开放、较少为正统思想所束缚的师长，给严羽以强有力的影响和启迪，形成了他的与众不同的知识结构和性格特征，即他的“奇”的首要方面。

---

① 见包恢《敝帚稿略》卷五，《跋晦翁先生二帖》，《四库全书》本。

严羽的“奇节”的第二方面表现，也见于他的诗篇。他在诗中说“荆楚奇材多剑客”[①]。毫无疑问，这诗句并不是自白式的抒情，而是在送别吴会卿之际，对他的性格、节操进行赞美。不仅如此，在对朋友和朋友的节操、才能给予充分肯定、褒奖的诗句中，也未尝不包含着对自己人格、操守乃至理想、气概的展示。惺惺自古惜惺惺。“奇材”、“剑客”之誉，也当与此同类。这里的“奇材”与他自白时谈到的“奇节”正好互相发明：对方是“奇材”，自己也不例外，而且，正因为自己是“奇材”，方能与吴会卿这个“奇材”志趣相合；同样的，“剑客”的气质既体现在朋友的身上，也体现在自己身上，并且成为他们交情深笃的基础。可以说，他通过诗篇对吴会卿所表达的情怀，正可以帮助我们了解他自己的性格特征。

对于“剑客”二字，不应该作世俗的理解，不能把它与通俗小说中舞枪弄棒的艺术形象相混。这里强调的是人的特殊的气质，突出人的剑气、英风。这种气质使吴会卿在知识分子中显示出特殊的风采。严羽自己也是具有这样鲜明的奇情、奇节之人。

严羽的剑气、英风，在他的另外一些诗篇中多次展示给世人。在《登豫章城感怀》一诗中他描写了自己的行动：“脱剑且却座”[②]，他是戴着佩剑登上城楼的，只是在吟诗抒怀的时候，才摘下了佩剑。这说明他不是个文弱书生，而是个佩剑诗人。《行子吟》一诗描绘了诗人自我的形象：“高冠湛卢

① 《严沧浪先生吟卷》卷三，《送吴会卿再往淮南》。

② 《严沧浪先生吟卷》卷二。

剑”[①]。“高冠”自然不是儒冠、儒巾。这里写出他不同寻常的装束和他出入佩剑的气度。《庐陵客馆雨霁登楼言怀寄友》一诗写到与朋友的友谊时有“赠君三尺剑”之句[②]。诗中虽不言自己佩剑，但诗句的前提条件是他必然有剑，并将它看得很珍贵，然后才能作出宝剑赠英雄的令人钦敬之举。作品在描绘诗人赠剑给朋友的行为之时，也向人们展示出他的英武气概和倾心交友的性格特点。《有怀阆风山人》也是在孤寂苦闷之时的抒怀之作。诗中自述其胸中块垒说：“还将百年意，泣向宝刀环”[③]，满腔的悲凉凄苦无处倾诉，无人理解，低头徘徊之际，他看到了佩剑。此时的宝剑，既不是单纯的装饰之物，也不是寻常的武器。它成了诗人抒情达意的对象，是他的气质外化的标志，也是他建功立业的理想之象征。因此，当挚友远在他乡，无人理解自己的时候，刀剑成了眼前的唯一知音。他在《江上有怀上官良史》一诗中写自己的形象是：“立马大江边”[④]。这里虽然不曾写到剑，但是，立马的英姿自然与剑气、豪情不可分割地联系在一起。

从以上所列举的诗篇中，我们可以很自然地得出如下结论：其一，严羽肯定不是一个金戈铁马式的英雄，也未必像李白那样曾手刃数人。但剑屡次出现于他的诗中，足可说明他对剑的感情和剑在他身上的重要性。他可能学过一些武术，这使他在性格和本领方面都能适应军营生活。他想凭藉自己

① 《严沧浪先生吟卷》卷三。

② 《严沧浪先生吟卷》卷二。

③ 《严沧浪先生吟卷》卷二。

④ 《严沧浪先生吟卷》卷二。

的一定程度的武功和韬略，在军事方面有所建树。于是，剑使他与军营的环境构成一定程度的和谐。可以说，他不是文弱的书生，而是个跨马佩剑的知识分子。其二，他学剑、佩剑的经历同他深为自负的“纵横策”相得益彰。刀剑的武功较适合于战乱频发的时代，纵横之策更易于在瞬息万变的形势下为君主、为军事长官解决燃眉之急的问题。剑是他的外部特征的标志；纵横策是他内在本领的集中体现。二者的有机结合，给他日后的军幕生活创造了很多条件。其三，剑之所以在他的诗篇中屡见歌咏，是因为剑在他的生活中已经对象化，成为他的精神、气质的重要组成部分，已经凝聚为剑气而构成他的性格的基本特征。同单纯的有勇无谋的军人相比，严羽有知识，懂韬略（虽然未必很精）；同寻常的书生相比，他佩剑在身，虽不一定能搏击疆场，却也英气勃发，完全不是一身学究气的儒生所能比。因而这更突出了他的与众不同的“奇”。

他的“奇节”的第三方面特征在于他的豪情。他在有名的《促刺行》中自述当年情景时说：

> 忽忆当年快意时，与君笑傲长相期。大怀倒瓮作牛饮，脱巾袒跣唯嫌迟。①

这是他与“邻翁”别后重逢、共话当年时所作。那时，他们都很年轻，相聚饮酒到了高兴之时，竟然无拘无束地到了脱下衣服，袒胸露怀，大杯大杯地痛饮，甚至倾倒酒缸，喝尽

① 《严沧浪先生吟卷》卷三。

最后一滴。像这样被市俗社会称为“牛饮”之饮酒，在下层社会所谓的粗人那里，也堪称豪爽之举，何况这又是一个知识分子之所为!

当然，豪饮并不等同于豪情。诗中所说的“牛饮”，只不过是一个性格豪放的青年在快意时感情的一种表达方式而已。它远不能代表诗人感情或性格的全部。事实上，他的豪情在另外一些作品中得到了进一步的、更多方面的表现。在《送上官伟长》一诗中，诗人的豪情变成了“壮心”：“致君相许在，回首壮心惊”。壮心以事业上的远大理想即“致君”为其内涵。虽然在作诗的时候，“致君”的志向和“相许”的默契已经成为过去，但人们仍然能从字里行间感受到诗人脉搏的激烈跳动。在《登豫章城感怀》诗中，他十分坦诚地写出了自己的不平之感：“向来经济士，本自碌碌人。①”他当时处身于幕府之中，自然以“碌碌人”自称。然而，他对自己的素质和能力充满了信心，认为自己也同历史上那些有作为的人一样，是经邦济国之士，而不是普通的读书人。这种感情在《张奕见访逆旅》诗中表现得更为明确。在与朋友短暂的相聚之时，他为自己的现实处境同理想、志向之间的矛盾深感不平：

报国怜他日，为儒愧此生。那言离合际，更触壮心惊。②

① 《严沧浪先生吟卷》卷二。
② 《严沧浪先生吟卷》卷二。

很显然，这里的“壮心”，也就是“经济士”之心。他满怀着报效国家的理想，在那个纷乱的年代，在南北对峙的形势下，似乎可以大有作为，却无人赏识他，给他一展才华的机会。他感到作为一个儒生的无能，并为此而愧悔。这种“愧”正是他的壮心的另一种方式的表现。

他是一个与众不同的知识分子。兼济天下之志和“剑客”之豪融汇在一起，使他又不满足于作一个普通的知识分子。他自称的“奇节”的确十分恰当地概括出他的性格特点。

关于这方面问题，不仅他的诗中提供了上述较为充分的内证，其他文献也可以作为佐证。《闽中理学渊源考》和朱霞《严羽传》在谈到严羽的性格时都说，“其为人粹温中有奇气”[①]。二文都本明代的地方志，应该说是较有根据的。这里的“奇气”与他自称的“奇节”相合，表明外界的、后人的评价同他的自我评价是一致的。

严羽在少年时代，在其读书、成长的过程中，形成了他的与众不同的气节、操守，在后来的生活道路上，他又凭借着这样的素质搏击着，走过了艰难的人生旅途。同时，他的性格特点也在深层的基点上决定了他的思想的发展，决定了他的学术性格的形成。

---

① ［清］李清馥《闽中理学渊源考》，《四库全书》本。

第二章　多姿多彩的历程

论及严羽的著作、文章为数不少，但对其生平、经历，皆语焉不详。导致这样局面的原因主要有两点：一方面在于资料匮乏，更主要的，则在于对史料的误解。

就资料的匮乏来说，郭绍虞《沧浪诗话校释》一书附录了严羽传记三种，即朱霞《樵川二家诗》中的《严羽传》；郑方坤《全闽诗话》所载之《严羽》；郝玉麟等人监修的《福建通志》所载的《严羽》。郭著对这些资料的收集实属难能可贵。这些资料都出自清代学者手笔，或转录前代文献，或据前代文献整理而成。例如，这些文献中的某些部分，可以明显地看出都是对黄公绍序的转录。同时，这些记载大抵是对严羽一生基本情况的非常简括的介绍和评价，内容也大同小异。至于他的生卒、出处、游踪、师友等关系到他的思想渊源、他的奋斗经历、他的性格等基本问题，或者不为作者所重视，或者他们也来不及详加考论，因而付诸阙如。我们从上述传记中只能了解严羽一生的梗概。想要全面地认识历史上的严羽，那就超出了几篇传记的宗旨，也有违作者的初衷。况且，无论就《全闽诗话》来说，还是对于《福建通志》来说，严羽很难占有更多的篇幅。

另一方面的问题在于对已经少得可怜的资料还不能客观地、全面地把握，往往作出片面的甚至是错误的理解。如上述三种传记资料对其生平有两点基本相同的记载，即“隐居不仕”和“辟（避）地江楚”。学者对此信而不疑。于是说，“严羽的一生，大概多半是在家乡隐居，其间，也曾到外地客游。从他的诗歌中可知，宋理宗绍定三年（即庚寅年）左右，他因逃避家民起义的风暴，跑到江西一带过了二三年飘泊生活”①。

这是一种较有代表性的说法。坚持严羽“隐居”说的人在引述传记资料为证的同时，还举出戴复古诗中“不肯事科举”（《祝二严》，载《石屏诗集》）一句作为佐证，断定严羽只是在家乡出现农民起义，隐居生活受到破坏之时，才外出避难。这些论述，既同“不肯事科举”之说相合，又与“辟地”之说相印，似乎无懈可击。于是，严羽被描述成一个不慕功名、不涉世事的隐逸高人。

然而，像这样依据一两个证据，甚至并非可靠的证据，便要论定一个重要历史问题的做法，难免会顾此失彼。在考证、研究严羽生平之时，一个至关重要的前提就是如何看待上述传记的史料价值的问题。毫无疑问，这些文献记录了传主生平中一些事迹，保存了一些其他文献中失载、无从稽考的可贵资料，因而，它的史料价值是不可低估的。但是，我们也必须看到，这些文献都写得十分简括，不可能把传主的生平讲得很清楚，并且，这些传记作者生活的时代，上距严

① 张文勋《严羽》，载《中国历代著名文学家评传》第三卷，山东教育出版社 1984 年版。

羽生活的南宋后期已数百年。他们不曾亲见、亲闻有关传主的遗文旧说，也不曾广泛钩稽、深入研究有关资料。因此，他们所写的传记中，留下一些疑问，一些疏略，甚至不够准确之处，都是不可避免的。问题在于我们是否指望要在它的史料价值之上去使用它。

本书在研究这一问题时，也十分重视上述传记资料，然而，还有些比这更有价值的史料，在以往的研究中却被人们忽略了。严格地说，无论明代人还是清代学者，他们所写的传记之类文字都属于有关严羽的外证资料。本书更重视内证材料，极力寻找内证，并将其置于首要的地位。本书所谓的内证，就是严羽亲自给我们留下的有关他的生平的资料，主要指他所创作的诗篇。这是比其他文献记载都更为可贵的内证。本书在充分研究严羽的诗篇的基础上，把尽可能搜集到的宋、元人的诗集、文集、笔记乃至地方志等资料做为佐证。然后，根据这些内证、外证中所涉及的人物、事件、地点，勾稽出他的经历和行踪。经过缜密的考察，终于揭开了长期遮掩在严羽周围的幕布，还原了严羽一生的本来面目。

简而言之，严羽并不是或者说主要的不是隐遁山林的人。他一生的大部分时间是在客游中度过的。他自己多次讲到其一生的大概。在《梦中作》一诗中，他自述说：

> 少小尚奇节，无意缚圭组。远游江海间，登高屡怀古。①

---

① 《严沧浪先生吟卷》卷二。

这里讲的时间是“少小”之际，讲的事则是“远游”。这说明他离家远游取决于他的性格和志向，而不是或不仅仅是出于避乱所采取的被动性行为。

另一首《闻雁二首》之二中说：“十载江湖泪，一夕尽淋浪。”① 他的《临川逢郑遐之云梦》一诗中也有基本相同的描写：“天涯十载无穷恨，老泪灯前语罢垂。”② 诗中写得如此明白、确凿，它们诉说了诗人在客游十年之际的内心情愫，同时，这些诗句也告诉我们，他不是个隐逸之人，而是离家已经十来年了。此外，还有些诗抒发了他避乱时的心情，有些诗记述了他晚年的行踪。

将这些诗篇所反映出的事实同上述传记资料相比较，我们不难发现，在对严羽生平、游踪等基本问题的记载方面，二者之间竟有如此显著的差别，以至于彼此完全乖违背离。在这种情况下，客观地估计两类文献的可信程度和史料价值，就成了首先要确定的态度。本书认为，诗人的作品在帮助我们了解他的生平、出处乃至其他重要问题方面，具有无可争议的真实性和可靠性。它作为唯一的内证材料的地位和价值，是不可动摇的，也是不应受到忽视的。至于其他各种文献，只有在此基础上，充分发掘其作为外证、佐证的作用，使之与严羽的诗篇相印证、发明，我们才有可能了解、认识历史上的严羽。

基于上述认识，本书在研究过程中，首先对严羽的作品进行分析、考订、编年；进而多方钩稽各种外证资料，加以

---

① 《严沧浪先生吟卷》卷二。

② 《严沧浪先生吟卷》卷二。

排比、类编，尤其审慎地进行甄别工作；然后制定了严羽年表，编写其年谱，勾画出他客游的时间、路线、区域，明确他一生经历的梗概。由此得出了不同于昔贤的结论：严羽一生曾三次长时间地客游江湖。第一次时间较长，客寓地在湘赣的一些地区；第二次离乡，是为躲避家乡发生的农民起义，前人传记中所说的"辟地"，就指这次远游，因为要避乱，并与这次事件相始终，他客游了三年，曾到过江淮、湘江等地；第三次离乡远游，先后到过吴越、江西，历时两年多。此时到了晚年，他对十五六年的奔波失去了信心，也不再有兴趣，况且又体弱多病，遂过起隐居生活。

一、"少小尚奇节，无意缚圭组"

在一个春光明媚的日子里，一艘小船航行在赣江上。一个青年站在船头，眺望着远处的水天之际。刚刚登船上路之时，他对前途、对未来充满了信心，也充满了幻想。似乎这次航行之路会像他想象的那样，到处都布满了鲜花和绚丽的色彩。可是，几天来，四周除了浩浩江水、点点残云、渺渺孤舟，就只有天上的雁阵、夜空的新月和船夫的歌声。满怀的热望已经冷却了。前途和希望都笼罩在淡淡的荫影中。代之而起的，是缕缕乡愁。他轻轻地吟诵起来：

> 暝色蒹葭外，苍茫旅眺情。残云和雁阵，新月带潮生。天到水中尽，舟随树梢行。离家今几宿？厌

听棹歌声。[①]

从他所吟诵的诗中，人们不难发现，这是个很有才华的青年；他是个游客，离家时间还不算长，并且，他是个刚刚离家外出的人，因此，他还不很了解愁的滋味；同时，人们也可以发现，尽管他的诗中流露出淡淡的乡愁，可是，他还是要坚持走下去。前程和事业等待着他，召唤着他。

这个青年就是本书的传主严羽。

正是这次航行，正是在这条船上，严羽自觉不自觉地展开了他人生的画卷。

在登船上路的时候，无论严羽，还是他的亲人，对未来的设想都很简单。他们只是想让这个青年出去拜访名师，拜访那位名满天下又曾经给予福建北部以极大影响的包扬，要通过跟他学习，获得一些真本领。

然而，他们当中的任何人都未曾料到，这次游学，竟对严羽的一生产生了无可估量的影响。

这一年，正当宋宁宗嘉定六年（1213），严羽二十二岁，包扬七十岁。

包扬已届古稀之年，是否还有可能接纳弟子，这是很容易产生的疑问。对此，我们可以从两方面看。一方面，包扬在七十岁前后身体很健康，精力旺盛，从他自身条件说，有继续接纳弟子的能力。包扬之子包恢有一首《寿家君克堂先生诗》，可以令我们相信这一点。其辞云：

① 《严沧浪先生吟卷》卷二，《江行》。

> 我翁在物表，清吟彻骨肌。不以世间利，容易得涴伊。今年七十二，浩然元不衰。[1]

我们应该注意的是，此诗是严羽入室两年后，包恢为庆祝其父寿诞所作。那时，这位老先生尚且“浩然”、“不衰”，就可以想见他七十岁时的身体状况。因此，从先生的角度说，其身体健康，精力比较充沛，接受一个远道来投的学生，是完全可能的。

另一方面，从他带学生的实际情况看，也会在此时接受严羽。很多学者聚徒授业，都是一直讲学到辞世前。因此，也总有些学生侍奉老师到其晚年，甚至为老师送终。包扬的老师朱熹就是如此。包扬的晚年也是如此。包恢的《送吴规甫序》可以作为佐证。其文云：“规甫从予家君学，予与规甫共学者十有八年矣。”[2] 下文我们还要谈到包恢从其父学习的情况。这里只需指出，包恢同规甫共学的十八年，当是到包扬去世时为止。

从这两方面看，严羽在包扬七十岁高龄之时来求学，是不会遭到拒绝的。

严羽入包扬之门求学，自然是以修学做为传统文化的核心的儒学为主。应该说，在这方面，包扬是当时最杰出的学者之一。严羽向他学习，的确是找到了好老师。关于包扬在儒学方面的成就及其治学特点，我们将在第三章中进行讨论。这里只探讨有关严羽求学方面的问题。

---

① 《敝帚稿略》卷八。
② 《敝帚稿略》卷三。

严羽在包扬那里不仅学习儒家文化，还学习了其他一些可贵的知识。尽管我们现在已经看不到包扬所写的诗了，但是，我们仍然可以从有关的记载中了解到，他不仅会作诗，而且，还写得很有些特点。前文所引述的包恢的诗中就可以给我们提供这方面依据。包恢诗中有“清吟彻骨肌”之句，这显然是称赞其父所作诗的风格。“彻骨肌”三字极言其诗以冷峻明晰为特点。

严羽长于写诗，这虽未必都得自于包扬，但在他这位最后的、同时也是最有名望的老师那里得到指点，当是不容置疑的。此外，包扬还长于辞章之学。严羽自称“徒事百卷文”①。这是他在回首往事之时，带着伤感和不满的心情写的。写文而号称“百卷”，不免有些言过其实。然而会写文章，并且写得比较好，当是实情。这一点我们可以从他的诗论、从他所留下的书信中得以印证。他在这方面的成就同其在诗歌方面的成就一样，都不能说同包扬的指导无关。

严羽入包氏之门游学，除了在上述几个方面有所获益之外，还有一个看起来并不明显，但在现实生活中起作用的条件，即靠着师生情谊和同门受业这一纽带连结起来的社会关系。应该说，这是在其他老师那里无法比拟的。包扬一生以讲学为业，门生故吏遍于天下。江西、湖南两省跟他学习过的人尤其多。尽管包扬的弟子居于上层社会者为数极少。可是，那些中下层官吏的赏识、推荐，也是极为重要的，有时甚至会成为难得的机遇。这对于一个远离家乡寻求发展的青年来说，毕竟是十分宝贵的。

---

① 《庐陵客馆雨霁言怀寄友》，《严沧浪先生吟卷》卷二。

严羽在包府学习了三年。嘉定九年（1216）春夏之际，他离开了包府。他之所以在这个时候离开，是因为包扬于这年春末去世。

前一年，包扬还很健康，此时就去世了，似乎有些费解。其实不然。只要我们对包恢的出处行踪有个基本的了解，这个问题也不难得到认同。包恢是嘉定十三年（1220）进士。[①] 当时他三十八岁。应该说，他赴试是比较晚的。他出身于书香门第，受教育较早，却又应试很晚，这就不免令人困惑难解。然而，我们通过对他的家庭进行考察就可以看出，包扬一生讲学授业，不汲汲于功名利禄。这样淡泊清高的处世态度，自然会给包恢以较大的影响。同时，包扬年事已高，其子不便远行，则是更主要的原因。此外，包恢在登第之后，辗转于各地任职，未见有丁忧的记载。[②] 由此可见，在他登上仕途之时，守孝之期已经结束。根据上述考察，我们有足够的理由断定，包扬于这一年去世。

此外，如果我们把严羽的某些诗篇作为佐证，也有助于得出类似的结论。严羽有些诗作于庐陵。其中时间较早的，写于这年的秋天。由此可以看出，包扬是在嘉定九年去世。治丧之后，严羽告别师兄，离开了包府。

三年前，当他从邵武不避艰难地来到江西之时，总掩饰不住年轻气盛、以奇节自负的心情。现在，他从这位名师那里，从众多的师兄那里，学得了更多的知识和本领。他的气势比以前一点也没减少，反而自觉羽翼丰满，更加充实，更

① 见《宋史》本传，《宋元学案》卷七十七。
② 《宋史》本传。

加坚信自己已经具有了超乎常人的才能。

在即将离开包府的时候，严羽面临着重要的人生抉择：是像大多数知识分子那样，通过科举之路求得一官半职，还是走另一些读书人所选择的较为清高的人生之路?

在作出这个对于他的一生具有重大意义的决定之时，他性格中的“奇节”起了作用。应该说，大多数循规蹈矩的知识分子所学的知识，他也学习得很好。然而他却不愿像他们那样参加科举考试。因为，他做人的态度就不主张在固定的框子中生活。在他看来，那样生活，他的才华得不到承认，地位也长期卑下。他既以“奇节”相标榜，就一定要显示这一点来。

戴复古写诗称赞严羽说：“羽也天姿高，不肯事科举。”这是基于他对严羽的了解而作的概括。从他们二人的交谊来看，他所说的当是比较准确的。严羽没有选择科举之路，而是走上了另外一条路。戴复古在这里不仅说明他所选择的道路，同时，也指出了他作这样选择的原因，就在于他“天姿”高于寻常之人。他不愿意走那些循规蹈矩的人视为必须选择的路。这同他自己所宣称的“奇节”也正相吻合。

况且，当时大多数知识分子所热衷的举子之业及他们进士及第之后的经历，也往往令才智之士寒心。他们登第之后，往往要进入军政要人的幕府，担当下层文职工作。如包恢在登科之后，先任金溪主簿，继而任光泽主簿，长期居于幕僚之列。这些走着正统道路的士人地位之低下，必不可免地令相当一批读书人感到失望。他们自然要考虑自己将如何度过此生的问题。特别是像严羽这样既有才气，又极具个性的人，自然不愿意屈从于外界条件的不公正对待。

从另一方面看，一部分有个性、有能力的读书人不选择科举之路，反而受到了社会的重视。有时，他们还可能得到发挥才能的特殊机会。

戴复古说严羽“不肯事科举”，自然是对他人生选择的客观记述和对他的人格的赞美。同时，这诗中也暗寓着戴复古自己对这条道路的认同。

不事科举而又要得到晋升并在社会生活中取得成就，甚至还想博得个青史留名，对于一般知识分子来说，就只有进入幕府，求得有权有势者的赏识和推荐这一条路。方回《瀛奎律髓》卷二十注云：“庆元（1195—1200）、嘉定（1208—1224）以来，乃有诗人为谒客者。龙洲刘过改之之徒不一人，石屏（即戴复古）亦其一也。相率成风，至不务举子业。干求一、二要人之书为介，谓之‘阔匾’。副以诗篇，动获数千缗以至万缗。钱塘、湖山，此曹十百为群。”[①] 从这则记载中可以看出，谒客、幕僚是当时一部分读书人所选择的出路。戴复古如此，严羽周围的人，甚至他较为熟悉的人，也不止一个走上了这条路。包恢《送吴规甫序》一文讲到自己与规甫交情很深，然而，规甫多年奔走于各要人幕府之间，郁郁不得志，而自己限于地位卑下，也无力相助。只好慨叹“不幸两贫相值，不克相养以遂”。在规甫为“有力者”新昌孙侯“夺去”之际，作这篇序送他，并为他庆幸，“所幸者新昌孙侯乃贤主人”，对其略表宽慰。[②] 规甫入孙侯幕府，事在严羽离开包府之后。也就是说，这件事不会影响到他在科举、幕

① ［元］方回撰《瀛奎律髓》，《四库全书》本。

② 见《敝帚稿略》卷二。

府之间的选择。然而，我们应从这里看出其思想上的联系，看出士风的取向。包恢是严羽的师兄；吴规甫也是严羽的师兄。“序”中所说的二人的友谊和规甫到新昌孙侯那里充当幕僚之事，都发生在他的周围。严粲是严羽的本家，年龄比严羽略小。他走的也是这条路。戴复古《送吴伯成归建昌二首》中讲到严粲的近况时说:“昨者袁蒙斋，招为入幕宾。”①这说明严氏家族中不只一人要在这条路上寻求自己的未来。尽管这两件事都不是在严羽走向社会之初发生的，但是，我们从中不难看出，“不肯事科举”的思想、行为，在当时社会，在严羽的周围都不是孤立的。

方回的记载还表明，幕宾们常常把自己的诗作献给主人，并为此获得赏赐。这样评价当时大批走上幕僚道路的士人，也不尽公允。诚然，他们需要赏赐，以解决生计问题。但是，他们写诗的动机并不完全如此。特别是其中一些具有远大抱负的人。他们更需要的是赏识，需要掌权者的肯定、推荐。这方面的人和事举不胜举。在当时，幕僚一旦受到要人的赏识，获得推荐，就会身价百倍。如《梅硐诗话》云：严粲诗“‘风池行落叶’，只一句，为郑安晚称赏。次日，有中舍之除”。又如《嘉靖邵武府志》卷十四载，李安期字泰伯，淹贯经史，援笔成文，尤以诗名。遨游江湖间。四川宣抚使、茶马使都很器重他。岳飞死，作《表忠诗》百二十首吊之，深受当时人称赞。他曾作一首《白鹭》诗，其中两句描写白鹭：“银袍只当蓑衣着，自在江湖过一生。”在对白鹭的歌咏中寄托了自己的志向和情趣。为此，茶马使王涯对他评价极高，称

① 《石屏诗集》。

他为“天下士”，想要以贤良之才推荐他做官。

从严羽的诗中看，他自己也有过类似的经历。他在《送赵立道赴阙仍试春官即事感兴因成五十韵》中写道：“误赏骚人作，深惭国士知，”[①] 说明他也因为作了一些好诗而被称为“国士”。尽管这是后来的事，但他在决定自己前途之初所幻想的，正是掌权者的这种赏识，并且他把这种赏识当做自己报效国家、晋升荣显的终南捷径。他不想以诗人、儒生见重于世，而是幻想着他那以“纵横策”为标志的才华、智慧，能够被要人所发现，所肯定，给他提供一个在政治、军事方面崭露头角的机会。但是，他的这一期望实在太渺茫了。相比之下，“国士”之誉虽然不大符合他的初衷，却毕竟是十分难得的。况且，这样高的赞誉，能否给他带来始料所不及的发展契机，这是谁也无法估计的。遗憾的是，对严羽的高度赏识来得非常之晚，并且，它还仅仅作为一个虚幻的影子落在他身上。他并没得到重用的机会。

青年时代的严羽就是在这样的背景下，开始寻求通过幕府的条件，表现自己，发展自己的机遇。

二、“昨夜客游初，结交重豪迈”

严羽离开南城以后，满怀着得遇明主、施展才能的希望到了庐陵（今江西吉安）。可是，他的愿望不免有些天真。

宋王朝南渡以后，金人入侵，占领了大片中原土地，甚至攻破都城，天子成为金人的阶下囚。国家败亡的惨剧现实

---

① 《严沧浪先生吟卷》卷二。

激起了大批志士仁人的报国热情。严羽生活的时代，国家局势更加危险。于是，一些慷慨之士便认为这危急存亡之秋正是自己报效国家的机会。严羽初涉世事时所怀有的就是这样的志向和心情。然而，严羽也好，其他志士也罢，都把受到赏识、超拔，使其发挥作用的可能性估计得过于乐观了。严羽的愿望缺少现实生活依据。然而，他又非常执着地憧憬着，追求着。于是，理想中的君臣关系伴随着灵感出现于他的梦中。

在梦境中，他来到一座很大的府邸。主人自称是刘荆州。刘荆州原指刘表，这里指刘备。主人热情地接待了他，并与他作诗互相赠答。醒来后，梦幻中宾主的赠答还记忆犹新。他把这两首诗记了下来。前一首以诗人自我的口吻写成：

> 少小尚奇节，无意缚圭组。远游江海间，登高屡怀古。……夫何千载后，亦忝趋大府。主人敬爱客，开宴临长浦。高论极兴亡，历览穷川渚。殷勤芳草赠，窈窕邯郸舞。愧无登楼作，一旦滥推许。①

诗是献给梦中所见到的大宅之主人刘荆州的。他首先是表白自己的性格特点，即他的“奇节”；然后对主人谈笑间据有荆楚、蔑视袁曹、气盖寰宇的英雄业绩和胆略进行了歌颂；随后又写出这样的君主对自己的礼遇，听他陈述有关历代兴亡的高论。

① 《梦中作》，《严沧浪先生吟卷》卷二。

另一首为《刘荆州答》。主人以自谦的口吻讲述了汉末战乱频仍的形势和自己欲安定天下而又力不从心的苦恼。但旋即笔锋一转，写到彼此的相遇：

安知千载后，夫子感慨多。人生固有志，成败飘风过。

主人对他很赏识，但彼此相隔千载，只能神交，而不能成为现实的君臣关系。况且，他们都把成败兴衰的最终决定力寄托于冥冥中的主宰者，于是，他们的交往很自然地具有了较为浓重的虚幻色彩。主人设宴款待他，与他诗词唱和，实现了他们之间心灵的沟通。这是严羽对自己怀才不遇而产生的失落、不平的曲折表现和虚幻的安慰。

然而，不管怎么说，梦幻中的交往总是比较美好的。尽管这同他想象中的君臣际遇还有很大的距离，可是，比起他在现实生活中身之所历，心之所感，毕竟带有点理想的色彩。因为现实生活中，还没有任何要人给他以如此的肯定。从这个梦，从有关这个梦的两首诗，我们不难看出，他想要得到的社会条件、社会的承认，同他已经得到的评价之间，竟有多么大的距离！

他以梦境中的刘荆州比喻现实生活中的什么人，已经不得而知。但是，有一点可以肯定，即那个人一定是庐陵的主宰者，并且，他在其幕府中客居，他的才能还没引起对方的重视，他也无法施展怀抱。于是，他心中的愿望，他对社会现实的批评，就通过梦境折射出来。

他在庐陵的生活并不很愉快。因为，他在这里始终没能得到他想象中的尊敬和重视。一种不可名状的失落感压在心头。这时，杜耒从钟陵任所来到庐陵。他们的相聚对严羽来说，是个极大的安慰，也算略补他的失落与怅憾吧。

杜耒字子野，号小山，盱江（今江西南城）人。诗做得很好。《宋诗纪事》卷六十载其诗四首。据《梅硐诗话》卷中载，杜耒尝问诗之句法于四灵派的赵紫芝。紫芝答曰："但能饱吃梅花数斗，胸次玲珑，自能作诗。"其现存诗中，有《同紫芝宿双岭》之作，似尝从之游。另据《鹤林玉露》载，嘉熙年间（1237—1240），李全跋扈日甚，朝廷派许国帅山阳。许国到任后，不善于抚慰将士，目空一切，受李全参劾。李全部下十分震怒，遂将许国囚而杀之。杜耒当时正担任许国的幕僚，遂一同赴山阳。许国被杀之时，他也慷慨就义。当然，这是后来的事。但从这很有限的记载中，我们至少可以看出两点：其一，杜耒是个已有一定名气的诗人，而且是个很有热情，敢于仗义直言的人；其二，他也长期充当幕僚，因而也有生不逢时之慨。很显然，他们二人有较多的共同语言。

杜耒入许国幕府时任主簿之职。戴复古有诗题为《杜子野主簿约客赋一诗为赠，与仆一联云："生就来桥罗汉面，吟成雪屋阆仙诗"》，其中几句对子野评价颇高：

> 杜陵之后有孙子，自守诗家法度严。秀骨可仙官况薄，高情追古俗人嫌。

戴复古的诗告诉我们，杜耒是杜甫的后裔，并且在做诗方面严格遵守诗法，表明在创作态度方面尚有其先人的遗风。同时，这也可以看出，他的诗写得很好。另一方面则是他的人品、个性。他也是个很清高的人，并且因其清高而落落寡合。这同严羽以“奇节”著称的性格，也有某些相似。因此，他们很容易相处。况且，他也是个仕途很不得意的人，直到死时仍居于幕僚之位。在这点上，他们又有些同病相怜之意。

总之，在这次相会中，他们谈得很投机。聚饮数日，从诗文到社会、人生，共鸣之处颇多。遗憾的是，杜耒不能久留。数日后，他要离去了。想起几天来的欢洽，别后的孤寂和惆怅，严羽心头沉重。他作了一首《秋日庐陵送杜子野还摄钟陵掾》，记下了这“暂见还分后，谁能不黯然”的心境。

除了和朋友相聚，就只能在幕府文牍中消磨时日。这本来就够烦琐了，如果再没有人理解，不受长官的肯定和赏识，那就必然更显得乏味。他在这样的环境中度过了一年。当秋风再度刮起的时候，他这个涉世未深的青年，独坐客馆，看着窗外淅淅沥沥的秋雨，不免为自己平淡、烦琐得令人厌倦的工作，为自己的前途而烦恼。他梦境中的刘荆州始终没出现，他的满腹经纶也无处施展。于是，秋雨乍停之时，他独自登楼，纵目四望，不由得想到自己的处境，想起自己的挚友。他朗声吟诵起来：

> 终日坐坟典①，邈然无少欣。登楼一周览，始见万山群。……徒事百卷文，未返一竿钓。留滞岂胜愁，非君谁与谋？……举世不可语，犹当傲巢由。赠

---

① 注：原文作“汾硐”，乃误。《诗经·韩奕》“汾王之甥”，毛传云：“汾，大也。”孔疏云：“传以坟、汾音同。”案汾无大义，而坟训为大。孔疏意谓毛传以坟、汾音同，汾硐为坟。

君三尺剑，永驾五湖舟。[1]

在这个风雨凄迷的日子里，他的心情也是如此低沉。他对自己目前所作的一切感到那么无聊和乏味。他很辛苦，“百卷文”表现出他勤于案牍。然而，连他自己都觉得这工作、这劳累是毫无意义的。在“百卷文”和“一竿钓”之间，作者明确告诉人们，无价值的繁忙，反而不如悠闲的垂钓令人向往。不仅这里的工作令人厌倦，挚友的远别也使他感到十分孤独。但是，他有鲜明的个性和强烈的信念。他不愿为外界条件的暂时不利而放弃自我。“举世不可语，犹当傲巢由”，表现出他敢于同外界条件，包括强大的外界压力相抗衡的坚强意志。他这一性格特点恐怕也与他的“奇节”相表里，并成为其基础吧。

他在庐陵过了两年不很愉快的时光。此后两年，即嘉定十一年至十二年（1218—1219），他仍然处于落寞不得志的境遇中。他离开江西进入湖南，先后到过长沙、衡州（今衡阳市）。生活飘泊不定，前途渺茫。周围缺少赏识自己的人，缺少很有效的举荐人。不仅理想无法实现，连生计也成了问题。他陷入了困境。在无可奈何的情况下，他用诗的形式记下了自己的苦恼：

万里江湖何处极？孤舟鸿雁自相依。杯抛黄菊干赊酒，城掩清砧罢捣衣。不奈此时心断绝，长沙

① 《严沧浪先生吟卷》卷二，《庐陵客馆雨霁登楼言怀寄友》。

南去故人稀。[1]

他就在这样“心断绝”的精神状态下飘荡、追求。有的时候，自己处于短暂的安定之中，而朋友仍然飘泊不定，来向他告别。于是，对友情的留恋，对自身的伤悼，对朋友的关切，那种很难说得清的感情油然而生。他写下了“愁心将落叶，向晚共纷纷”[2] 的诗句。

尽管他在庐陵的幕府生涯并不很顺利，但同他在长沙、衡州的处境相比，还要略好一些。因此，他在衡州见到几年前同入庐陵幕府的故人时，不免产生一些新的感慨。在互相赠答之际，他写下了“谁念梁园旧词客，桄榔树下独闻莺”的诗句。这里他借用了李商隐《寄令狐郎中》诗中的典故，却完全没有乞求垂怜之情，而是表现出他对这几年经历的比较和反思。

应该说，经过四五年的飘泊、闯荡和冷遇，他的思想发生了很大的变化。他能较多地尊重现实、承认现实了。他抛弃了一些不切实际的幻想，而对其志向则绝不肯放弃追求。当然，“谁念梁园旧词客”一句的感情也比较复杂。其中既表达出因故人关心自己而有的谢意，同时，也对自己昔日的主人寄予了一定的期望。

嘉定十三年晚秋，他离开衡州赴洞庭。在一个月明霜白的夜里，他乘坐的小船在湘江航行。岸上传来阵阵笛声，不由勾起人们的思乡之情。他轻轻地吟诵出“孤舟万里潇湘客，

---

① 《严沧浪先生吟卷》卷二，《夜泊》。

② 《严沧浪先生吟卷》卷二，《别客》。

一夜归心满洞庭”①。

尽管当时的心情如此，可是他并没回家。他在洞庭住了下来。他应当地军事长官的邀请，进了军营中的幕府。他在诗中写下了那里的情景：

> 远客惊秋雁，高楼复异乡。声兼边哨苦，影落楚云长。

这里的“边哨苦”连大雁都感觉到了，从其叫声中流露出来。这既是对环境的描写，又是诗人心情借助外界事物的真实流露。他此时生活在军营之中。这里的条件同他的“奇节”，特别是他的英风剑气，正相吻合。这表明从其素质、作风等条件方面，他早就作了到军旅中寻求发展的准备。其实，在这之前的幕府生活，我们多不知他受谁的邀请、聘用，从而也无法断定是否同军事有关。

他这个时期的生活仍不如意。于是，第二年的秋冬之际，他离开洞庭到了江西临川。

在这里，他结交了一些新朋友。他的有些作品就是这个时期诗友唱和之作，也有朋友相聚、分别时所作。如《临川送周月船入京》、《秋夜临汝馆怀友人陈聘君、赖竹庄》、《临川逢郑遐之云梦》、《相逢行赠冯熙之》、《惜别行赠冯熙之》等。

陈聘君和赖竹庄是严羽昔日的朋友。陈聘君的情况不详。竹庄为赖铸的号。赖铸字成之，邵武人。严羽后来有一首《赖成之还自江西感旧有赠》，抒发了二人客游异乡、今日归

---

① 《严沧浪先生吟卷》卷二，《闻伤》。

来的感受，可见他们是同乡。另据《宋诗纪事》，有“君是居人余是客”之语，可见他也是诗人，诗做得很好，并且也长期在外谋求发展。

冯熙之名取洽，熙之是他的字，延平（今福建南平）人。自号双溪翁，系晚年所取。临川相聚时，正当青壮年之际，自然不会以“翁”相称。此时以字行。熙之也是当时较有名气的诗人。《诗人玉屑》卷十九载其《自赋交游风月楼》诗，内中“一溪流水一溪月，八面疏棂八面风”一联，脍炙人口，诗坛以为秀句。

郑遐的情况绝少见于记载，不得其详。然以古人名与字的关系推测，郑遐字居之，即赖铸诗中所送之人。赖铸诗为《送郑居之》，严羽诗为《临川逢郑遐之云梦》，二诗相印证，可以看出，他与严羽、赖铸是同乡，并且也同严羽一样，是宦游人。

严羽在临川所作诸诗，从整体气象上有别于前此在各地所写的诗。以前的诗大多笼罩在低沉、昏暗的色调中，所表现的情绪也以沮丧、失望为多。而在这里则有所不同。如刚到临川不久所写的《临川送周月船入京》，就只写彼此的交谊和惜别之情；其他诗也大体相同。不像在这之前的诗，总要在不同程度上借各种机会描写自己的境遇，表现对其处境的不满，流露出怀才不遇之感。他在临川的处境比以前好得多。可能他受到一定程度的信任。至于地位，似乎没有什么改变。

严羽在这期间所写的作品，为人们提供了一些较有价值的细节，可以帮助我们了解他此时的处境和物质生活条件。他在临川生活得较为优裕。《相逢行赠冯熙之》一诗描写了他的某些生活状况：“与君高会日挥金，击剑谈玄复弄琴。”这里所说的“日挥金”的生活自然不是贫寒之人所能承担得起的。这表明他当时所得的俸禄还是比较可观的。冯熙之从外地来到临川，小住之后又离去。而严羽虽然客居异乡，却已经在此生活了一个时期，按照古人交游的惯例，他应权且作为地主，略表主人殷勤待客之意。那么，这些聚会的经费开支也往往需要他来承担。因此，“日挥金”这句诗可以看作他此时经济状况的标志。方回《瀛奎律髓》中所说的，幕僚向长官献诗，若受到赏识，就会得到恩赐。所谓的“副以诗篇，动获数千缗至于万缗”，就指这种情况。严羽的生活费用当有一部分来自这类赏赐钱。

在临川期间，还有两件事在严羽的一生中都很重要。一件事是他的表叔吴陵在客游江西时曾到临川，与他相聚。

当时，吴陵已经写成了他的《诗说》[①]，而严羽关于诗歌的理论、观点也已基本形成。可以说，这是两位对诗歌艺术都很有见地的诗人兼学者。他们就诗歌的很多问题展开了讨论。这次聚会在严羽《答吴景仙书》中有所记载。信中说：“当时临川相会匆匆，所惜多顺情放过，盖倾盖执手，无暇引惹，恐未能卒竟其辨也。”这不仅说明他们曾经聚会于临川，而且时间很少，久别重逢之情限制了他们辩论，无法进一步交流彼此的见解。

另一件有意义的事是在这期间，戴复古到过临川。严羽同他相聚、论诗，写下了《逢戴式之往南方》一诗以记其事。复古也写了《祝二严》，表达了对这位晚辈的敬意。

严羽在临川同吴陵、戴复古的相逢以及他们之间的思想

---

① 见严羽《答吴景仙书》。

交流，将在本书第三章中作深入的讨论。

尽管临川的生活略有好转，但是，他长期奔波、奋斗的目的绝不止于此。严羽怀着“奇节”，自命不凡。在他看来，凭着自己的才能，特别是凭着他引以自豪的纵横之策，即使不能救危扶倾，至少解决长官的疑难问题是易如反掌之事。然而，长期的幕府生活使他清醒了。他认识到，自己所盼望的机遇是不会降临的。各个长官都无例外地把他混同于普通的书生，他们交给他的都是极其烦琐的案牍文书工作。他所幻想的赏识、信任、超拔，始终没出现在他面前。因此，他在临川的处境虽比以前有较大的改善，可是，他的理想同现实之间的距离仍然非常大。这令他忿忿不平，令他灰心丧气。他到临川之前就曾想到改变自己处境的艰难，就曾产生了思乡怀归的情绪。只是因为存在着一丝幻想，总不肯放弃追求，才到了这里，才过分乐观地设想了这里可能给他的待遇，在这儿住了两年。

现实终于打破了他最后的幻想。他重又陷入痛苦之中。他叹惜自己十年的飘泊生活毫无成就。在《临川逢郑遐之云梦》诗中，他表达了“天涯十载无穷恨”的心情。他失望了，下决心结束这种飘流异乡的生活。

嘉定十六年（1223），他从江西返回了家乡。

嘉定六年离家，当时他二十二岁。经过十年的奋斗，重返故里，他已经三十二岁了。

三、“一身避乱辞乡国”

十年的客游生涯使严羽备尝颠簸流离之苦。一旦还乡，自然感到无比温暖。家庭的温馨自不必说。童年的伙伴，或年龄比他小得多的一代新人，都热忱地欢迎他归来。严羽的阅历、才华，为同伴和这些新成长起来的青年所仰慕。他和他们在一起谈诗、作文，讲论天下大事，生活得很愉快。他在后来的诗中曾津津有味地谈起这段时期的生活。他在《促刺行赠某人》① 一诗中回忆他们当时的快乐的日子。严羽性格豪爽，喜欢无拘无束地交游、痛快淋漓地饮酒。经过多年的客游和艰苦的奔波以后，在家乡，在幼年的朋友之间，他从身体到内心都体会到前所未有的轻松。每当酒后耳热之时，他们就忘记了世间的烦恼和拘束，甚至“脱巾袒跣”地饮酒，有时竟然搬倒酒瓮，喝尽最后一滴。这是痛快到令人忘情的、毫不拘泥于礼节的欢会。这样的聚会，这样的欢乐，他在异乡是无法得到的。

严羽在家乡有时同上官良史在一起。

上官良史字伟长，号阆风山人，也是邵武人。他有一首《河梁值雨有怀严羽》，其最后两句说：“遥怜君亦苦，不共故园秋。”② 那是二人都在异乡飘泊时所作。现在，二人都回到家乡，并且在作诗、做人方面颇多共同的语言和兴趣，所以就显得格外投机。

上官良史同严羽一样，也是个有远大理想的人。严羽在后来所写的《送上官伟长》一诗中，有“致君相许在”③ 之句，说明他们在一起谈了很多有关国家、社会的问题，也谈到彼

① 《适园丛书》本作《促刺行》，今从《嘉靖邵武府志》所载。

② 转引自《宋诗纪事》卷六十三。

③ 《严沧浪先生吟卷》卷二。

此的志向。虽然他们未必像杜甫那样，以“致君尧舜上”（《奉赠韦左丞丈二十二韵》）为人生的最高理想，但是，辅佐君主建立丰功伟绩，求得个青史留名，正符合中国知识分子立德不朽，立功不朽，立言不朽的传统（见《左传》襄公二十四年），也是那个时代衡量一个读书人具有远大志向抑或鼠目寸光的重要标志。他们二人的情趣正是在这个基点上，稳固地聚拢在一起了。

严羽在家乡还同严仁、严参过从甚密。

严仁字次山，号樵溪，邵武人，严羽的同宗。与严羽、严参并称“三严”。有《清江欸乃集》，今已不传。① 另据《嘉靖邵武府志》卷六十四载，严仁“好古博雅”，该书又引“旧志”谓镇蜀之吴曦叛变，杨巨源诛曦。安丙怒而杀巨源。严仁深感不平，遂作《长愤歌》以斥责吴曦、安丙大逆不道的行为。其诗为当时人们所传诵。可见严仁也是个敢于维护道义之士。

严参字少鲁，也是严羽的同宗兄弟。据《嘉靖邵武府志》卷十四载，严参高傲不群，不肯屈从流俗。有人劝他广交朋友，以扩大影响，他总是掩耳不答。他隐居家乡，高卧林中，瞪视一时。自号三休居士，意谓自己的才能、素质、年齿皆不足以涉世。当是其晚年之自称。可见是个彻底的隐居之士。

严羽同这些人在一起，切磋道义，讨论诗词，自有无穷的乐趣。

这次回乡不久，严羽收到吴陵的来信。信中对他们在临

---

① 见《全宋词》卷四。

川有关诗歌理论的分歧和自己的见解，作了进一步的阐述。这表明吴陵对于理论问题是非常严肃的。严羽也感到他们之间的分歧很大，便郑重其事复信吴陵，对自己的理论主张作了重点阐述，对来信中的错误观点，对吴陵的《诗说》也顺便作了批评。这封信就是他的著名的《答吴景仙书》。关于他们之间所讨论的问题及其理论意义，将在下文充分展开说明。

不久，他的朋友相继离乡远游，像他当年那样到广阔的世界去，为实现自己的理想去闯荡，去拼搏。

嘉定十七年（1224），严仁离家赴岭南（今广东一带）。

翌年冬，上官良史欲投笔从戎。他要去的地方在临安（今杭州）附近。严羽作《送上官伟长》以纪其事。诗中说：

> 岁晚长愁绪，嗟君更远行。…………致君相许在，回首壮心惊。①

亲密的朋友就要离家远去，要到那个似乎可以大有作为的世界去实现自己的远大抱负。这对于一个早就走在他们前面的人来说，怎能无动于衷？诗的最后一句清楚的表明朋友的行动给予自己的震撼。

伟长去后不久，他又作了一首《有怀阆风山人》。在诗中，他告诉良史，他去后，自己常常把酒惆怅，既关心朋友的行踪，也因朋友的行动引起自己对目前生活的重新思考。②

---

① 《严沧浪先生吟卷》卷二。

② 见《严沧浪先生吟卷》卷二。

这段时间，他的内心痛苦已极。朋友坚定不移地奔赴远方，虽然同自己当年客游他乡有非常相似之处，但是，自己从江西归来以后，对安逸的生活想得多了。宏图大志也时时在同朋友谈话中陈述，然而，在付诸实际行动方面，却显得优柔寡断。伟长仿佛是一面镜子，照出了自己贪图安逸的心态，也照出了自己历经坎坷却尚未消磨净尽的理想。于是，他怀着自责的心情，写下了“空将百年意，泣向宝刀环”的诗句。

他的内心经历了这样震动之后，想要在家乡过安逸生活的念头彻底动摇了。舒适的生活再也不能令他朗声大笑。他的内心充满了壮志未酬的苦恼。

正好在这时，一起意外的事件改变了他的生存环境，也改变了他生活进程。

绍定元年（1228）冬，晏彪率汀州农民发动起义，并且迅速波及邵武。

关于这次起义的时间，本书第一章论及严羽出生年月时，已经作了考证。这里只需强调一点，即有关文献的记载各不相同，在这种情况下，我们应该以第一手材料为准。在现今可考的几种文献中，亲身处于这场变故当中的作者只有严羽一人。其他文献都是作者在事后根据他人的讲述加工、整理而成。相比之下，我们有理由更相信严羽的记载。因此，本书把这次起义的时间确定为绍定元年。

晏彪所领导的起义队伍迅速壮大，很快地就进入了建宁、邵武。这些地区的世家望族无一例外地受到了猛烈的冲击。邵武严氏自然也在其中。严羽在诗中描写了这次动乱的情形：

承平盗贼起，丧乱降自天。荼毒恣两道，兵革浩相缠。此帮祸最重，贱予忍具言。[1]

在另一首诗《平寇颂》[2] 中他还说，“昔犯我鄙，狼蹂豕践”，都是从自己安定的生活受到冲击的角度看待和谈论这次起义。在这种情况下，严羽来不及多想便仓皇离家，开始了第二次客游生活。

这一年秋天，他离家避乱，准备去江西浔阳（今九江）。在孤帆远去之际，他写下了一首诗《将之浔阳途中寄诸从昆弟》，表达了自己这次离家时的心境：“一身避乱辞乡国，千里相思隔弟兄”。“江湖此去方飘泊，肠断风尘远别情”。[3] 由此可以看出，虽然在这之前，他的心情已经非常矛盾，甚至已经决心再度外出干一番事业，但是，当他真的踏上征途之时，以前居于幕府时的种种难处，又都涌现在面前。特别是这次上路之前，没来得及作充分的准备，这就更增加了前途莫测的忧虑。

他在九江逗留半年左右，便转道去南昌。这次因避乱而开始的客游，同几年前的幕府生活相比，几乎没有任何起色。在这期间，他先后写下了《江上有怀上官良史》、《避乱途中》以及在南昌写的《登豫章城感怀》等一系列诗篇。[4] 在这些诗中，他披露了自己内心的苦恼。他惆怅满怀，“立马大

① 《严沧浪先生吟卷》卷二，《庚寅纪乱》。
② 《适园丛书》本作《平寇上史君王潜斋》，兹从《嘉靖邵武府志》。
③ 《严沧浪先生吟卷》卷二。
④ 以上均见《严沧浪先生吟卷》卷二。

江边”（《江上有怀上官良史》），在大江所分开的土地上，南北对峙，天下纷争，国家仍然处于急需人才之时。而他，依然是剑气英风，壮怀激烈。不仅如此，他比几年前更加成熟了。人的名气也比以前大多了。可是，前途却仍然布满荆棘。他空怀满腹经纶，没有用武之地。他一次又一次地幻想，追求，结果却是一次又一次的失望。于是，他对自己的理想和才能产生了动摇；对自己在这个社会、这个时代，究竟能作些什么，也发生了动摇。他在诗中写出了他此时的彷徨：

> 多难堪长客，偷生愧此身。本无匡济略，叹息谩伤神。①

难道自己真的是偷生之人？难道自己真的没有匡世济民的才能？这本来是不应该提出的问题，他对自己的勤谨、奋斗，对自己的才能，一向持有强烈的自信。然而，现实却不断地否定他，摧毁他的自信心。他是多么不情愿地写出上述诗句呀！

这样的现实，这样的社会，不能不令他产生深深的不平之感。在一个深秋的傍晚，他登上了南昌城。这座古老的名城，古往今来，有多少志士仁人在这里建功立业，名垂青史；但也有多少坎坷之士，怅惘神伤。他在城头自斟自饮起来。今天的酒似乎比平时更为浓烈，也更令人沉醉。很快的，他醉眼朦胧了。他摘下佩剑，离开座位，徘徊于城头。这时，久积于胸中的烦恼、不平和始终无法实现的理想交织在一起，躁动起来。强烈的诗情带着醉意奔腾而出，化作感人的诗行。

---

① 《避乱途中》。

> 脱剑且却座，君知心惘然。奈何平生志，郁抑江湖间？……向来经济士，本自碌碌人。萧曹刀笔吏，樊灌市井臣。徒步取勋业，汉道为光新。①

他把心中的块垒尽情地吐露出来。他深信，自己的不幸就在于没有人发现其才能，没有人赏识、重用。倘若机会降临，他也会像萧何、曹参等人那样建立辉煌的业绩。然而，自己奔波十余载，辗转于一个又一个要人的幕府，却始终处于幕僚地位。他空怀凌云壮志，只能在案牍操劳中虚度时光，消磨锐气。想想自己飘零异乡之窘困，还要自比于昔日的英雄豪杰，岂不被他们耻笑！尽管如此，他却绝不肯服输。他仍是顶天立地的男子汉。他仍然要独立地干一番轰轰烈烈的事业。他位为幕僚，是依附他人的人。然而，正是这样的地位告诉他独立性的可贵。他不想依赖他人，而要靠自己的道德修养和才能。他觉得，依靠他人，正说明自己无能，是自己的耻辱。在痛快淋漓的陈述中，他大声喊出了“安得凌风翰，为君指寥远”这样久蓄胸中的话语。

在前一首诗中，他以自我否定的方式抒发了胸中的郁闷。那里所讲的诸如“偷生”、无能之类的责难，都不是他心甘情愿地接受的。而在后一首诗中，他在酒醉之后吐露出了平时遮遮掩掩不肯直白的真言。前一首诗表现出他的心灵在外界压力下被扭曲的程度。后一首诗则表现出他对外界压力的藐视，表现出他的理想和自信对外界压力的反抗和突破。

---

① 《严沧浪先生吟卷》卷二，《登豫章城感怀》。

在另一个“烟含晚市”的时刻，他登上了著名的滕王阁。这更是英雄业绩凝聚而成的历史名楼。尽管当年的建筑多已变成了荒台，可是，前代英雄极其辉煌的业绩却并未同这些木石泥瓦一样化为乌有。人们只要登上这座楼阁，就会想起古往今来的英雄。何况自己仰慕他们已久，跟他们神交已久呢！

> 此日登临分壮气，百年沦落忆雄才。可怜万古神交意，日暮荒凉一叹哀。①

在现实生活中没有赏识自己的人，也常常缺少知音。而此时，在这个遍布苍苔的古代楼阁，他的感情才在较高的层次上得到沟通。初唐之时，年轻有为的王勃在《秋日登洪府滕王阁饯别序》中写下了他的激情：“三尺微命，一介书生；无路请缨，有怀投笔。”② 他的文章传遍天下，可是，他投笔请缨的志向又有谁能够理解！严羽此时的心情，与当年的王勃，与其他壮志未酬的贤哲多么相似啊！

当严羽在江西飘泊之时，他的家乡也处于动荡之中。

他出走之后，邵武的形势发生了急剧的变化。晏彪所领导的农民起义队伍很快地攻下了建宁，旋即进攻邵武。城被攻破之后，殿前司裨将胡斌率士卒五百余人进行抵抗，战死城中。恰在这时，朝廷任命陈韡知南剑州、福建路兵马钤辖。据刘克庄《忠肃陈观文（韡）神道碑》载，绍定三年，陈到

---

① 《严沧浪先生吟卷》卷二，《登滕王阁》。

② 转引自《唐宋文举要》乙编卷一，上海古籍出版社1982年版。

任，求淮兵五千人。淮西帅曾式中遣陈万带领精兵三千五百人赶到邵武。旋即遣将镇压起义军。先后攻破下瞿、张原砦。翌年二月，率军攻入邵武，督捕义军。晏彪力屈请降，诛之。（见《后村先生大全集》卷一百四十六）

晏彪被杀的时间，各文献记载颇有出入。《续资治通鉴》、《宋史》都载入邵定四年（1231）中，与刘克庄所说相同。在这些文献中，唯独刘克庄的文章是在事件结束后不久写成的。其他各文献都是后来整理、撰写而成。另有些文献所记的时间，比上述资料所记，无论是事件的发生，还是其结束，都早半年左右。如《咸丰邵武县志》就是其中之一。持这种说法并且最应受到重视的，当推严羽。前面我们曾就此有所辨析，这里只需指出一点，即他是在起义军将要威胁到他和他的家庭之时，外出避难的，又是在起义队伍刚刚被镇压下去之后就返回家乡的。一些居住在城中，亲眼目睹了这场动乱的人，在剧烈的震荡刚刚平静下来之时，向他讲述了事变中的一切。应该说，这是最可靠的实录。就连刘克庄也与事件隔着一层。因此，在有关这一事件的时间的确定上，我们应该更相信严羽说法的可靠性和准确性。

陈韡率兵遣将镇压义军进展顺利。这一消息很快传到了南昌。同时，也出于对家中亲人的关心，严羽没等到事件完全平息，就匆匆忙忙地返回邵武。

展现在他眼前的是一片破败景象：

比者因乱定，南归经旧廛。岂徒人民非，莫辨陌与阡。所见但荆棘，狐狸对我蹲。[①]

在一个被当做战场厮杀了三年之久的地方，先前的田园、城市已经遭到彻底的破坏。而这也正是他急忙回家的原因。

严羽是在绍定三年（1230）冬末回到家乡的。这一年岁在庚寅，他写下一首《庚寅纪乱》记述回乡时所见所闻。他回到家时，他的家已经空无所有，只有四壁尚存。他少年时代的朋友仍然与他为邻。遂请他过去作客。这位主人就是他曾经与之“脱巾袒跣”、共作“牛饮”的那位朋友。乱后重逢，酒酣耳热之时，他写的《促刺行赠某人》一诗，即是赠给这位朋友的。《适园丛书》本无“赠某人”三字，此据《嘉靖邵武府志》补。

在诗中他诉说了自己避乱三年、岁暮归来所看到的家庭破坏的惨状，诉说了几年来“走南复走北”所受到的坎坷及其给予自己的摧残。他只有四十岁，可是已经“白头色枯槁”，并且“多病筋力弱”。生活带给他的打击、挫折实在太严酷了。朋友的接待重又勾起对他们昔日的友情和幸福生活的回想。他们都很豪爽，都很自负。他们互相激励，希望彼此都能成为杰出的人才。在志趣方面的契合，使他们感到饮酒都很痛快。可是现在，自己却未老先衰了。理想虽未泯灭，可是实现理想的机会、条件又在哪里?

君不见昨夜谁为烈士歌，听罢仰空泪零落。[②]

---

① 《严沧浪先生吟卷》卷二，《庚寅纪乱》。

② 以上均见《严沧浪先生吟卷》卷三，《促刺行赠某人》。

这是对彼此互为知音的描述。一个怀着满腔悲愤发而为诗，一个怀着强烈的不平在倾听。多年的理想、奋斗、失望和现实的冷酷交织在一起，谁是落魄者？谁是同情者？已经很难分得清。

他回乡这一年，王遂知邵武军。也就是这一年，严羽作了一首《平寇颂》。这首诗在今本《沧浪先生吟卷》中题为《平寇上史君王潜斋》。这是因为王埜曾知邵武，且同严羽关系较为密切，有在一起论诗的佳话，于是，被后人误改为现在的诗题。关于这个问题，我们只要对邵武职官前后承接情况有个基本了解，就不至于产生误解了。

据《大清一统志·邵武名宦》载，"王遂，金坛人。绍定三年，福建寇扰，以遂知邵武军事。……剪平凶孽"。"王埜，金华人。邵定初，摄邵武县事，后复摄军事。"另据《嘉靖邵武府志·秩官表》载，绍定四年，王遂知军事；五年，赵以夫知军事，王埜为通判；端平三年，王埜知军事。而此时上距王遂镇压晏彪起义已有六年之久。

从上述文献资料中可以看出，镇压晏彪起义的是王遂和陈韡。当时，王埜的地位还不很高。因此，严羽不可能向他献诗。即使献诗，也不会将其前任的功劳记到他的头上，更不会称他为使君。此外，关于王遂知邵武军事的时间，两书略有出入，当以《大清一统志》之说较为近是。

从上述各方面看，严羽这首诗的题目以《嘉靖邵武府志》作《平寇颂》为是。他之所以作这首诗，当是为了表达家乡动乱的局面重新归于安定之后的喜悦，同时，也把此诗献给当时的使君王遂，以为干谒之资。遗憾的是，这次干谒没有什么结果。这时的严羽已经有些名气了。干谒不成的主要原因在于王遂不久便离开了邵武。

四、结社与论诗

这段时间，严羽生活在家乡。一方面要安顿家里人的生活，整顿田园，使家庭生活恢复正常；另一方面，自己多病的身体和屡受挫折的心灵也需要将养、调整。

邵武经过一年多的治理，各方面秩序已经恢复，生计与动乱之前相比，已无大差异。人民安居乐业，文化事业也得到发展。邵定五年（1232），位居通判的王埜推荐戴复古任邵武府学教授。这位著名诗人的到来，对于邵武的文学之士，对于严羽，都是极大的喜讯。

严羽同戴复古在此之前已经相识。关于他们二人交往的详细情况及相互影响，我们将留在第三章中进行讨论。这里我们只涉及他们在邵武相处的一些问题。

大约在严羽第一次客游湘赣归来的前一年，家乡一批较有才华的青年人便建立了自己的诗社。他们互相唱和，切磋诗艺。然而，他们所有的人，在诗歌艺术修养方面，在个人的阅历和涉世经验方面，都显得比较稚嫩。严羽的归来，给这些诗坛新人以极大的鼓舞。他不仅年龄上比这些人大一些，更主要的是，他对诗歌理论的理解，他的诗歌创作实践，他客游十余载的经历，都是其他人望尘莫及的。他很自然地成了诗社的盟主。遗憾的是，他们的诗社就像他们的生活一样，在绍定初年的动乱中受到巨大的冲击。诗社的成员或四散逃命，或外出谋求发展。作为他们的盟主的严羽也浪迹天涯。即使个别人留在家乡，在那个动乱的环境下，生计都成了问题，又怎么能邀请诗友雅集呢！于是，诗社不得不解体了。

动乱被平定以后，严羽和其他人都怀着关心亲人、关心家乡的心情回来了。在生活基本上安定以后，诗社又活跃起来了。据朱霞《严羽传》载，“群从九人俱能诗，时称‘九严’，先生其一也。”《闽中理学渊源考·严仪卿先生羽》除了有关诸严的记载以外，写道：“同里有吴陵字景仙；上官伟长号阆风山人；吴梦易字潜夫；朱正中字叔大，号力庵；黄裳号则山；（朱）正中子汝贤，字志学，俱以诗鸣。”就是这些人成了诗社的主体。他们选择了邵武城北，麻姑山下，一个依山傍水的场所，时为雅集。

恰好在这时，戴复古这位名闻天下的诗人来了。邵武的诗坛怎能不为之欢呼雀跃？当然，对于戴复古来说，这也是切磋诗艺的极好的机会。因为在这之前，他已经结识了严羽、严粲。邵武已经是个人才辈出、文化发达的地区了。在这种情况下，他到这里执教，不仅会推动这里的诗歌创作，扩大自己的影响，说不定自己也会有所收获。

在春末夏初的一天，戴复古乘坐小船，带着写有自己名字的“刺”即当时的名片，来到麻姑山下诗人们聚会的地方。他们一起饮酒赋诗，度过了快乐的一天。戴复古《访严坦叔》诗云：

麻姑山下泊，城郭带烟霞。携刺投诗社，移船傍酒家。[1]

不久，王埜担任了邵武军政的最高长官，知邵武军事。他本来就喜欢文学，这时，他就更有条件招贤纳士了。他经常把严羽、李贾和戴复古这些有名气的诗人请到府中，讨论诗艺、诗法。戴复古《论诗十绝》题云："邵武太守王子文日与李贾、严羽共观前辈一两家诗及晚唐诗，因有论诗十绝。子文见之，谓无甚高论，亦可作诗家小学须知。"[2] 由此可以看出，严羽此时已经成了邵武太守的座上宾，他们每日谈论诗艺和前代诗人的作品。所讨论的范围，包括宋代和唐代。"前辈一两家"，基本上就是《沧浪诗话》中所说的"本朝诸公"。在诗话中，严羽往往将本朝诗同唐代诗相互对比。现在他们几人在一起"共观前辈"诗，也不免比短论长，褒贬评说。至于彼此对诗歌的认识，这里并没涉及。朱霞在《严羽传》中说，"时郡守王子文与先生论诗不合，式之作十绝解之"。这可能是对戴复古所说"无甚高论"一语的误解所致。这一句紧承"论诗十绝"一句，乃是戴复古讲子文对自己所作十绝的批评，并没涉及子文对严羽诗论的态度。

严羽在《沧浪诗话》中所提出的观点和主张，不是短时间可以完成的。他在客游期间都在作诗，也不断地讨论诗歌理论。这次返回故乡之后，有一段较为安逸的生活，并且经常同诗社的朋友聚会，这使他有较多的机会整理、完善自己的理论思考。在与太守共观诗的时候，他也不断地阐明自己

① 《石屏诗集》。
② 《石屏诗集》。

对诗歌理论的认识。大约在这期间，他的诗论已经完成了。只是当时并没定名为《沧浪诗话》。

严羽广泛吸收了当代文艺思想的积极成果，扬弃了前代的思想精华，经过进一步的锤炼和改造，形成了自己的独特的认识和思想体系。这样，他就比同时代诗人的见解高出很多。曲高和寡，这是社会生活中和思想领域中常见的现象。严羽经常感到孤独，一个重要的因素就在于此。

他们几个人在郡守那里论诗的时候，严羽是否遭到孤立，已经无从考察。但从戴复古的诗中，从后来严羽同王子文的关系看，至少可以说，这位当地的军政长官对他的主张并不反感。

戴复古有一首诗《祝二严》，表达了自己对严羽的看法。诗中高度称赞了他过人的“天姿”，肯定了他不事科举的人生道路。然后又歌咏说：

> 风雅与骚些，历历在肺腑。持论伤太高，与世或龃龉。长歌激古风，自立一门户。①

这里的“持论伤太高”二句，既表达了戴复古对严羽的看法，也反映了很多同严羽有过接触的诗人、文士的态度。可以看出，严羽的理论在这些人当中并没有得到多少支持。

尽管戴复古不很赞同严羽的诗歌主张，认为他伤于太高，可是他们仍然是好朋友。他们在一起赋诗唱和，交换对诗歌的看法。

---

① 《石屏诗集》。

同李贾的交往令严羽感到非常高兴。李贾字友山，光泽人。光泽为邵武辖下的一个县（据《福建文苑传·严羽》）。李贾的诗作得很好，且同严羽友善，也是麻姑山下诗社雅集中人。他是“盛传”严羽宗派的诗人之一，显然对《沧浪诗话》所阐明的文艺思想和理论主张是比较拥护的。当时他也是王子文的座上客。

在这几年，严羽颇受王子文的重视，他们有时在王子文的书斋讨论诗文，有时参与王子文主持的宴饮雅集。每当此时，他们切磋诗艺、互相唱和、赠答。

邵武城外的熙春台是他们经常携酒游乐之所。台在城西登高山上。宋至和中（1054—1056）知邵武军事的张师忠创建。这里群山环绕，下临大溪，层屋崔巍，亭台耸峙，清静幽美。治平初年（1064—1067）郡守吴梦得再次扩建。[①] 戴复古有《题邵武熙春台呈王子文使君》，描写了周围的风光：

> 千山表里重围过，一水中间自在流。近郭楼台隔云见，邻峰钟磬出林幽。[②]

在这类集会上，王子文自己也很有雅兴，每每率先吟咏。戴复古诗的最后两句说：“风流太守诗无敌，有暇登临共唱酬。”在这唱酬当中，自然少不了严羽的应答之作。

在这期间，严羽既要参加诗社集会，又出席王子文主持的宴饮、游乐。他创作出一些诗篇，又不断地阐明自己的诗

---

① 见《嘉靖邵武府志》卷九。

② 《石屏诗集》。

歌理论，品评前代诗人的佳咏。他生活得很充实，很愉快。同时，他的名气也播于四方。

令人深感遗憾的是，这段美好的时光几年后就结束了。端平三年（1236）王子文知邵武军事，成为地方的最高长官。翌年，戴复古辞去教授之职，返回台州；不久，王子文也调往他任；李贾也离开了邵武。一个较为和谐的、多少年梦寐以求的文学群体离散了。这令严羽十分失望。再加上他的名气和成就已经被诗坛所承认。王子文对待他的态度同他以前所投靠的主人有显著的差别。况且，他自己的思想也比以前有了较大的变化。在诸多因素的促使下，他决心再度出游。当然，这次外出带有游览名山大川、寻访天下贤士的雅兴，同以前投靠要人，指望得到重用和推荐，有着本质的不同。这次出游前后所留下的一些文献资料有助于表明他的思想所发生的转变。

嘉熙元年（1237）岁末，戴复古辞别严羽等人，返回台州。临行作《别邵武诸故人》[1]。诗中抒发了自己的思乡之情，同时也表达了对这里的诗友的留恋。在这难舍难分之际，严羽写下了《送戴式之归天台山歌》。在诗中抒发了对戴复古的仰慕之情，表现出对彼此友情的珍视。同时，这首诗也透露出有关他行踪的重要信息。诗中说：

三花树下一相见，笑我萧飒风沙颜。手持玉杯酌我酒，付我新诗五百首。共结天边汗漫游，重论

① 《石屏诗集》。

方外云霞友。[1]

诗中还表示，“我亦扁舟向吴越，明日凭高一望君”。可见此时他已经决定要到自己还不曾去过的临安（今杭州）一带游览。从这段引诗的后两句可以看出，严羽的思想已经发生了重大的变化。他不再像以前那样，出游几乎等同于出入幕府，是指望得到要人的帮助，把幕府生活当做地位晋升的终南捷径。而现在则不同了。他对那些把功名利禄看得比较淡漠的清高之士越来越推崇。在他看来，戴复古就是这样的人。在诗中，他把这位朋友比作“古仙客”，设想戴复古回天台山是像神仙那样“骑白鹿归仙山”，他要与这位具有仙风道骨的朋友讨论“方外”的“云霞友”。这说明他的思想的主导方面已经从积极入世、想要有所作为的兼济之志，转变为倾向于超然世外、隐遁山林的隐逸之趣了。

关于严羽同戴复古之间的交往及这交往所给予严羽的影响，本书第三章中将展开讨论。我们在这里将仅限于对传主有关诗社和论诗方面的情况作一般性的介绍。

五、游览天下，寻访故友

严羽的思想发生了巨大转变，他的挚友也相继离去。于是，嘉熙二年（1238）初春，他离家远游吴越。这一年他47岁，而且身体较弱。但是在一个清高的并且非常强烈的冲动的驱使下，他还是坚持着要实现寻访名山的夙愿。何况在他

---

① 《严沧浪先生吟卷》卷三。

身边还有一位比他年长得多的戴复古作为自己的榜样。

在漫游吴越期间，他先后到过吴中（今江苏吴县）、临安（今杭州）、钱塘和桐庐（今杭州附近）等地。

他在吴中生活了一年左右。他写的《吴江春望》，是离家不久所作。当时，“江上草”正在萌生。① 在《吴中送友归豫章》诗中，“南国音书须早寄，江湖春雁已无多”② 两句，表明此时已届春末。他在这里生活得比较舒适，精神也比较愉快。他曾经和一些朋友在一起。其中可以考出名姓的有赵立道。不知名的还有上述诗中那位客居吴中即将返回南昌的友人。在这里，他和赵立道常在一起，彼此也很投机。冬季的一天，赵立道准备离家赴京应试，严羽在江边的酒楼为他饯行，并作了一首诗送他。③

一年后，他离开吴中，要去游览庐山，寻访陶渊明的故居。这种愿望在他写的《寄郭招甫，时在浔阳》诗中表现得极为充分。他盼望着“何日真寻尘外迹”，他要和朋友“焚香酌茗话先贤”。④

可是，他离开吴中以后，却没能直接到庐山寻访“尘外迹”，而是被友人挽留，继续在各地游览。

他到了当时的京城临安（今杭州）。这是他早就向往的地方。可是，在他怀着满腔热情想要为国家效力的时候，却没有机会进京。如今，他真的来到京城之时，他的热情已经被

① 《严沧浪先生吟卷》卷二。

② 《严沧浪先生吟卷》卷二。

③ 《严沧浪先生吟卷》卷二，《送赵立道赴阙仍试春官即事感兴因成五十韵》。

④ 《严沧浪先生吟卷》卷二。

隐遁山林的想法所取代了。临安的繁华，上层统治集团的奢侈腐化和不思进取，使他愈加心灰意冷。更可悲的是，当他的内心与现实如此不和谐之时，他竟然意外地同赖铸相会于临安。那时，这位故人正要离开临安到"荆吴"即江西去。严羽在临江的酒楼上为他饯行。在他的眼前，纷乱的现实，腐朽的统治集团，自己的坎坷经历错综交织在一起，岂能不令他感慨万千！自己曾经奋斗了二十余年，仍然是白衣书生；赖铸是他的朋友，并且也是长期客游他乡。严羽早年在临川时，曾因两人"天涯各一隅"而写过怀念之诗。后来，赖铸返回家乡，不久就发生了晏彪起义，随即又离家远行。至今仍然飘泊不定。今天，他们刚刚在这里相遇，就又要分手。天涯沦落，同病相怜，怎能不令人感慨万端！他在"高楼分手泪沾巾"之际，写下了"万事磋跎堪更问，十年离别亦何频"的诗句。[①]

在这之后，他又与吴子才、廖叔仁等相聚，旋又为他们送行。[②] 特别有趣的是，他在三衢（今浙江衢县）遇到了江西时的老朋友周月船。故人分别十数载，骤然相逢，都有无限的甘苦想要倾吐。在分别时，严羽赋诗一首，题为《三衢邂逅周月船，论心数日，临分赋此二首》。[③] 诗中把他们的沉重、茫然的心情展现在读者面前。"心期看白发，归梦付沧波"。眼前的事情自己无能为力，未来更不可揣度。唯一可以明确约

---

① 《严沧浪先生吟卷》卷二，《送赖成之出都》。

② 见《严沧浪先生吟卷》卷三，《云山操为吴子才赋》、《钱塘潮歌送吴子才赴礼部》、〔满江红〕《送廖叔仁赴阙》。

③ 《严沧浪先生吟卷》卷二。

定的，只有再相逢时看看对方的白发；只好互相交谈那无法实现的归梦。

这首诗除了可以帮助我们了解严羽的某些经历之外，还为我们提供了一个重要的线索，那就是诗题目中的“论心数日”几个字。

论“心”，这是宋代儒学的基本话题之一。心学是陆象山所创立的学说。他以关于“心”的一系列观点、主张，建构了自己的“心学”体系。从而给予那个时代的知识界以强有力的影响。

我们应该特别注意同这个问题有关的背景，即严羽是包扬的弟子，而包扬曾跟随陆象山学习，为其入室弟子。虽然包扬未必得陆象山心学的真传，但他在陆门所受的教育，每日耳濡目染之所得，对于心学主张的理解和认识自然比其他读书人更深些、更系统些。严羽进入包扬之门求学，受包扬的影响至为深远。从陆象山到包扬，从包扬再到严羽，其间的师承关系和思想联系是客观存在的。从这方面关系中，人们不难发现，严羽有关心学的知识当比他人更多一些。

从他同周月船的相逢，从他们所讨论的问题，我们可以看出，周月船是他多年未见的老朋友，也是个很有理论修养的知识分子。因此，在故友相见之时，他们不仅畅叙别情，还着重研究、探讨了当时的理论热点，并且“论心数日”。“数日”二字足可以使我们想象出他们对这个问题热心的程度。

嘉熙三年（1239）春末，严羽客居瓜步镇（在今江苏六合县）。瓜步在长江北岸。由此往北，便是宋军与蒙古军对峙的战场。当时一些想要有所作为的士人都到这一带寻求机遇。上官伟长等人是如此，严羽在这里要寻访的人也是如此。他在这里见到了表叔吴季高。[1] 吴季高其人不见于古代文献的记载。但是，从古人名与字的关系推测，季高以释“陵”，于义较合。所以，季高当是吴陵的字。这样推导出的结果似乎同《福建通志·严羽》中关于吴“陵字景仙”的记载有矛盾。其实古代人先后取两个表字的情况并不少见。严羽就是如此。上述传记开头就写道：“严羽字仪卿，一字丹邱”。足见这样推想并非没有根据。吴陵同严羽之间，在血缘和亲戚关系上，在对诗歌艺术的共同追求上，建立起比其他人更为亲密的友情。诚然，他们对诗歌理论的认识有过分歧。但是经过书面的和当面的辩论、探讨，吴陵已经较多地接受了严羽的主张，而且已经成了宣传严羽思想观点的诗人之一。正是基于这样一些因素，严羽才在瓜步逗留，以便与他相聚。在这次聚会中，他们对诗歌理论作了较多的探讨。严羽把自己论诗的书稿誊写出副本交给吴陵。他希望从这位表叔那里得到理解和支持。

短暂的停留之后，他写下了《客中别表叔吴季高》，然后，离开瓜步，到了芜城（今江苏江都县境）。在那里，他同最亲密的朋友上官良史相聚。芜城，这几经变乱的古代名城，由于鲍照的《芜城赋》而增加了文化品味。诗人与朋友在这里相聚、对饮，怎能不浮想联翩？情之所至，伟长作了一首《芜城晚眺》献给严羽。严羽也作诗和他。[2] 只是这座荒芜了的古城所唤起的人们的感情，多属惆怅、感伤和离愁别绪。

他在丹阳（今南京附近）小住，也曾留下了诗章。然后，

---

① 见《严沧浪先生吟卷》卷二，《客中别表叔吴季高》。

② 见《严沧浪先生吟卷》卷二，《和上官伟长芜城晚眺》。

小船载着他继续逆流航行。

一路上，除了寻常的旅途劳苦之外，他还饱受了荒旱之年的艰难。[①]

经过漫长的跋涉，他终于到了南昌。在南昌附近的东湖小住数日，然后，他准备到湖南衡州重游故地，寻访老友。可是南昌的朋友非常尊重严羽。经不住他们苦苦挽留，严羽在南昌住了下来。

这位朋友就是在南昌很有权势的张南卿。张氏父子二人同严羽都有交谊。严羽返回家乡之后，张南卿给他写过信。严羽作《寄张南卿，兼答文篇之贶。时南卿在鄱阳》一诗回赠。诗中称南卿为“张侯”。

> 张侯为人心事好，使我一见喜欲倒。交友如君未易逢，相逢恨不相知早。[②]

这说明张南卿对他很推崇。由此也可以想见张南卿父子挽留他时的真挚与热情。

南昌是他非常熟悉的城市。十几年间他曾两次客居这座古老的名城。然而，这里留给他的只有令人烦恼的回忆。他以前来时，满怀着报国理想，想要干一番事业。每当游览南昌古迹之时，他就无法控制内心的激动。他禁不住要把前代英雄豪杰的轰轰烈烈的事业，同自己平庸无能的现状相对比。

---

① 见《严沧浪先生吟卷》卷二，《舟中苦热》、《送崔九过丹阳却上荆门省亲》。

② 《严沧浪先生吟卷》卷二。

他壮怀激烈，满腹经纶，却没有人赏识他，没有人肯给他提供一展才华的机会。为自己，为这个时代，他感到羞愧，感到不平。他曾多次在诗中抒发胸中的愤懑。

这次故地重游，他的心情已经完全不同了。

今天，他受到了以前苦苦追求却始终不曾得到的礼遇。他不想在这里住下。可是，主人的盛情却使他不得不改变初衷。然而，可悲的是，此时他已年届知命，他对社会、人生，对自己，都失去了幻想，失去了当年的热情。

再度客寓南昌，心情不同，游览的古迹也有所区别。他到过南昌附近的新建县。该县有座逍遥山，也称洪州西山。山不很大，却非常有名。据《嘉靖南昌府志》、《大清一统志》和《青琐高议》载，逍遥山乃是许真君全家白日升天之所。许真君名逊，字敬之，汝南（今河南省）人，生活于晋代。早年得道，游于天下。至豫章，发现江西连年洪水为害，都是一条蛟龙精为患所致。许真君决心为民除害。蛟龙精化为黄牛，许真君化黑牛，与之斗法，大败蛟龙精。旋又追至其家，将它杀死。此后，许真君隐居逍遥山。东晋咸康二年（336）八月一日，举家飞升。这个神话故事在当地很有影响。据说许真君当年战胜蛟龙精的井和他升天之前住过的地方，在宋代仍然作为珍贵的文化遗迹保存着。

严羽来到逍遥山，游览了同仙人传说密切相关的古迹，产生很多感慨。于是，他作了一首《过逍遥山》。诗中描写了自己在许仙宅和洪崖井游览观光的情形，也真实地展现了自己此时的心情和由此而产生的联想：

伊余坐昏垫，久欲还林岭。明发囊丹砂，归欤炼颓景。①

仙人的事迹，仙人的生活，都对他产生了较大的吸引力。他向往着隐居山林的生活。而诗中的“久欲”二字表明，他产生这样的想法已经不是一天、两天了。不仅如此，在仙人传说和遗迹的昭示下，他对仙家生活中的丹砂产生了兴趣。虽然诗中的“丹砂”具有一定的虚拟的、象征性的色彩，但它也并非完全没有实在的意义。这种兴趣的产生，除了对仙人及其有关事物的羡慕以外，同他长期以来体弱多病也有一定的关系。

他的心情在另一首题为《梦游庐山谣示同志》中也有充分的表现。他写出自己在现实生活中历尽坎坷却始终未能醒悟（“身居红尘不自觉”）。现在，他要求自己彻底觉悟过来，从根本上摆脱昔日的烦恼和世俗的羁绊。这种愿望，这种心情，竟如此强烈，以至于占据了他的心灵。虽然他的身体还没脱离尘世，可是，他的心却随着仙人，随着他的愿望飘游。他陷入冥思苦想之中，不知不觉地进入梦境。庐山的五老峰幻化为仙人，邀请他交谈、饮酒，向他指点人世间的纷乱。他独自骑着鹿走去。忽然，松涛大作，飞瀑轰鸣如雷。他被惊醒了。仙人、仙境都不见了。他披衣彷徨，叹息。对比梦境与现实，他陷入了深深的思索……。究竟尘世是什么？自己孜孜以求的又是什么？他作出了一系列否定性的回答。他用诗的形式把自己的想法告诉志同道合的朋友。他邀朋友“共

① 《严沧浪先生吟卷》卷二。

向丹崖卧松雪”[①]。

他下决心结束尘世的奔波，隐逸山林，以度过晚年。

这时，对那些建功立业的人，他已经不屑于一顾。他的心中只有那些“不事王侯，高尚其事”（《周易·蛊上九》）的隐逸高人。他羡慕他们高尚的人格和摆脱一切功利目的的淡泊志趣。他在诗中说：“尧舜不能屈由巢，自余王侯何足交?”此时，他已经彻底否定了幕府生活，否定了以前自己所热衷的人生道路。[②]

张南卿父子留他在南昌住了一年多。翌年，张南卿因公务调往鄱阳，他们不得不分手了。他在《孺子台吟》这首诗中深情地写下了他们的聚首与分别：

> 去年醉与东湖别，欲上衡湘泛秋月。君家留我却邅徊，恨望还成阻修阔。…………举杯失笑君何在？望断行云空咄嗟。[③]

他在南昌还有一些朋友。但是，交谊深笃，关系至密的就是张南卿父子。如果不是他们盛情挽留，他就不会在南昌住下。现在，他们父子既已离去，他也不愿意在那里耽搁了。他“兴来目送海边鸿，归心挂在闽溪树”。他决心尽快结束这次客游，返回家乡。

---

① 《严沧浪先生吟卷》卷三。

② 《严沧浪先生吟卷》卷三，《思归引》。

③ 《严沧浪先生吟卷》卷三。

六、归隐山林

嘉熙四年（1240）冬末，严羽返回家乡。

这次出游之前，他的思想已经产生了较大的变化。经过三年多游览名山和寻访故友，所接触的人和事给他以启迪。他又结合所见所闻，反思自己几十年的经历，站在一个更高的基点上观照人生和社会，终于在思想深处产生了彻底的转折。因此，这次回家，人们所见到的严羽，再也不是那个以“奇节”著称、充满理想和朝气的人了。人们明显地发现，一派清高淡泊的风度取代了他以往的昂扬之气。

这次归来，他对以前曾经热衷过的很多事情失去了兴趣，也把很多问题看得淡了。除了友情和诗艺之外，他对世事已经很少关心。

他的隐居生活大致分为前后两个阶段。前一时期，他住在城郊。此时，他的生活条件虽不富裕，却还说得过去。从他的《早春寄潜斋王使君》、《闲居寄友》[1] 两首诗中，我们可以约略地了解到他当时的生活状况。

那时，他从繁忙的交际与客游生活中解脱出来，骤然过起隐居生活，前后二者之间的变化还没能与其生活习惯很好地协调起来。旧的习惯有时还要在新的条件下表现出来。

昏昏醉睡慵朝起，日日柴门待暖开。春至任从花鸟笑，客来还仗酒樽陪。移舟动觅依江柳，策杖

① 见《严沧浪先生吟卷》卷二。

时能访早梅。[1]

在过去，案牍繁忙、宴饮和游览风光之美，这几个部分构成了他的生活的基本要素。现在，当他抛弃了尘世的烦恼以后，只要条件许可，这些活动就成为他自得其乐的内在要求了。

虽说他已经开始过起了隐居生活，他已不再像往常那样为想象中的目标或前途而努力拼搏，可是，他在家乡是个很有影响的人。他的威望，他的智慧和经验，都为乡亲们所景仰。他想摆脱现实生活中的琐屑事务，连同它们所带来的烦恼。周围的人却离不开他。他们需要他的指点。因此，他这时的隐居生活并不像他所设想的那样，可以完全游离于尘世之外。

在此期间，朝廷中一些主战的将领得到了发挥才能的可贵的机会。驻守在淮西知安丰军的杜杲连续重创蒙古军。加上淮西一些将领虚报战功，正如理宗所说"近淮西诸军冒滥虚名甚多"（《续资治通鉴》卷百七十），在外界看，形势更加有利于宋廷。这对于当时一些立志报国的士人来说，实在是极大的鼓舞，也是时代给予他们的极其难得的机会。况且，杜杲也是邵武人，与邵武的知识分子有桑梓之谊。这对严羽周围的人来说就是更大的激励。于是，严羽的好朋友吴会卿决定投笔从戎，到淮西入杜杲军幕。

吴会卿不见于其他文献记载。然以命名义例及严羽所交往之人考之，会卿字仪甫，邵武人。前面在论及严羽家世的时候，本书曾探讨了严氏家族同吴氏家族的关系。另据《福

① 《早春寄潜斋王使君》。

建通志》卷三十九和《全闽诗话》卷四载，盛传严羽宗派的诸人中，有吴陵、吴梦易、吴半山等。他们都是吴陵的同宗，都是严羽的亲戚。吴会卿也是这个家族中人。他比较年轻，此时年三十五六岁。但他英风剑气溢于言表，颇类青壮年时的严羽。故而严羽对他非常关心。他也十分敬重严羽。他们既有亲戚之谊，又结忘年之交。

当吴会卿决心投奔杜杲之时，严羽从他的志向，从他的风度气派上似乎看到了自己的过去，似乎自己当年沸腾的热血在眼前这个壮士的体内滚动。于是，他作了一首《送吴仪甫之合肥谒杜帅》[1]，以壮行色，鼓励他到杜帅幕府中去建立奇勋。

吴会卿到军前不久，蒙古军万户张柔自五河口渡淮，进攻扬州。杜杲指挥部队解扬州之围，张柔败退。吴会卿参加了这次保卫扬州之战。蒙古军是否真想夺取扬州，以及扬州之战的详细情况如何，均不可考。但是，可以肯定的是，这次解扬州之围的战斗绝不是"冒滥虚名"之属。参加扬州保卫战的有功之人受到了奖赏。而吴会卿和杜帅幕府的同僚却不在赏赐之列。大约在这次战斗中，由于一些客观原因，杜杲统帅的部队战绩不很显著，或虽有战功却不为朝廷所承认。对此，吴会卿极为不平。他愤然地离开军队，回到了家乡。

会卿向严羽讲述了他在扬州的经历和自己内心的痛苦。严羽作《剑歌行赠吴会卿》一首，对他的行为、性格和节操给予充分的肯定。其诗云：

---

① 《严沧浪先生吟卷》卷二。

> 去年从军杀强虏，举鞭直解扬州围。论功不及骠骑幕，失路羞逐边城儿。归来宝刀挂空壁，白光夜夜惊虹霓。①

诗中“去年”二句告诉我们，会卿和他所在的军队参加了扬州之战。“论功”二句言他所在的部队因某些原故，失去了立功的机会。对这首诗绝不应误解为只有会卿一人“论功不及”。诗中的“骠骑幕”，用汉代名将飞将军李广的典故。李广同匈奴作战，因迷失道路而误了军机。这里的“骠骑”当作“骁骑”，或为严羽所误，或为传写时所误。诗中所用之典已经表明，这次论功不及的可能是他所在的部队，而且其中一定存在着不够公正之处。因此，他愤然离开了军队。应该说明的是，他的这首诗不是会卿刚回来时写的。

第二年，即淳祐二年（1242）春，吴会卿决定再次赴淮南。严羽深知他在家乡闲处会非常痛苦，遂作了《剑歌行赠吴会卿》一诗，表达了对他的充分理解。会卿行前，他又作了《送吴会卿再往淮南》。尽管此时严羽已经年过半百，并且对几十年的奋斗已经心灰意冷，可是，对眼前这个充满豪情的壮烈之士，他仍然寄予了无限希望。他勉励会卿坚定不移地奔赴淮南前方。他在诗中鼓励他及早建立功名。

> 荆楚奇才多剑客，感慨相逢思报国。男儿事业早致身，青鬓须防雪霜迫。②

① 《严沧浪先生吟卷》卷三。

② 《严沧浪先生吟卷》卷三，《送吴会卿再往淮南》。

诗人明确地告诉人们，自己已经年迈，已经过着隐居生活，不可能再有什么作为了。可是，他却希望吴会卿能抓住机遇，干出一番无愧无悔的事业来。

严羽之所以这样劝勉会卿，是因为在严羽的一生中较少遇到像他这样可以大有作为的人，同时，他也不希望自己的遗憾和悲凉在会卿身上重现。他在诗中说，“海内交游四五人，近来得尔情相亲”。从这里我们可以看出他们之间不仅存在着亲戚关系，更重要的，还在于他们在思想上、性格上，要比别人贴近得多。

在这期间，同一些要好的朋友相聚令他感到格外快乐。但是，每当独处之时，他的心就被近几年日益强烈的隐居的愿望所吸引。他有时居住城中，有时住在城郊，生活在朋友们中间，他的心却游于峰峦之外，他的隐逸兴趣和对岩穴高人的仰慕虽然不能马上变为现实，但他也尽量把自己的想法化为行动。

于是，他养了一只鹿。实际上，他养的可能就是一只鹿。他称之为“三足鹿”①，也许这样称呼才更有点神秘色彩。不久，他又像仙人、贤士那样，把这只鹿放到山中。似乎他的精神也随着这只鹿离开城市，先于他的身体进入较高一级的隐逸状态。

一只鹿的养与放，可以看出他的内心处于矛盾之中。尘世的、往日的交际和关系，还在环绕着他，而他的心却要求他尽快地离此地而去；另一方面，他已经决心过隐逸的生活，可是他性格中固有的特质，他从小就形成的“奇节”，几十年

① 见《严沧浪先生吟卷》卷二，《寄山中同志》。

间所形成的关心世事、想要大有作为的心态，决定了他即使完全隐遁山林，他对人生、社会的一些重大问题也不能报以漠然的态度。对那些充满了热情和理想的青年，他也不能不给予指导。在这样矛盾的心境下，他把麑放入山中的行动就具有了特殊的象征意义。

在他未作出远离城市生活的最后决定之时，有时也不免涌现出一点失落之感：

萧条遗世心，江海坐来深。拥褐闲窥沼，思山欲借琴。①

遗世之心确实有了，但若没有条件饮酒，不能杖策出游，又没有可以论诗谈艺的友人，则不免有百无聊赖之感。

在这前后，他的闲暇很多。这很有利于他对自己的过去和未来进行思考，也有利于他对一些具有哲理性的问题进行新的审视。在一首题为《空斋》的诗中，较好地表现了他的精神状态。

寒灯照疏竹，栖禽时复惊。默坐空斋夜，寂寞道心生。②

在完全没有人打扰的静寂的夜晚，他这个一向喜欢进行理论探讨的人，独自冥思苦索。"道"在他的心中升华。这个

---

① 《严沧浪先生吟卷》卷二，《闲居寄友》。

② 《严沧浪先生吟卷》卷三。

“道”同以前他所研究的道已经有明显的区别。但这只是他对人生理解的一个新的阶段，一个新的高度。

这个时期他所写的另一些诗中，则表现出他对山中隐士的羡慕，对自己居住城郊的生活状况的不满。在《送友归山效韦应物体》一诗中，“送友归山谷，觉我荷衣尘”二句，突出的是一个“尘”字，表现出他在山中隐士面前的自惭形秽之感。[①] 而这，也是他最近经常考虑的问题之一。在《西山》这首诗中，他从另一个角度表现出了这样的思想：

西山青缥缈，深处有丹砂。说道神仙客，邀予戏紫霞。[②]

诗中所说的“丹砂”、神仙，是他在江西就已经梦牵魂绕的二位一体的坐标。此时，神仙客的邀请，怎能不令他高兴呢！

他下决心结束这亦城亦乡的生活，移居到山中。他写了《寄山中同志》一诗。他以诗人的表达方式展示了此时的情怀：

我有三足麂，放之在碧山。别来几千日，昨梦忽乘还。

从当初想要彻底隐居而把麂放入山中，到此时已经过了两年半左右。麂出现在他的梦中，意味着一种特殊的力量对他的

① 《严沧浪先生吟卷》卷二。

② 《严沧浪先生吟卷》卷三。

召唤。其实，无论梦里还是诗里的鹿，都是他内心波动所幻化的意象，是他对生活的新的追求的艺术显现。

于是，他要把自己的隐居生活改造成为具有神仙色彩的岩穴式的生活，或近似于那种状态的生活。

在隐居的第二阶段，他移居到邵武城外东潭山一个清幽秀丽的地方。这里的环境比以前的住处更合于他的理想。他不用“思山”了。他的住宅依山傍水，是个典型的隐士山庄。只是他的生活条件比以前更艰苦了。他一年到头很少饮酒，朋友来访，也只不过以清茶款待。因住宅较为狭窄，大量的书籍都堆放于北窗下。[①] 在这期间，他还写了《新凉》、《秋日》[②] 等诗，在作品中描绘了自己的新环境，也表达了当时的心情。

刚刚隐于东潭山之时，他还常常往来于山与城之间。有时经朋友挽留，他也在城中小住数日。不久，他认为这种交往也应该结束了。他在《还山吟留别城南诸公》这首诗中清楚地表现了此时的想法。

> 如何山中客，屡看城头月？……别后莫嗟难见面，相思只望岭头云。[③]

他告诉朋友，今后，他不会再进城同他们相聚了。

在这之后，他较多的时间是在家里读书，偶尔同山中的

---

① 见《严沧浪先生吟卷》卷二《山居即事》。

② 《严沧浪先生吟卷》卷二。

③ 《严沧浪先生吟卷》卷三。

隐居者、僧人相往还。他所接触的人有宁山人、益上人。

他不再入城了。老朋友互相关心惦念之时，当然不能像他诗中说的那样“只望岭头云”。他们想念这位给过自己以可贵的帮助的诗社盟主和诗坛巨擘之时，就到山中来拜访他。他的年龄比那些老朋友大一些，并且他又体弱多病，行动已经不大方便了。从有据可查的人来说，到山中看望他的，有当年在王子文面前一起论诗的李贾，有同他关系至密的上官良史。特别是后者，不仅到山中来同他聚会，还带着行李到他家里小住。良史作了《寻严丹丘东潭居二首》，记下了他们之间的这次交往。其第一首诗作了如下描写：

> 爱子东溪幽，抱被来同宿。山家无膏火，燃薪代明烛。闲窗何所有？古书三五束。[①]

诗中既描写了严羽山居的清幽、简陋，生活的艰难，他家里没有点灯用的膏油，除了书以外没有其他物品，连待客用的被褥也没有。尽管如此，他们之间的感情却真诚。

上官良史到山中访问严羽的时间，大约在淳祐五年(1245)秋，当时严羽五十四岁。此时以后，在《严沧浪先生吟卷》中再也找不到有关他的生活、行踪的记载。遍考当时其他文献，也不见有关严羽此后事迹的记录。

① 转引自《宋诗纪事》卷六十三。

七、寂寞遁世

关于严羽的卒年，学术界的分歧也很大。绝大多数学者引以立论的根据，都缺少明确的时间断限。例如有的学者认为，《送赵立道赴阙仍试春官即事感兴因成五十韵》一诗中，“王五新盛礼，万国合重熙”① 二句，可以作为严羽生活期间见于吟咏的最后一件大事，并要以此构成他卒年的主要时间坐标。这种做法未免把诗中的个别句子孤立地看待了。本文通过对传主一生活动的全面考察，已经断定严羽送赵立道的时间并不在其晚年。因此不应根据这首诗来推断严羽的卒年。

一部分学者考察严羽卒年是以黄公绍为严羽诗集作序的时间，及黄公绍的生卒年作为参照。这种做法也有其不可克服的矛盾。因为从现在可以查考的文献中，无法找出黄公绍确切的生年和卒年。

实际上，中国古代知识分子因个人的条件和社会条件的制约，参加科举考试的年龄有早有晚。邵武黄氏乃是名门望族，登第、入仕之人很多。公绍当出自邵武黄氏，故其登第的年龄不会很大。有的学者较注意黄公绍为《沧浪先生吟卷》作序的时间。可是，黄序末尾签署的年代有两种不同的传本。其一为宋度宗咸淳四年（1268）；其一为尚章摄提格十月之望，即庚寅年。以黄公绍登第的咸淳元年（1265）为基础推考，则庚寅年为元世祖至元二十七年（1290）。学界多从前一说。我以为不足取，咸淳四年，公绍登进士第仅三年，以

① 《严沧浪先生吟卷》卷二。

当时惯例推之，官位不过县尉、主簿之属。而严羽乃前代名流宿儒、邵武诗坛盟主，两人的社会影响相去甚远。在这种情况下，公绍没有条件同时他也不会不自量力地为严羽的诗集作序。此序的写作时间当以后一说为是。理由有两点：其一，公绍于宋代末叶登第，仕为架阁官，入元后隐居不仕，名声较著；且以登第时为二十五岁计算的话，到至元二十七年已经五十岁，或许还略多一点。从年龄和经历两方面来说，他都是当之无愧的邵武名流。在这种情况下，南叔李君请他为自己所抄录的《沧浪吟卷》作序，也是势所必然。其二，序末签署的年代用中国古老的记年方法，也与他入元不仕的思想和经历相契合。他既不肯仕元，也不愿意用元代的年号。此外，朱霞《严羽传》也可作为佐证。其说云："至元间，邑人黄公绍搜存稿，仅百三十余篇，为序而传之。"

黄序称，"余幼时，见东乡诸儒藏严诗多甚，恨不及传。"人们对这个问题的认识也存在值得商榷之处。黄序中还有一段别具意义的话，可惜很少引起人们的重视。黄序说，"吴陵序其（案指严羽）家集"。这里说的"家集"，可能就是严羽、严参、严仁三人的诗集。因为吴陵序中所介绍的就是这三个人。三严诗集不知何人编辑。根据对严羽晚年生活的考察，大约在他五十岁前后，即他晚年隐居乡里之时，他的诗就已经整理成册了。吴陵晚年也回到故乡，于是有为严氏家集作序之事。所谓"东乡诸儒藏严诗多甚"，就指从这时起，直到严羽隐居山中、寂寞而终的七八年间。

我认为，只有把严羽自己的诗篇、有关于他的各方面资料汇集到一起，进行分类、排比，找出所涉及的各方面事件、人物、时间，才能得出较为可信的时间表。据此我认为，可以确切地说明严羽晚年活动情况的，就是上面所列举的严羽的部分作品和同他交往的诗人的作品。在这之后，严羽的生活状况就无从查考了。他最后阶段的生活条件很艰苦，又兼他在较长的时间里体弱多病，可能在同李贾、上官良史在东潭相会之后，他与外界的交往就近乎停止了。他的病体限制了他的行动。按这种情况推算，他可能在两三年后，即淳祐八年（1248），在寂寞中离开了人世，享年五十七岁。

当时，黄公绍年仅七八岁。至元二十七年作序时，他已经五十到五十二岁之间。此时，距严羽去世已四十年了。

第三章　遍及海内的师友交游

严羽的一生，是才志之士艰苦奋斗与不断追求的一生，也是充满了失望，历尽坎坷的一生。从二十多岁到五十余岁的几十年间，从福建到江西、湖南的辽阔地域内，他怀着遇合像刘备那样的明主的热望，投奔一个又一个权贵要人。他要把他引以自豪的治国安邦的谋略和本领奉献给他们。遗憾的是，他幻想中的君臣际遇关系始终没成为现实。没有任何一个要人承认他这方面的本领，没有人肯给他哪怕略事施展才华的机会。

诚然，他也受到过赏识。然而人们所称赞的更多的是他在诗歌创作方面的才华，是他的卓尔不凡的诗歌理论主张。如果我们对他的性格有较全面的了解的话，就会发现，尊重固然能带来愉快，带来自豪之感。但是，在青壮年之时，他的志向的主导方面并不在文化建设方面，而是想要运用纵横之策建立辉煌的业绩。按照中国古代知识分子的传统的人生价值理想来说，他要通过建立功业，获得社会地位，这个目标的实现，自然也会获得不朽的声名。他在以主要精力为上述理想而奋斗之时，又以相当一部分精力从事诗歌创作和诗歌理论研究。终生奋斗的结果，同他早年的愿望有相当的出入。

他的立功的目标没能实现，而在立言方面却取得了突出的成就，并因此而获得不朽。

尽管他的一生的最终的结局如此，可是他的主要理想没能实现，他引以自负的本领未被人承认，这对他来说是极其可悲的。他始终感到怀才不遇，感到缺少知音。他多次抒发这方面的感慨："男儿一片万古心，满世寥落无知音"①、"海内交游四五人"②、"世上如今少知己"③。此外还有一些诗抒发了同样的感情，本书在第二章中已论及，不再赘述。

由此我们可以看出，他的一生是奋斗的一生，也是才人失志的一生。就这一点来说，他的生活中充满了厄运和不幸。但是，历史并没有亏待他。尽管他郁郁不得志地度过了一生。可是，时代和社会也给他提供了一些特殊的条件和机遇，甚至可以说是偏爱。他自己并没意识到，他所获得的特殊的条件主要体现为时代赐给他一些可贵的师友。他们当中有的以杰出的才能和知识影响他，有的同他切磋、交流乃至同他论辩。他们自觉不自觉地、在不同的程度上帮助了严羽，使他在论辩过程中完善自己的理论。他们共同构成了有利于严羽创立自己理论体系的良好环境。

一、极富个性的师承

严羽的学术思想是多方面条件造就的。他的家庭构成了

① 《严沧浪先生吟卷》卷三，《惜别行赠冯熙之东归》。

② 《严沧浪先生吟卷》卷三，《剑歌行赠吴会卿》。

③ 《严沧浪先生吟卷》卷二，《北风》。

他成长的第一位的、也是最贴近他的物质的、精神文化的条件；乡学及他少年时代的老师，成为他的极为有利的培养基因。在这两重因素的作用下，形成了他的“奇节”，即他的性格的主导方面。而后期成长，则较多地依赖于更广阔的社会环境。

在把严羽造就为思想家的特殊环境当中，首先应予以特殊强调的人就是在他的众多的师友中最为杰出的学者包扬。

包扬字显道，号克堂，江西南城人，宋高宗绍兴十三年（1143）出生于一个书香门第的大家庭。他比朱熹小十三岁，比陆象山小四岁。卒于宁宗嘉定九年（1216），享年七十三岁。包扬弟兄三人。兄名约，字详道；弟名逊，字敏道。他们弟兄三人先在陆象山门下求学，后又师从朱熹。他们三人都有一定的名气，并且在学术上各具特点。包逊一向以喜欢谈禅为世人所知，而包扬的成就和名气更大些。他们三人虽先后从陆九渊、朱熹游学，但对两位大师及其学说的态度和接受的程度是有区别的。正如黄宗羲所说的那样，他们“趋向于陆者分数为多”[①]。黄宗羲的这个评价是比较符合实际的。一方面，他们是在年龄较大时才从象山问学的。他们已经很成熟，完全不同于童子入学，由家长决定聘请教师或送到某位学者那里求学。包扬进入陆九渊之门以前，是经过审慎抉择的。他们对陆氏的心学尤为信仰，因此才要作为入室弟子，以探求其真谛。这样他们也必然更真诚、更勤谨。三兄弟中，包扬对陆氏心学也比别人接受得更多一些。于是，在说话、办事间所体现的主观精神更鲜明，甚至还要更激切、更执着一

① 黄宗羲《宋元学案》卷七十七，中华书局 1986 年版。

些。

陆九渊在历史上被称为宋代“心学”的开山祖师。象山之学表现出强烈的主观精神和鲜明的学术个性。在个人与外界的关系方面，强调“以自己之精神为主宰”，“以讲不传之学为己任”[①]，以为当今之世，舍我其谁；在对万事万物的认识方面，强调求诸内心的自我观照，“宇宙便是吾心，吾心即是宇宙”[②]，“万物森然于方寸之间。满心而发，充塞宇宙，无非此理”[③]，“道未有外乎其心者。自‘可欲之善’，至于‘大而化之之圣，圣而不可知之神’，皆吾心也。心之所为，犹之能生之物，得黄钟大吕之气，能养之至于必达”[④]。他以这样强烈的主观精神观照世界，必然要从自己心中寻求解释外界事物的方法和答案，象山在与朱熹鹅湖之会时所赋的诗中说：“墟墓兴衰宗庙钦，斯人千古不磨心”[⑤]这颗心就是包容一切的渊薮。

包扬从他的老师那里所继承的正是这种包容一切、解答一切的千古不磨之心。基于对这颗心和象山的主观精神的把握，他批评朱熹“读书、讲学，充塞仁义”[⑥]。这本来是基于朱、陆两派争论而发的。象山之学，以“尊德性”为宗，朱子之学则以“道问学”为主，两家之学形成门户之见，互相攻击，势如水火之不相容，“宗朱者诋陆为狂禅，宗陆者以朱

① 《宋元学案》卷五十七。
② 《象山全集》卷二十二。
③ 《象山全集》卷三十四。
④ 《象山全集》卷十九。
⑤ 《象山全集》卷三十四。
⑥ 《宋元学案》卷七十七。

为俗学”[1]。所谓的“充塞仁义”，正是攻击朱学的“俗”，只不过言词更加激烈，更加露骨，也因此被视为过当罢了。朱熹将此事告诉象山。象山也很吃惊，说包扬“好立虚论”，表示要在以后见面时加以批评，“稍减其性”[2]。后来，象山写信给包扬，谴责他的怪论，“斥之不遗余力”[3]。九渊在给包逊的信中对他们弟兄提出了更严厉的批评，指出包氏“昆仲之病，皆在锐进之处”。“因其锐进而至于不识羞，则为惑深而为累大”[4]。难怪老师愤慨。他批评朱熹的言论已经超出了学派之争的限度。尽管他的攻击在本质上，好在认识问题的基本理论和方法论方面并没有违背师训。不过，他忽略了一点，不仅朱熹的事业体现为读书、讲学，象山又何尝不是如此？因此，象山说：“某何尝教人不读书！”[5] 包扬在批评朱熹的时候，竟然连自己的老师、学派乃至知识分子作为安身立命之本的读书和传道授业活动都否定了。这就难怪象山十分恼火了。

但是，老师的批评并没有产生多大的作用。包扬对自己主观精神坚信的程度远远超过了他的老师的估计；况且包扬与九渊年齿接近，入陆氏之门游学时年龄已较大，他不像一般弟子那样一丝不苟地严守老师的教诲，而是力求学习、掌握某些自己认为属于本质的东西，因此在学习的效果方面就有所不同，在对老师笃信崇拜的程度方面也有差异。

他对老师的这种态度、他那顽强地表现自己的主观精神，

---

① 《宋元学案》卷五十八。
② 《宋元学案》卷七十七。
③ 《宋元学案》卷七十七。
④ 《陆九渊集·与包敏道书》，《四库全书》本。
⑤ 《宋元学案》卷七十七。

在日后从朱熹学习时暴露得更充分。淳熙八年（1181）前后，他转而入侍朱熹为弟子。在众弟子编辑朱子语录时，他把癸卯、甲辰、乙巳（1183—1185）三年间所听到的教诲编为"饶后录"之第三、四、五、六卷。编辑时，竟然把自己平素的言论假托为朱子语录混杂其间。如编《胡子知言》一章时，把自己常说的"书为溺心之大阱"一句插入。后来黎靖德重新整理、编辑《朱子语类》时，才把这些假冒朱子言论概为刊削。① 从这一具有典型意义的事件中，我们不难了解包扬的学术性格。

上文所述，只涉及包扬学术性格的一个极为特殊的方面。若从整体上看，他毕竟是当时一个很有影响的学者。淳熙八年（1181），朱熹因事入朝，于是上奏折倡导在民间建社仓，以备饥荒。孝宗皇帝可之，颁其法于四方。当时，包扬在客旅中，见到尚书所下的邸报，归来后，即号召弟子们响应。其中南城人吴伸、吴伦兄弟俩热情很高，率先建立了社仓，并恳请朱熹作了一篇《建昌军南城县吴氏社仓记》以记其事。② 这件事表明，包扬从朱熹游学，实始于此时，包恢撰文说："我先君从文公学四十余年"③，即从这一年、这一事件算起。建社仓一事，既可看出包扬对朱学、对朱熹倡导之事的恭谨态度，又可以看出他在自己学生当中具有的号召力。此外，他在当时两位最杰出的学者门下学习几十年，名气、成就重于一时，不仅莘莘学子敬重他，连老师宿儒也格外高看他。例

① 见《宋元学案》卷七十七。
② 《朱文公文集》卷八十，《四部丛刊》初编本。
③ 《敝帚稿略》卷五，《跋晦翁先生帖》。

如在孝宗朝和宁宗继位之初，朱熹每每上书直谏，指陈时弊，受到权贵们的诋毁，朱学被斥为伪学，朱熹的弟子故人被诬为逆党。在这种形势下，朱熹的得意门生蔡元定受到牵连，贬谪道州。消息传来，朱熹很痛心，想要奔走救助他。包扬以为救助也于事无补。于是就用朱熹平素的主张进行劝说、宽慰，他认为福祸已定，不必徒加劳攘。他的态度和劝慰受到朱熹的称赞。由于老师的另眼看待，他的儿子和弟子也有机会亲聆朱熹的教诲。其子包恢说："某之先君子从（晦翁）学四十余年，庆元庚申（1200）之春，某亦尝随侍坐考亭春风之中者两月"[①]；包恢记吴炎事迹说："初，从予先君克翁问学，即切切有志。年十六七时，侍父兄见朱文公于考亭。"[②] 可见他在朱子之门的地位远非一般弟子可比。

包扬除了作为儒学大家闻名于世以外，在辞章、书画诸方面也颇有成就。包恢在其《寿家君克堂先生》诗中说："我翁在物表，清吟彻骨肌"[③]，赞美他的诗歌写得很有个性；又他在朋友家见到包扬的书法作品，颇有感慨地写了一篇《跋克堂先生墨迹后》，称赞那位朋友对其父的墨迹"宝而藏之"，是"其志美矣"；又盛赞其父的墨迹说："先君子之心画，高古劲健，仁义笔也。"[④] 这些出自父子之间的评价很难说没有溢美之词，但是，这篇墨迹能为朋友所保存，不是也可以看出它自身的价值吗？

---

① 《敝帚稿略》卷五，《跋晦翁先生二帖》。

② 《敝帚稿略》卷六，《吴主簿墓志铭》。

③ 《敝帚稿略》卷八。

④ 《敝帚稿略》卷五。

很显然，包扬是个有影响的、在文学艺术领域造诣较深的大学者。

前文说过，严羽是在包扬晚年才远游江西，去南城拜师的。当时包扬七十岁，名气很大，精力也很充沛。严羽年二十二岁，为人聪敏，学识渊博，不恪守一隅，而能读百家之言，尤其喜好战国策士们挥洒自如的言谈和凭借奇策异智挽狂澜于既倒的能力，并且具有剑气和豪情交织在一起的“奇节”，这样的学生绝非循规蹈矩、恪守师训的儒生所能比。严羽的性格特点和他以往的知识积累，决定了他在包扬门下学习期间会有特殊的收获，也会遇到一些不如意的事情。

严羽从包扬游学三年，他从老师那里所得到的东西很多，也很重要。包扬的渊博的知识和治学方法无疑摆在他求学的首要位置。包扬跟随当代两位最著名的学者学习，对当时学术思想的最新成果和学术讨论的焦点了然于心。同时，他还能在两个思想分歧十分尖锐的学派之间兼收并蓄，超越互相对立的学派而丰富自己。他的这种先入陆门、后入朱门的行为，对于严守门户的学者来说，近乎于背叛，是无法接受的。但是，对于一个想要掌握更多知识的学者，特别是对于一个想要大有作为的学者来说，却自有其道理。老师这种超然于儒家不同学派之上的态度和做法，给予严羽以积极的影响，也给他以很大的鼓励。他原有的知识构成虽然远远不能同包扬这样著名的学者相比，但是，就其青少年时期的知识结构来说，也具有超越学派的特点。他不仅超越了儒家一宗一派的局限，而且能在儒家学说之外去寻求知识和本领。这当然不是进入包门以后的事，但却从先生的博学和他的学术道路中得到了鼓励和肯定。

包扬的学术个性也给予他以积极的影响。包扬在阐明自己主张、见解时表现出的强烈的主观精神，同战国策士们在游说时为了耸动人主而随心所欲地解释一切的做法，同战国时代的思想家为了游说的效果而大胆地曲解历史事实的做法，本来就具有相通之处。

我们姑且不说《庄子》书中的人和事被改造、被扭曲的情况，仅以《孟子》一书来说，其中对很多古代的文献、对很多历史人物和历史事件的解释，都带有鲜明的再加工的色彩。例如孟子同齐宣王对话时，宣王以“寡人好色”为托词，拒绝实行仁政。孟子便以“太王好色”[①] 相激励。其意在于说明太王因自己“好色”而考虑到人民的“好色”，能施仁政于人民。故其“好色”并没成为严重的缺点，没妨碍他成为一代贤明的君主，也没妨碍他培养出文王这样圣哲的孙子。至于“太王好色”的说法和由此而进行的解说，是否符合《诗经》中原作的诗意[②]，这一说法距历史事实有多远，反而不被战国游说之士所重视。孟子尚且如此，战国策士们在游说中对外界事物所作的解释，就更具有随意性，因此也更带有主观色彩了。

严羽在经历了无数坎坷之后，自称“错负纵横策”，表现出一定程度的懊悔。但是，这句诗无疑也告诉我们，在这之前，他对纵横策并未感到是“错负”，反而很欣赏，很热衷，把它当做自己的本领和学术特色，因此才有自“负”之感。当然，他的欣赏也是有一定的限度的。正如苏洵对战国策士们

① 《孟子·梁惠王》上，《十三经注疏》本，中华书局 1979 年版。
② 见《诗经·緜》，《十三经注疏》本。

“取其术，不取其心”一样，严羽也不喜欢他们那反复无常、缺乏是非观念的“心”，而是对他们随机应变、擅于发表出人意外的言论，提出一些奇谋异策的能力、办法，也就是“其术”，则很愿意学习。可以说，与纵横家之策密不可分的“其术”，具有更鲜明、更强烈的表现自己和把自己的认识强加于外界事物的主观精神。对于严羽来说，纵横策给与他的熏陶既包括高度的论辩能力，也包括与这种能力相并生的主观精神。而这种主观精神又同他的性格特征中的“奇节”相辅相成。

在进入包扬之门以后，他的“奇节”作为其性格、修养的基础和素质，并没有受到老师的抵制和改造。因为老师说话、办事中所表现出的主观精神之“奇”，也足可以成为他的表率。从而使他的“奇节”得到强化，增强了其中的主观精神。

由于思想之杂、性格之奇，严羽在包门弟子当中，很难找到同调。这显然是个很棘手的矛盾。他不想走科举道路，却又想要谋得个进身之阶，这就必须借助于包扬遍布天下的门生故吏，必须依赖同门之谊。其中有实力者，可作为依靠对象，进入其幕府。遗憾的是包门中这样有地位、有势力的人很少。大多数人虽有同门之谊，甚至像包恢和吴规甫那样相互引为知己，可是，“两贫相值，不克相养以遂”[①]。于是，大多数师兄就成了引荐者。这对于一个浪迹天涯的游子来说，也是必不可少的。严羽离开老师以后，长期生活在江西，就是因为包扬的弟子居江西者尤多。

---

① 《敝帚稿略》卷三，《送吴规甫序》。

然而另一方面，严羽进入师门很晚，他的年龄显然比众多师兄小，这使他们之间很容易产生距离；他的知识很广博，甚至是杂驳。他特别欣赏纵横之术，对当时的官方学说即程朱理学也有所接受，但其间有主次之别。这样，在他人看来，他的知识结构至少显得杂驳不精，甚至具有异端的倾向；此外他又以“奇节”著称，这在一个以循规蹈矩为共性特征的儒生群体当中，未免显得不够协调。这都增加了他们之间心灵沟通的困难。他多次在诗中表达的莫可名状的孤独感，在他还很年青的时候，在他游学包门之时，便已困扰着他。

严羽既已成为包扬的入室弟子，按一般规律讲，老师之子包恢同他的关系应该比较亲近一些。然而我们遍考包恢的事迹和他的著述，既看不到他和严羽交往的直接记录，也没发现他对这位小师弟有所关心的痕迹。据考证，包恢生于孝宗淳熙九年（1182），比严羽大九岁。他从小跟随父亲学习。这从他写的《送吴规甫序》中可以得到证明。该文说：“规甫从予家君学。予与规甫共学者十有八年矣。”这里的十八年是从规甫进入包门算起。至于包恢则一直在父亲身边接受教育，有时也接受父亲的老师的教育。例如他在十九岁那年，就曾亲聆朱熹教导两个多月。包恢于嘉定十三年（1220）及进士第，时年三十九岁。当时严羽正在庐陵、衡州等地要人幕府中谋生活。包恢及第后，曾任金溪县、光泽县主簿，随后任府学教授，累以军功擢升，通判台州、临安府，积官至刑部尚书，签书枢密院事，封南城县侯，以资政殿学士致仕。卒于度宗咸淳五年（1269），享年八十七岁。[①] 从他的经历看，他

① 详见《宋史》本传及《宋元学案》卷七十七。

主要是担任官吏从事政治活动，并且长期位居下僚。在这种情况下，他自己还要依附于人，能力有限，当然也就无法给师兄弟或朋友以有力的支持。例如他同吴规甫关系至密。规甫处境窘困，他想要给予帮助，却心有余而力不足。同样的，他也不可能给严羽以帮助。何况他同严羽之间无论从感情上还是从思想上说，都远不如他与规甫那样密切。

就思想基础来说，他同严羽之间的差别很大。他的思想属于较为正统的儒家学派，正如《宋元学案》中所说，“先生弱冠，即闻心性之旨”[①]。严羽也曾与朋友讨论过心性之学，表明他对此有一定的修养，却远不能同包恢相比。包恢对心性之学有较深的了解并身体力行之。包恢的文学观也带有儒家正统观念的特点。他在《书吴伯成游山诗后》一文中所体现的艺术观就带有理学气息。他认为，诗、画一定要讲求真实，“要必知仁智，合内外，乃不徒得其粗迹形似，当并与精神意趣而得境。触于目，情动于中，或叹或歌，或兴或赋，一取而寓之于诗，则诗亦如之，是曰真实”[②]。这里也强调“情动于中”，但这“情”，乃是为仁智或理学精神所灌注的情，而不是体现人的自然本质之情。正如儒家文化所一贯要求的那样，感于物而动于中的情，必须是为礼所熔铸、体现了礼的定性的情，即《礼记·中庸》中所说的“喜怒哀乐之未发谓之中；发而中节谓之和”。包恢所说的“真实”，也就是先要有合于理学精神的情，然后在“触于目”、“动于中”的时候，这情就会自然地带有理学的规定性。因此，所谓的

① 《宋元学案》卷七十七。
② 《敝帚稿略》卷五。

“真实”，乃是理学精神所贯注的情的真实宣发。这种认识和观点较为明显地体现了儒家的正统主张，体现了宋代文坛占主导地位的主张。

宋代文艺思想经历了严格的思辨过程，留下了一些闪耀着智慧之光的结论。同时，也因理学的探讨与发展对思想领域的主导作用，而使文艺思想带上了理学的规定性。从宏观特征和发展的基本倾向上看，宋代文艺思想带有明显的推崇古道、追求理性精神的时代特色。在如何对待情和理或礼的关系方面，宋人比早期儒家或中国文化传统形成之时的周代，表现出更明显、更理性化的特征。关于这一点，本书后几章将进一步展开讨论。这里只从有助于认识包恢思想的角度，略加引述。宋人在谈到杜甫的时候说：“若夫发于性，止于忠孝者，其诗岂可同日而语哉！古今诗人众矣，而子美为首，岂非以其流落饥寒，终身不用，而一饭未尝忘君也欤”①；他们称赞杜甫的仁心和诗情，“忠义之气，爱君忧国之心，造次必于是，颠沛必于是”，认为其诗“乃圣贤法言，非特诗人而已”②。所有这些都表明，宋人在肯定诗人的感情时，首先强调的是“情”的内蕴是否合于道或理。而另一方面，他们在进行否定性批评的时候，也把“情”同理的关系视为前提条件。一些诗人、学者否定李白，就是从这个角度着眼的。③

到了南宋中后期，那种以崇道尚理为尺度衡量诗情的观念已经淡化。然而，在包恢的认识中，前代的理念仍然被固

① 《东坡诗话》。

② 张戒《岁寒堂诗话》。

③ 参魏庆之《诗人玉屑》卷十四。

守着，构成了他的观念中带有正统色彩的侧面。与此同时，他又继承了宋人探讨诗法和诗歌艺术的一些可贵的成果，使他的艺术观呈现出较复杂的状态。其《答傅当可论诗》一文较具代表性。文章把陶渊明诗歌所创造的艺术美视为艺术典范；而把“汪洋澹泊”视为最高艺术境界。他认为，这最理想的艺术境界有两种表现形式，即造化之未发和造化之已发。前者具有亦真亦幻的特点，可以感悟，不可求实，所谓“冲漠有际，冥会无迹；空中之音，相中之色，欲有执著，曾不可得而自有”[1]。后者具有浑然天成的特点，不加雕琢而能妙肖自然，所谓“真景在前，生意呈露”。他要求艺术实现至质与至华、至枯与至腴的统一。

通过以上论述可以看出，包恢对陶渊明所代表的艺术流派和艺术成就非常推崇。他的观点、主张中也不乏可取之处。但是，如果把他的认识放到当时文坛已经取得的成就中加以对照、比较，就可以看出，他的主张不仅带有明显的正统色彩，而且他所标举的以陶渊明为唯一典范的做法，也显露出他的主张的片面性。因为经过几代人的探讨，到了江西诗派的时期，文坛上公认的典范是杜甫、陶渊明、李白、韩愈四人。无论从诗人的精神、气质，还是从他们的艺术风格、艺术修养来说，他们四人代表了四个不同的流派，代表了中国文化制约下的不同的艺术追求和艺术成就。他们的整体组合，标志着宋代以前中国古典诗歌艺术所达到的颠峰。因此，宋代文坛经过长期的严肃探讨，确立了他们互为补充的多元的典范，也以此构成了多元的艺术理想。在这当中，如果有人

---

① 《敝帚稿略》卷二。

采取扬此抑彼或抑此扬彼的作法，势必流露出一定的片面性。

包恢是严羽的师兄，也是包门弟子中较有成就的人之一。他的思想和文学主张所达到的高度，可以标示出包门弟子整体的思想高度及其所给予严羽的影响。当然，如果换一个角度的话，也可以看出严羽对他们的超越。这后一点，我们将留到讨论严羽的艺术理论时再展开论述。

从后来的成就反观当时，严羽在包扬之门游学三年，实在是包门之幸事。尽管包门缺少慧眼识英雄的人，严羽也因此没能受到应有的重视，结束学业时也没有得到强有力的推荐。但是，严羽以其特有的性格即“奇节”和聪慧，三年间，创获很多。离开包门之后，经过多年奋斗，终于以其杰出的才能，为包门赢得了荣誉。至于包门其他弟子，在学业和仕途方面的情况都有很大的差别。有的人生前荣显得很，例如包恢以政声赫然，积官至刑部尚书，签书枢密院事，封南城县侯。在古代知识分子以“三不朽”为标志的人生理想中，属于立功不朽之类，应该说，这是值得包门骄傲的事。但在文化积累方面，包恢却较少建树。史称其“少时文誉藉甚，既登仕籍，转为功业所掩”。据记载他还有《周礼六官辨》等亦没有多大影响。[①] 此外诸人，无论在从政方面，还是在学业方面，都缺乏建树。

二、同戴复古交好及邵武论诗

在严羽的师友中，戴复古是对他影响很大的诗人。

① 见《宋元学案》卷七十七。

戴复古字式之，天台黄岩（今属浙江）人。他久居南塘石屏山，乃自号石屏。他生于孝宗乾道七年（1171），比严羽年长二十岁。

戴复古之父名戴敏，也以诗名于当世。戴敏早逝，复古幼年丧父，勉承家学。其父临终前遗言，令复古收拾自己的遗稿。复古遂立志学诗。他先从林宪、徐似道学习作诗，尤其注重句法。后又登陆游之门学诗。从此诗艺大有长进。遂游览天下名山大川。从吴越到福建，从会稽到桂林，洞庭湖畔，庐山之颠，淮泗之滨，无不留下他的足迹。游历既广，见闻益多，出语不凡，遂以诗名于天下。[①]

严羽所写的涉及他同戴复古之间友谊的作品有：《逢戴式之往南方》、《送戴式之归天台歌》、《天末遇周子俊自行在还言石屏消息》、[沁园春]《为董叔宏赋溪庄》等。

戴复古也写了一些涉及到他们二人友好关系的诗篇：《祝二严》、《江上夜坐怀严仪卿、李友山》、《严仪卿约李友山、高与权酌别》。此外，有些诗虽未直接标示出严羽的名字，但作品中所写的事涉及严羽，如《论诗十绝》、《题邵武熙春台呈王子文使君》、《别邵武诸故人》。还有一些诗涉及严羽的好友或周围的人，如严粲、杜子野、王子文。

从这些作品可以看出，他们二人的交往是很密切的，并且他们彼此的影响也很大。深入探讨他们的关系，也有助于对严羽的思想和建树作更加全面的考察。

他们二人相识于严羽客寓临川之时。当时严羽三十一岁，戴复古五十一岁。复古曾长期客游江西、湖南。这次相逢，严

---

① 见《宋诗钞·石屏诗集》。

羽作《逢戴式之往南方》以表一时之感。诗题就可以看出复古的行踪，诗中又写道："黄尘空北望，白首更南征"[1]，都表明这次相会时间较为短暂，二人都不在故乡，而且，复古还要继续南行，同时，我们还应该明确的一点，就是这次相逢一定是在复古任邵武教授之前。因为当他辞去邵武教职之时，已经年届七旬，很难再远行。另一方面，他们那次分别之后，严羽的思想也与诗中所表达的感情有较大的差别。临川相聚时，戴复古的名气已经很大，严羽也在一定的范围内受到人们的重视。初次相逢，严羽很尊重这位前辈诗人，对能同"此老相逢"感到高兴，也为短暂相聚后的离别而感到难舍难分("江湖惜别情")。

这次相聚，时间虽很短暂，却给戴复古留下深刻的印象。这位比自己年轻的诗人，以其敏锐的艺术感受能力和表现自己审美感受的高度技巧，赢得了一些人的称赞；他在诗歌艺术乃至文艺思想方面所提出的观点、所建构的理论，尽管在当时还不很完整，可是在文人墨客吟咏唱和之际，谈诗论艺之时，他已经在反复地阐明自己的主张，甚至在相互辩难的过程中，不断地陈述，不断地发展自己的理论、观点。当时他的见解还不曾为诗坛所认同。可是，所有接触过他的人，不管对他的主张接受与否，都不能不受到他的理论的冲击。人们不能不承认他是一个善于发现问题，善于从形而上的角度进行思考、进行概括的人。严羽在理论方面的修养和特长给予戴复古以极为鲜明的印象。因此，戴复古除了对他在诗歌创作方面的成就给予充分肯定以外，特别就他善于进行理论

---

① 《严沧浪先生吟卷》卷二。

思辨的特点以及他的观点同理论界的关系，抒发了感慨：

> 风雅与骚些，历历在肺腑。持论伤太高，与世或龃龉。①

从这里我们可以看出，戴复古对严羽的理论也略有微词，但同时对他因自己的理论而与周围环境落落寡合，寄予了一定的同情和理解。

这些记载都表明，初次相逢相聚就把他们的友谊建立在一个较高的基础之上了。

十年后，严羽避乱后返回故乡，恰好王子文荐戴复古任邵武教授，于是，他们有了更多的相互了解的机会。在这段时间里，他们经常在王子文主持的宴会、游乐等活动中相聚；有时也在以严羽为主的诗社雅集中聚首。

这次相处的时间较长。绍定五年，王子文推荐他出任邵武府学教授。② 此举为两位大诗人的相处提供了机遇。第二年年底，复古回家探亲。为此，王子文赠送川资，他作诗《谢王使君送旅费》以表达当时心情。

> 岁里无多日，闽中过一年。黄堂解留客，时送卖诗钱。③

---

① 《石屏诗集·祝二严》。

② 见《嘉靖邵武府志》卷四。

③ 《石屏诗集》。

因为主人“解留客”，所以新年过后，复古又到邵武继续执教。直到嘉熙元年（1237），复古辞教授之职还乡，前后在邵武达五年之久。

在这段时间里，严羽在家乡主持诗社，且与戴复古、李贾、王子文等过从甚密。他写过很多诗，可惜大部分都已失传，他几年后所写的《早春寄潜斋王使君》诗中有两句涉及当时的交游。诗中写道：“忽忆使君联骑出，此时乘兴几衔杯。”① 这是回忆他们的友情时所写的唯一的诗篇。此外，戴复古有些作品可以帮助我们了解他们这个时期的生活和交往。《访严坦叔》一诗记录了他参与邵武诗社活动的情形；《题邵武熙春台呈王子文使君》可以使我们了解到他们常常聚会于邵武城外的熙春台，以及台周围的环境、主客唱酬的情景。②

他们共同度过的这段生活，对他们二人均有特殊意义，对于宋代文学思想的发展也具有特殊意义。

他们在十年前的相逢，彼此的了解和对某些问题的探讨都很难深入，而且，当时严羽的诗歌理论还处于不断发展、完善的过程中。在这次相处中，他们有足够的时间进行充分的交流，同时，严羽的理论著作也已经完成。这样他们的交流对于宋代文艺思想的积累和发展，都具有不容低估的意义。

遗憾的是，严羽对这段生活的记录已经无从稽考。我们只能从戴复古的有关记载中了解个大概。戴复古在《论诗十绝》的小序中说：“昭（邵）武太守王子文日与李贾、严羽共

---

① 《严沧浪先生吟卷》卷二。

② 《石屏诗集》。

观前辈一两家诗及晚唐诗。因有《论诗十绝》。子文见之，谓无甚高论，亦可作诗家小学须知。”[①] 从这段文字当中，我们可以看出，在邵武最高长官的主持下，当时诗坛上几个杰出的人经常在一起讨论诗歌艺术问题；他们讨论的对象往往是宋代诗人和晚唐诗人，每天选取一二位作家的诗进行研究。这里所说的“前辈”，主要指严羽所批评的江西诗派中人。

小序对他们每个人在讨论中的态度记录得并不清楚，需要通过分析才能获得基本的认识。

现代学者多相信朱霞《严羽传》中的几句话：“时郡守王子文与先生论诗不合，式之作十绝解之。”其实，这种说法并不符合实际。这是以对戴复古前引诗序误解的基础上形成的看法。序言中说“子文见之，谓无甚高论”，这是说王子文见到戴复古的“十绝”，认为“十绝”缺少新颖独到之处，也可以说是对戴复古有关诗歌理论的评价。从这里丝毫看不出王子文同严羽的观点是一致还是不合；而戴复古的“十绝”也完全不足以说明是为了调解王、严的学术分歧所作，它也承担不了上述使命。说王子文同严羽论诗不合，显然缺少证据。然而，说他们很投机，严羽的诗歌理论受到他的赏识，也未免武断。只能说他们相处得比较融洽。而且正是由于这位知邵武军事的王子文的提倡和主持，才使这样一些杰出的文人聚合在一起，才使他们的讨论产生更广的影响。就这一点来说，王子文在当时文艺思想的发展中还是有贡献的。他为严羽文艺思想的完善至少提供了较好的环境。同时，由他所主持的讨论也有助于扩大严羽诗论的传播。

---

① 《石屏诗集》。

严羽的经历中坎坷很多。王子文虽然同他没有知遇之恩，却也留下很多值得回忆的交往。因此，在他们分别之后，他还写诗寄给王子文，抒发怀念之情。

对于严羽来说，戴复古是诗坛前辈，也是忘年之交。他们之间的思想交流比较深入。遗憾的是，戴复古在理论思辨方面缺少深度，远不如他在诗歌创作方面所取得的成就。在这几年的切磋中，复古的观点集中体现于《论诗十绝》里。如果我们把他的“十绝”同《沧浪诗话》略加比较，就不难看出异同。

戴复古的“十绝”涉猎范围很广。从诗的性质、诗的发展历程，到遣词用字、韵律，无所不包。其中所表达的见解也显得杂驳不精。既有诗歌“切忌随人脚后行”这样在观点和语言上都与江西派毫无二致的一面，又有“参诗”与“参禅”的比较，有“妙趣”、“心有悟”① 的提法，都同严羽的观点相近。前引朱霞文称复古在王、严间“解之”，可能是基于复古诗论带有兼收并蓄的特点而发。其实，戴复古曾经在诗中说严羽“持论伤太高”②，已经表现出对严羽的观点不很赞同。如今在这一组诗中，内容的杂驳就反映了他们二人见解上的差别。

在理论认识上他们之间虽有一定的分歧，可是，他们却相处得非常好。严羽很尊敬这位前辈诗人，别后还写诗怀念他；戴复古对这位比自己年青二十岁的诗人兼理论家格外钦佩。他在《祝二严》中写道：“我自得二严，牛铎皆钟吕”，很

① 《石屏诗集·论诗十绝》。
② 《祝二严》。

坦率地承认结识二严，有助于自己对诗歌理论认识的升华，从而也促进了诗歌艺术的提高。

再有一点也应该在这里指出，他们二人的交往，表现出理性认识和人生态度方面的交叉影响。在理论探索方面，严羽走在时代的前面，也高出于他的朋友；而在人生道路上，严羽苦苦追求，总是郁郁不得志，虽然多次在诗中表示出隐居的意向，却总也没下决心。同戴复古交往以后，这位朋友独步高蹈的人生态度促进他走向岩穴隐居的生活。

三、同吴陵的切磋、交流

前文我在考证严羽的家世、客游异乡的经历时都提到过吴陵以及他们之间的接触。在那些章节里只是从必须涉及的问题落笔，不可能作深入的探讨。在这一章中，则要以他们之间在思想上的联系和交流为主，进一步展开讨论。

吴陵字景仙，一字季高。本姓严，为严羽同宗叔父。严羽的姑奶奶嫁给吴氏为妻，无子，遂把景仙要去作为过继之子。于是景仙改姓吴。严羽比吴陵年稍长。这一点可以从黄公绍序中得到证实。序中说，“吴陵序其（严羽）家集”。三严之诗结集的时候，严羽已经隐居安度晚年。吴陵在这前后才回到家乡，并为三严诗集作序。由此可知他比严羽年纪小些。

吴陵也是个才华横溢的诗人和诗歌理论家。著有《诗说》一书，并有诗集。可惜均已失传。

严羽同吴陵的关系较为密切。青少年时代的交往，限于史料贫乏，我们不作推想。成年之后，两人都客游他乡，但却互相关心，创造条件会面，共同探讨诗歌艺术理论。在临川相会时，他们都三十来岁，可是在诗歌创作和理论研究方面都取得了可观的成绩。吴陵的《诗说》此时已经成稿，他所写的诗也已结集成册。《答吴景仙书》中有“今观盛集”之语，即指吴陵的诗集。严羽的《沧浪诗话》还没全部定稿，但其主要观点和核心部分，已经完成。在《答吴景仙书》中就写到他们在临川曾经讨论过严羽的《诗辨》和《诗体》。当时，吴陵表达了对他的一些基本主张的异议。而这两部分恰恰是严羽诗歌理论体系的主要部分。

他们两人在这种情况下的相会、论诗，应该有很多话可说。然而他们又是经过长期分别后的重逢。他乡遇故知的喜悦之情暂时压倒了理论上的分歧。当时，他们没来得及展开讨论就又分手了。

尽管如此，他们彼此都感到了分歧的存在，感到有进一步交换看法的必要。于是，在严羽还乡后不久，吴陵就给他写了一封很长的信，陈述了对他的诗歌主张的不同看法和批评。这封信已经失传了。我们通过严羽的答书可以考证出几点主要的意见：

其一，来信表达了对《诗辨》的理论价值和以禅喻诗做法的怀疑，对其中所阐述的观点、做法是否为严羽独创提出质疑；

其二，来信认为，“说禅非文人儒者之言”，对严羽较多地引用佛门掌故和禅理提出非议；

其三，对严羽锋芒毕露地批评宋代诗人、特别是批评江西诗派的斗争精神，表示不赞同；

其四，不赞成严羽力主辨明诗体的做法。

这封信暴露出他们之间在诗歌理论认识方面存在着较大的距离。同时，这分歧竟然发生在两个非常亲近的人之间，这就更加可悲！于是，严羽写了一封较长的信，针对吴陵的来信和《诗说》中的观点，系统地阐述了自己的看法。在信中，他首先表明了对《诗辨》的自我评价。称自己的理论“乃断千百年公案”，是“至当归一之论”；并指出其现实意义在于针对江西诗派，他把自己的理论比作“取（江西诗派）心肝刽子手”。同时，他针对吴陵对自己理论发现的狐疑态度，明确指出，他的主张、看法，“是自家实证实悟者”，“非傍人篱壁、拾人涕唾得来者”，申明他的观点乃是独力完成的理论体系。在对这个问题的回答中表现出强烈的自信。

以禅喻诗是严羽论诗的一大特点。而吴陵却从传统的角度看问题，认为文人儒者只需正面讲道理，不应“说禅”。严羽回答道：“以禅喻诗，莫此亲切。”并且说明了自己在诗话中说禅的原因，即他“本意但欲说得诗透彻”。为了达到这一宗旨，不妨选择各种各样的资料进行参照、对比。从这里不仅可以看出他们在理论、观点方面的距离，也可以看出他们的学术性格相去甚远。

严羽在回信中就来信的主要意见坦诚地说明了自己的认识。同时，还结合来信和吴陵的《诗说》，对他展开批评。严羽指出，《诗说》的宗旨在于“说诗之源流，世变之高下”，也就是我们今天所说的发展、变化。似乎吴陵的目标并没指向所探讨的问题的规律，因此，他的宗旨就显得宽泛，显得隔着一层，说不到点子上。不仅如此，他对诗歌源流进行考察之后所归纳出的宏观认识，也不符合“世变”的特点，模糊了时代与时代之间的界线。他认为，不同时代之间的差别，只是“异户同门”之别。严羽指出，以此说概括晚唐和宋朝还可以，但如果用它概括唐初到大历之间的诗歌发展，则很难成立；用它或它的同义语概括汉魏至齐梁的诗歌，则混淆了其间品第高下悬绝之别。可见如果相信吴陵的概括而试图用它解决对诗歌源流的认识，也是不可能的。

严羽平素论诗很注重对诗体的研究，可是吴陵在来信中却表明不赞成这样做。于是，严羽结合《诗说》中因不知诗体之别而产生的问题进行反驳。

宋代文坛从欧阳修开始就推崇韩愈。他在《六一诗话》中说，韩愈不论写什么题材、内容，“一寓于诗，而曲尽其妙”①。苏轼对韩愈、柳宗元的诗评价也很高，他说：“柳子厚诗在陶渊明下，韦苏州上；退之豪放奇险则过之，而温丽靖深不及也。”② 这里只是说不及柳宗元，其前提却是承认他的诗很有成就。而吴陵说：“韩、柳不得为盛唐，犹未落晚唐。”③ 这就是说他们的诗仅只比晚唐诗人的成就高，作为一家之言，提出的看法即使同欧阳修、苏轼等人的论述相左，也无可厚非。然而，他并未说出道理。严羽认为，他的论断同事实有很大出入，并进而指出他的失误就在于对研究诗体的重要性缺乏认识，因此才不能有理有据地辨明问题。

此外，严羽对吴陵有关盛唐诗的艺术风格的概括、有关李陵诗的考证，也都提出了批评。

严羽的这封信是他们之间理论争辩的重要文献，也是严

---

① 《历代诗话》本。

② 《东坡诗话》，转引自《诗人玉屑》卷十五。

③ 见《答吴景仙书》。

羽以论辩方式阐述自己主张的重要文献。他文笔犀利，谈锋敏捷，把他们的分歧，把对方的理论失误，条分缕析，指陈明白。似乎这封信对于改变吴陵的观点、提高其理论修养起了较好的作用。吴陵成为传严羽宗派之人当以这次论辩为转机。

此后的较长时间里他们是否有来往已不得而知。到了后来严羽漫游吴越的时候，他们又在瓜步相会。当是严羽知他在那里才与他会面的。

在严羽隐居之后，“三严”之诗结集成册，吴陵为之作序。现在，这篇序已经失传了，我们无法考见其内容。仅从黄公绍序中可以看出，他对严参、严仁作了概括性的介绍。有关严羽的传记称吴陵为传其宗派人之一。此外，我们便无法考稽了。

但从现有的资料可以看出，吴陵是严羽的亲戚，是他的朋友，而且是他的诤友。对于严羽来说，这位朋友自有其独特的可贵之处。

四、“海内交游四五人”

严羽的一生是孜孜不倦地追求的一生。他不断地奔走，希望得到权贵的赏识，以求得把自己的才能贡献给国家、社会的契机；他不断地进行理论探讨，要在诗歌领域发现他人所不曾发现的理论和规律。他有鲜明的个性。他不肯屈从流俗。因此，无论在现实生活中，还是在文艺思想领域里，他都陷于孤独之中。他需要朋友，然而周围却缺少理解他的人。“男儿一片万古心，满世寥落无知音”[1]。这是多么痛苦的倾诉！正因为这样，他对那些在性格上、志趣上与自己投合的人，就产生一种特殊的亲切之感。

这些人同严羽的接触，本书第二章都曾有所涉及。然而，在那里我们是从严羽的生平和一生行止写到这些人，无法作进一步展开。这里我们要从思想、性格的深度研究他们同严羽的关系及相互影响。

冯取恰字熙之，生平仕履不详。《诗人玉屑》卷十九载他两首诗，均为当时人所称赏。其《自赋交游风月楼》云：

> 平揖双峰俯霁虹，近窥乔木欲相雄。一溪流水一溪月，八面疏棂八面风。取用自然无尽藏，高寒如在太虚空。落成恰值三秋半，为我吹开白兔宫。

诗题称“自赋”，这座楼当是他自己所建。楼以“交游风月”为名，其意在与山水风月相往还。似乎他晚年也在隐居中度过。这楼便是在他隐居之时、隐居之处建立的。诗中所写的双峰、溪水、乔木，都是楼四周之物。熙之晚年号双溪翁，可能也是从隐居的环境得名。他还有一首诗题为《送刘篁嵲》，篁嵲即刘圻甫，因隐居篁嵲山而自号。戴复古有《邵武刘圻甫以篁嵲隐居图求诗》之作，即是此人。熙之在诗中表达了对刘圻甫的仰慕之情，也流露出对隐居生活的向往。[2] 他的诗中所能提供的有关自己生平的资料仅此而已。

① 《严沧浪先生吟卷》卷三，《惜别行赠冯熙之东归》。

② 见《诗人玉屑》卷十九、《石屏诗集》。

严羽和他是在临川相识。严羽的诗中提供了有关冯熙之的一些线索。在《相逢行赠冯熙之》中，诗人称他为“冯夫子”、“神仙中人”，并且说他“几载长怀玉树枝”[①]，这都表明他是个隐逸的高人。严羽对他十分尊敬。他的年龄比严羽大一些。严羽可能到过他在临川的寓所。因为他在诗中说：“君亦床头有《周易》。”同时这也表明冯熙之是个饱学之士。也可能他对兵法较为精通。因为古代大多数军事家既懂兵法又通《周易》。他也佩戴着宝剑，同严羽的剑气英风有着相似之处。“看君自是青云器，何事常悬沧海心?”严羽对他评价很高，这无疑是基于对他的知识、才能的了解。一个国家栋梁之才，却走上了隐居的道路，这在严羽看来是很可悲的。[②]

冯熙之的性格很爽朗。在饮酒之际，他们谈得很投机。熙之敞开胸怀，把平生的志向、经历痛痛快快地倒了出来(“志合神凝杯酒间，谁知豁尽平生事”)。他们在一起击剑、谈玄、弄琴，这说明他的理论修养和艺术才能与严羽相契合。在他们相处的日子里，严羽感到在精神上彼此贴得很近。他真诚地写道：“我今与君真莫逆，世上悠悠谁复识?”他们一见如故，相识恨晚。而一旦定交，他们的友情就超过了一般朋友。

在这段时间里，他们经常相聚。“与君高会日挥金”，他们相聚非止一日，他们的性格都很豪爽，相处得很融洽。

后来，冯熙之要走了。临别时，严羽在清溪旁的酒楼为他饯行，作了一首《惜别行赠冯熙之东归》。诗中写道：

---

① 《严沧浪先生吟卷》卷三。

② 《严沧浪先生吟卷》卷三。

男儿一片万古心，满世寥落无知音。今朝见君握君手，大笑浩荡开烦襟。

诗人非常坦率地讲出自己的心里话。自己充满了豪情壮志（“万古心”），也因其志向远大而同周围落落寡合。与冯熙之的相逢、相识，使自己暂时从孤寂苦闷中解脱出来。

他们的祖先都可以上溯到汉代名人。“自顾沉迷类蜀庄，爱君才术过冯唐”。蜀庄即蜀人严君平，本姓庄，避汉明帝讳，改庄为严。扬雄《法言·问明》评价他说：“蜀庄沉冥。蜀庄之才之珍也，不作苟见，不治苟得。”① 可见这是个很有才能、很清高的人。冯唐是汉文帝时人。颇有才华，性格直爽，敢于直谏，深得文帝赏识。

严羽在诗中把彼此都比喻为汉代名人，其意当然不在于炫耀祖先。而是要通过这比喻使人看出，他们的交往是基于才能、志向、性格等方面的契合。他们“然诺两相许”，相互评价，相互勉励。酒逢知己千杯少。他们此时也是一饮连百觞。他们悲叹世事危乱，他们畅谈古今天下兴亡的经验教训。他们所谈的，正是他们想要做却没人支持他们去做的关系天下兴亡的大事。由此可以看出，冯熙之也是个激昂慷慨之士，并且因满腹才华无法施展而郁郁不得志，才“常悬沧海心”。他们是同气相求的朋友。他们相同相近的志向、感慨，说不尽，道不完。遗憾的是，这次分手之后，他们再也没有机会见面了。

严羽的另一位知心朋友是上官良史。他与严羽关系最密

---

① 扬雄《法言》卷五，《四库全书》本。

切、交往时间最长。他比严羽年纪略小一些，又都是邵武人，因此，很可能在少年时代读书于乡学时就相识了。中年时期严羽从江西返回家乡，他们在一起吟诗。良史是严羽的诗友，是他的理论的追随者，也是盛传严羽宗派的诗人。严羽客游吴越时，还特地到良史客居的芜城去会他。他们是十分难得的几十年相随的伙伴。在流传下来的作品中，严羽有四首诗送他，怀念他，或与他唱和；上官良史也有三首诗写自己同严羽的友情。

他们的关系如此密切，也是基于彼此性格、志趣的共同取向，因此他们的友谊历久而不衰。上官良史的性格、修养也较多地见诸严羽的诗中。当良史要投笔从戎的时候，严羽作了一首《送上官伟长》赠他。诗中说：

> 岁晚长愁绪，嗟君更远行。兵戈今日泪，江海故人情。此别几时见？寒猿一夜鸣。致君相许在，回首壮心惊。①

诗中的“兵戈泪”，即是写他们二人因战乱而感伤落泪，也写出良史因兵戈而远行，暗示他到充满兵戈的地方去贡献自己的力量。诗的后两句尤其值得注意。他们以“致君”相互推许，相互勉励。

所谓的“致君”就是以辅佐、引导君主建立功勋和清明的政治为己任。这是中国古代很多志士仁人共同的理想。他们认为，自己作为有思想、有才能的大臣，决不应满足于简

① 《严沧浪先生吟卷》卷二。

单地执行君主的命令。而是应该从对国家、社稷是否有利的角度去衡量君主的言行，“谏过而赏善，荐可而替否”，“朝夕诵善败而纳之，道（导）之以文，行之以顺，勤之以力，致之以死”[①]。因此，中国古代的知识分子把能够引导君主励精图治当做人生的最高目标。

就这首诗来说，作者更多地是写他们在志同道合的基础上所建立起来的友谊，是对朋友的肯定和勉励。从中我们可以看出上官良史性格的一个侧面。至于他自己，在回首几十年的经历之时，不免因碌碌无为而懊恼，而惊叹时光的流逝。

良史去后，第二年的春天，严羽写了一首《有怀阆风山人》。这首诗由良史的行踪联想到自己的生活、理想。他设想良史现在在吴楚即江淮之间谋求施展怀抱的机会，“孤云随马首，风雨隔河关”[②]。他担心朋友匹马游于兵戈之地的处境，却因时代“风雨”的阻隔而无法得到他的确切消息。尽管如此，良史的行动还是勇敢的，因而也给严羽带来一股强大的冲击力。他联想到自己的事业和理想。他十分痛心地写道：

空将百年意，泣向宝刀环。

几十年来，自己佩戴着刀剑，却无所施展其怀抱和才能。朋友的勇气和拼搏，益加显示出自己的退缩和无所作为。他捧着自己经常佩戴的宝剑（即这里所说的刀），流下愧悔和伤心的眼泪。

---

① 《国语·晋语》，上海古籍出版社 1978 年版。
② 《严沧浪先生吟卷》卷二。

严羽在他的朋友当中，是当之无愧的思想上的巨人。周围的人，不管年长与否，无不受他的思想的影响。上官良史也是这方面的受益者和追随者。只是良史不像吴陵那样在文学思想方面有所建树。他是个诗人，是个勇于把自己的理想付诸实施的人。在这点上，他成为严羽的一面镜子，照出了严羽某个时期较为消沉的心理状态。而对于他来说，严羽始终是个长兄。不论在思想上，还是在锐意进取的人生态度方面，严羽都是他的榜样。他客游吴楚，也是学习严羽长期奋斗的精神而采取的行动。到了晚年，他从外地归来，严羽已经隐居邵武城外的东潭溪。他仍然抱着青少年时的热情去看望严羽，甚至抱着被子去东潭溪与这位长兄同住，以便作长夜之谈。

严羽的朋友当中，年纪最小的是吴会卿。当严羽隐居之时，他年三十五岁左右。他们之间相差近十五岁。他们相知较晚。可是，一旦相识，竟成知己。吴会卿的事迹除了严羽的诗以外不见于其他记载。严羽有三首诗是写给会卿的，即《送吴仪甫之合肥谒杜帅》、《剑歌行赠吴会卿》、《送吴会卿再往淮南》。从这些诗中我们可以考证出会卿的基本情况。

会卿的相貌与其说是文人，不如说更像个勇武之士。他宽大的额头，粗眉大眼，长着一脸络腮胡须，身长七尺，神采奕奕。他身穿紫绮裘，腰佩宝刀（“粗眉大颡长七尺，神采照耀仍虬髭”[①]；“故人身披紫绮裘”[②]）。他的气质同严羽相

① 《严沧浪先生吟卷》卷三，《剑歌行赠吴会卿》。

② 《严沧浪先生吟卷》卷三，《送吴会卿再往淮南》。

近，而更具有豪放的气度。“丁年剑气欲凌云”①，是说他刚刚成年时就显得与一般青年不同。他风流倜傥，不为俗人的琐屑之事所累，(“爱君倜傥不可羁”)，是个“英风侠气横四海”② 的青年诗人。

他虽然年轻，却也有坎坷的经历。他曾“十载困羁旅”，“十年鞍马边城道”③，有着和严羽相类似的遭遇。

以十载坎坷推算，严羽外出避乱归来之时，会卿刚好离开家乡寻找机遇。在这之前严羽居住在家里的时候，他还很年轻，还没进入严羽的生活圈子里。经过十年的锻炼，他成熟起来了。周围的人对他刮目相看。正在这时，严羽这位饱经风霜的诗人、学者，结束了最后一次客游，回到了家乡。他们一见如故，结为知己。

这时，天下的形势发生了有利于爱国志士的转变。蒙古军刚刚灭掉金国，对中原的情况还不很熟悉。一些爱国将领在抵抗蒙古军南下的战斗中取得了胜利。严羽在《送吴仪甫之合肥谒杜帅》中说的“肥水红旗捷屡闻”④，就是指知安丰军的统帅杜杲几次重创蒙古军。这新的形势鼓舞了一些立志在战场上有所作为的知识分子。会卿就是在这种情况下，决心再度投笔从戎，赴合肥前线作出贡献。

会卿决定赴淮南时，严羽已经开始了隐居生活。然而，烈士暮年，壮心不已。严羽决心从以往的奔波劳碌中解脱出来，

① 《严沧浪先生吟卷》卷二，《送吴仪甫之合肥谒杜帅》。

② 《严沧浪先生吟卷》卷三，《送吴会卿再往淮南》。

③ 《严沧浪先生吟卷》卷三，《剑歌行赠吴会卿》、《送吴会卿再往淮南》。

④ 《严沧浪先生吟卷》卷二。

安度晚年。可是他的心灵深处，仍然聚集着剑气英风的因子。他对这位朋友的行动极为钦敬，于是作诗送他。后来，会卿因朝廷行赏不公，愤然还乡，严羽赞赏他的果断、豪爽，理解他的心情。他们饮酒、畅谈。高兴的时候，严羽便借他的剑，为他起舞，痛快淋漓地陈述了彼此相处、相知的基础。

> 我亦摧藏江海客，重气轻生无所惜。关河漂荡一身存，宇宙茫茫双鬓白。到处犹吟然诺心，平生错负纵横策。海内交游四、五人，近来得尔情相亲。情相亲，两相托，生死交情无厚薄。别君去，还留连，愿剖肝胆致君前。人生感激在知己，男儿性命焉足怜?①

在严羽的全部作品中，这是唯一痛快淋漓地展示自己感情世界的篇章。从诗中我们可以看出，吴会卿是他为数不多的朋友中别具特点的人。他是个勇武的书生，而不是鲁莽的勇力之士。因此他到合肥是投奔杜杲，做他的幕僚，而不是去做战场搏击的校尉。他似乎在诗歌领域没有什么成就。然而他的性格中重气轻生的气质比严羽周围的其他人更突出；他在处理同上司、要人的关系时那种合则留，不合则去的态度，在解扬州之围后论功行赏有很大误差时，他拂袖而去的做法，都显示出少有的清高和豪放。他性格中的这些特点，都受到严羽的充分欣赏和肯定。严羽同他的交往，更多的偏重于人格的契合，偏重于感情的融洽。“自古英雄重结交，樽酒相逢气

① 《严沧浪先生吟卷》卷三，《剑歌行赠吴会卿》。

相许”[1]。严羽这个重气尚义的诗人，在经历几十年追求、寻觅后，竟然在自己的家乡发现了这样一位朋友，他怎能不在彼此的交往中倾注极大的热情！他在第二次送别会卿之时，以诗的形式勉励自己的朋友：

荆楚奇材多剑客，感慨相逢思报国。男儿事业早致身，青鬓须防雪霜迫。[2]

他衷心希望朋友有所建树，他也把自己未能实现的理想寄托在这位朋友身上。我们只有从这个角度才能理解严羽同吴会卿之间感情的实质。

五、一代宗主与盛传宗派诸同志

《福建通志》卷三十九说：“自羽以妙远言诗，扫除美刺，独任性灵，邑人上官传长、吴梦易、朱叔大、黄裳、吴陵，盛传宗派，几与黄鲁直江西诗派并行。”《全闽诗话》卷四也有大体相近的记载。朱霞在《严羽传》中说：“群从九人俱能诗，时称九严。”黄公绍序在讲到严羽的影响时说，江湖诗友，目为三严，与参、仁同时，皆家莒溪之上。由此可以看出，严羽经过一生的奋斗，在当时已经产生了很大的影响，他的理论主张已经为很多人所接受，并且成为自己诗歌创作的指导思想。说他们“几与”江西诗派并行，是否有所过当，我们

① 《严沧浪先生吟卷》卷三，《剑歌行赠吴会卿》。
② 《严沧浪先生吟卷》卷三，《送吴会卿再往淮南》。

姑且不论。但是，在这个时代，在邵武，正形成一个强劲崛起的诗派和文化圈。尽管这个诗派因改朝换代的强烈的社会震荡而没来得及对宋代文坛产生更大的冲击，但其给予诗歌乃至文学的发展所带来影响，却是不可低估的。因此，我们有必要对这个诗派及其同严羽的关系作深入一步的探讨。

首先，我们看“三严”。

“三严”指严羽、严参、严仁。

严参、严仁都是严羽同宗兄弟。这一点吴陵为严氏家集作序而介绍参、仁就是很好的证明。

关于严参，吴陵说：

> 参字少鲁，志则涯岸，外无廉棱。论议之间，微见其际。若曰：不充贡大廷，当拜诏衡宇。或劝广交延誉，则掩耳不答。高卧中林，瞪视一世。自号三休居士。①

《嘉靖邵武府志》卷十四记载略同，且云，“（严）羽之族也。”这些记载表明，严参是个性格独特的人。他在青年时期自视甚高，认为自己可以大有用于朝廷。但却不愿结交权贵，不想通过攀龙附凤以实现青云之志。他为人平和，较少棱角，喜清静，寄情山水之间。他的诗词也类其为人。他是较早走上隐居道路的人。《宋诗纪事》卷六十三载其诗《梅》、《看雪》各一首。《全宋词》载其［沁园春］《题吴明仲竹城》一阕。他写的《梅》这首诗代表了他的诗风：

① 黄公绍《严沧浪先生吟卷序》。

衣染龙涎与麝脐，裁云剪月作冰肌。小瓶雪水无多子，只簪横斜一两枝。

把几枝梅花写得清新淡远，意趣幽深。这里没有江西诗派那种雕琢词句和在用典上寻求诗意的倾向，而是更多地着眼于诗的意境。

严仁字次山，号樵溪，也是严羽的同宗。他为人也具有梗概多气的特点，且又好古博雅，诗与词俱佳。据严氏家集吴陵序说，蜀吴曦叛变，杨巨源诛曦，安丙又嫉恨而杀了巨源。对于这一事件，严仁极为愤慨，遂写了《长愤歌》，为人们广泛传诵。《文献通考》著录有《欸乃集》，惜已不传。[①]

从目前所能勾稽到的作品看，他也曾客游湘赣。《诗家鼎脔》载其《平远楼》诗一首云：

湘中病客思归日，城上高楼独倚时。半树夕阳鸦集早，一江秋色雁来迟。[②]

这首诗作于湖南某地，诗中表现出一缕乡愁。就其诗风来说，也如同“一江秋色”、“半树夕阳”那样自然、旷远。他的词有［水龙吟］《题连州（今属四川筠连县）翼然亭呈欧守》、［水调歌头］《上韶州（今属广东曲江县）方检详》，又可以看出，他曾到过四川、广东。

此外，他同严羽的朋友也颇有往来。他有［贺新郎］《寄

① 见黄公绍序、《嘉靖邵武府志》卷十四、《文献通考·经籍考》。

② 转引自《宋诗纪事》卷六十三。

上官伟长》词一阕，词前小序云："扁舟何时下沧湾，孤剑尚客东楚，渺二千里。寄一曲歌，睹物怀人，想见临风激烈也。"另有一首［贺新郎］《送杜子野赴省》[1]。或许因他们当初都在诗社中，故而很熟悉，也有较深厚的友情。同时，"临风激烈"云云，与他写《长愤歌》的情怀也自有相通之处。

"三严"之外，在严羽家族中，社会地位较高，且在当时较有影响的，当属严粲。粲字坦叔，一字明卿，号华谷。[2] 早年师事张孝祥之畏友谢梦得十载。《江西通志》卷百五十七载其七绝二首，第二首有小序云：

> 被檄乐平至鸣溪渡有山，与南丰军山同名者。余昔从岭庵谢先生梦得游。先生，于湖畏友也，豪于诗，悦军山之峭拔，畅其吟怀，自邵武徙家于是山，筑室曰"西窗"，以朝夕对焉。尝命余记之。余时从西窗尊酒论文为乐。如是者十载。今先生已矣，感而赋诗。[3]

从这段记载中，我们可以看出严粲诗歌的渊源和师承关系。又《宋诗纪事》谓其"登第，官清湘令"（见卷七十三）。案此说未尽确。据《梅磵诗话》载，粲有句云"风池行落叶"，止一句，为郑安晚称赏，次日，有中舍之除。中舍即太子中舍，无

---

① 均见《全宋词》。
② 均见《全宋词》。
③ ［清］谢旻等《江西通志》，《四库全书》本。

出身者为之。[①] 据此，似未尝登第。粲于淳祐三年（1243）入袁甫幕府，戴复古《送吴伯成归建昌二首》云：

> 吾友严华谷，实为君里人。多年入诗社，锦囊贮清新。昨者袁蒙斋，招为入幕宾。[②]

诗题下附小注，谓癸卯夏所作。袁甫在《赠严坦叔序》中也说："同僚三年，坦叔之助不可缕述。"[③] 此外，严羽有《送主簿兄之德化任》，也是此时送给严粲的。耐人寻味的是，严粲入袁甫的幕府，而甫是袁燮之子，包逊与刘克庄同入袁燮之幕为僚友。[④] 是否包逊将严粲推荐给自己的少主人，则不得而知。

粲是诗人，也是学者。他精通毛诗，撰有《诗辑》。他研究《诗经》，以吕祖谦《吕氏家塾读诗记》为主要参考，杂采诸说以发明之。旧说有未妥者，则断以己意，且时有新见。如谓《小雅·无羊》"牧人乃梦"一句是设词颂祷，非实有其梦；论大小雅之别，特以其体不同，较之《诗序》"政有大小"之说，于理为近。其解诗多能得诗人本意，善作文学分析。故时人盛传其书，且谓其说在"欧、苏、王、刘、东莱诸巨儒之上"[⑤]。

严粲又以诗鸣于当世。他有《华谷集》一卷。时人以为

---

① 见［宋］洪迈《容斋随笔·三笔》、《文献通考·职官考》。

② 见《宋诗钞·石屏诗集》。

③ 见《蒙斋集》卷十一，《四库全书》本。

④ 见《后村先生大全集·南城包先生行状》。

⑤ 见《全闽诗话》卷四。

“气格卑弱，类晚唐之靡靡者。一二绝句差有可观”，“华谷与沧浪盖有宗族之谊，诗派相似，而差不及”。[1] 他的有些诗注重意境的创造，如前面所引述的“风池行落叶”，受到郑安晚的赏识。这句诗也的确给人们提供了意味悠长的画面。此外，戴复古《闻严坦叔入朝再用前韵》的末二句云：“每诵梅花句，一心思故人。”自注云：“严公有诗云：‘过却海棠浑未醒，梦中犹自呼梅花’，脍炙人口。”[2] 从这些诗篇看，他的创作的确同江西诗风有别，而更接近于严羽诸人。但是，他在仕途上较为顺利，社会地位略高些，因此，他同严羽周围的人既有联系，又有一定的距离。这就是为什么一般论及严羽所创立的诗派之时，都不把他算在内的原因。

除了上述诸人之外，所谓的“九严”，多为严羽的子侄、孙儿辈。据《全闽诗话》卷四及《闽中理学渊源考》卷三十九诸书所载，盛传严羽诗派的严氏后人有：严羽之子凤山，凤山之子子野、半山。

严羽之子名肃，字伯复，号凤山。《宋诗纪事》卷六十三引《诗家鼎脔》载《落花》诗一首。其诗云：

> 片片落花飞，随风去不归。如何临欲别，不得傍君衣。

诗以落花为题，颇有寄托。同时，在诗中不以雕琢为意，也可以看出其幼承家学，对诗歌创作用力很勤，成为继承严羽

---

① 《全闽诗话》卷四引《居易录》。

② 《宋诗钞·石屏诗集》。

文学思想的主要人物之一。

凤山有二子：子野、半山。事迹均不详。

除了严氏家族以外，接受严羽思想影响而成为其诗派成员的还有吴陵、上官良史、吴潜夫、朱力庵、吴半山、黄则山、朱汝贤等。

关于上官良史和吴陵二人，前文已经分别作了介绍，这里不再赘述。

朱力庵也是号，名正中，字叔大。《宋诗纪事》卷七十四载其诗《洛阳桥观水》一首，其词云：

> 点点风帆底处还，似无似有海门山。白鸥却怕潮头恶，闲卧汀花野草间。

在这首写景咏物的小诗中，借白鸥以寓己志，清高隐逸的情趣较为自然地展现了出来。从中我们可以看出，朱正中也是个隐遁山林的诗人，并且，其诗风也与严羽较为接近。

朱汝贤字志学，正中之子，事迹不详。吴梦易字潜夫，黄裳字则山，事迹均不详。

尽管因改朝换代的巨大冲击，致使这些人的诗作受到了损坏，或仅存断篇残简，或连片言只语也荡然无存，但是，他们共同构成了南宋末朝一股强劲的势力。他们以自己的信念和创作实践证明了严羽文艺思想的强大的生命力。他们昭示了一个文艺理论新时期的开始。

第四章　艺术理想的实践与追求
——严羽诗歌的艺术特征

严羽在历史上是著名的文艺理论家。他以其杰出的文艺思想建树赢得了不朽的地位。与此同时，他又是当时很有成就的诗人。他奋斗一生，吟咏一生。他的诗记录了他的人生经历，也记录了他的心态历程。在他晚年隐居乡里的时候，他的诗已经结集成册，可惜后来多已散失。到了元代，经南叔李君搜集，黄公绍整理，才重新得以流传。[①] 今所传本以明正德中（1506—1521）胡仲器所编较早，有《四库全书本》，而《适园丛书》所刊刻之《严沧浪先生吟卷》世称善本。胡仲器本将诗话列于卷一，后二卷为诗集，《四库全书》著录时，以为殊乖体例，遂将诗话与诗集分开，别本单行。《适园丛书》又复胡本之旧，编为三卷，将诗话编为卷一。胡刻本于卷首标明陈士

① 见黄公绍序。

元编次，黄清老校正。二人均属受严羽影响下成长起来的诗坛后进，故搜集、整理格外精审。

《适园丛书》本《严沧浪先生吟卷》计收严羽所作诗一百四十八首，词二首。这虽未必是黄公绍作序时所见的数目，但大体上说，明代的辑本和增补本基本上与公绍所见到的数量相去无几。黄公绍序中说，这些诗是“犹存什一于千百”，可见严羽当年所作诗的数量远远多于后人所能见到的本子。

在中国文学史和中国文艺思想史上，严羽主要是以理论贡献著称。然而，他的理论不仅来源于形而上的思辨，也来自于他在诗歌创作中的体验。因此，就其诗歌来说，这是他的感情、心态历程的真实记录，也是他把自己的理论认识同他的艺术感受、艺术表现紧密结合并付诸实践的宝贵成果。认真阅读、品味《严沧浪先生吟卷》中所收的作品，我们就不难发现，他对艺术境界的探讨，对诗歌宗旨的认识，对作家艺术天分的推崇，常常伴随着他的生活感受，化作极富生命力的诗行；此外，在他的诗集中，五言、七言、古体、近体皆备，尤其是效某人诗体之作，往往可能达到乱真的地步，这无疑同他对诗体的研究有着十分密切的关系。由此，我们可以看出他在理论探讨和诗歌创作实践两方面所作的努力，及由此而取得的成就。

诚然，他自己曾说过，“仆于作诗，不敢自负”。这话绝不是谦谦君子的虚伪之语。同他的理论成就相比，同他所结交的诗人相比，这样的自我评价也并不过当。但是，他毕竟是当时文坛上的巨人。他的理论成果自然无人可比。他的诗也非俗人所能望其项背。

严羽的诗在当时也颇受到一些同好者的称誉。例如戴复古说他“长歌激古风，自立一门户”[①]；又在怀念他时写道：“别后知何处？吟诗句句工。”[②] 从现存的严羽的诗篇看，谓之“句句工”，谓之“自立一门户”，不免有所过誉。但是，他在诗歌创作中取得较好的成就，受到时人的肯定，则是毋庸置疑的。黄公绍序也对严羽的诗，对“三严”的诗给予了较高的评价。他说：“余幼时见东乡诸儒藏严诗多甚，恨不及传。”这里的“藏严诗多甚”，表明人们对他的诗喜爱的程度；而“恨不及传”，又表现出人们因这些诗作的散失而产生的遗憾和痛惜之情。这也从另一个角度反映了人们对他的诗作的需求与喜爱。

从这几方面都可以看出，严羽在当时既以诗识、以其理论观点闻名于世，又以篇什佳咏为人们所称道。《四库全书总目》卷一百六十三评价说：“其所自为诗，独任性灵，扫除美刺，清音独远，切响遂稀。”这些论说也合于《沧浪先生吟卷》中所载作品的实际。

上述几方面都可以说明，严羽是个诗歌理论家，同时，他也是个较为杰出的诗人。他的诗不仅数量多，艺术水平也达到较高的程度，有些脍炙人口的作品受到诗友、同志好者的称赞。今天，我们阅读这些诗篇，也会为他的诗情所感动，也会钦佩他的艺术才能，从他的诗中获得美的享受。他的诗是一个具有鲜明艺术个性的诗人的人生经历和心态变化的生动显现，是他艺术探索、艺术实践的结晶。

---

① 《石屏诗集·祝二严》。

② 《石屏诗集·江上夜坐怀严仪卿、李友山》。

一、独标“兴趣”的艺术追求

严羽是很有个性的理论家，也是极富个性的诗人。在理论主张方面，他追求性情在诗中的真实体现，他要求诗人把“兴趣”，把艺术境界，把言有尽而意无穷的韵味，作为诗歌创作的最高宗旨。他认为，只有这样，才能写出盛唐诗人那样脍炙人口的诗篇。在创作实践中，他把自己的理论主张，把他对诗歌本质、诗歌艺术旨趣的理解，体现为数十年的艺术探索、追求，物化为一系列具有特色的诗篇和艺术形象。

首先，他在诗歌创作中注重“兴趣”的提炼，诗歌意境的创造。他不像当时绝大多数诗那样，注重在锤字炼句方面下功夫。他把诗篇看作一个完整的艺术品。他不想在这艺术品的局部上下太大的功夫，以至于本末倒置。他总是在诗的整体构思上，在如何把自己的感受转化为诗的意境和奔腾而出的诗情方面下较大的功夫。因此，他的诗往往具有浑然的美，往往通过诗中的境界给人以较强的感染。

他的诗歌的这种艺术特征，在很多作品中都有明显的体现。他的咏怀之作《登豫章城感怀》① 就是其中较具代表性的诗篇。

这首诗是他避乱南昌时所作。此时，他虽经长期的奋斗，处境却仍很不如意。他感到社会对自己太不公平，不肯给自己一个展示才能的机会。他久积于胸中的压抑、郁闷，在这古老的名城喷薄而出，化作感人的诗行。他在诗中给人们描

① 《严沧浪先生吟卷》卷二。

绘了一个凝重、寒冷、压抑的氛围：

> 寒云四面起，朔气下长川。……凛凛秋风来，茫茫落日晚。

寒云、朔气、秋风、落日，交织在一起，让人透不过气来。而他，长期在这个环境中挣扎、奋斗，却始终不能摆脱其困扰。他的心，他的志向，都长期处于这样沉重的压抑中。此时的豫章城的氛围就是他一生境遇、环境的缩影。于是，诗人塑造了一个处于这个环境中的抒情主人公形象。他满腹才华，却长期处于坎坷、飘泊之中，他空怀着凌云壮志，却总得不到施展。他愤怒，他不平，对机遇和勋业的渴望，对自己处境的不甘心，对历史名人的不服气，这些历史的、现实的难题纠合在一起，他发出了抗争般的呼喊：

> 长忧生白发，沉想忘朝饭。向来经济士，本自碌碌人。萧曹刀笔吏，樊灌市井臣。徒步取勋业，汉道为光新。

面对着苍茫大地和滚滚红尘，他在这城头举杯浇愁。似乎只有这杯中的酒才能洗去他心中的块垒。可是这酒非但不能消除烦恼，反而使之更强烈了。在醉意和烦恼的驱遣下，他“狂歌豫章城”。他向古城发问，他向历史发问：那些名垂青史的人有什么了不起？在他们发迹前，不也是庸庸碌碌之辈吗？即使名声显赫的汉代开国功臣萧何、曹参，他们当初又有什么值得称道、值得自傲的资本？他们一个在县里当功曹掾，一个作狱掾，其地位同目前的自己没有什么区别；另外两个跟随刘邦创业的樊哙、灌婴，在其发迹之前竟是市井小人。可是，当风云际会之时，他们乘势而起，辅佐刘邦建立汉王朝，成了流芳千古的英雄贤士。而自己，背井离乡地寻找机遇，机遇却似乎与自己作对，始终不肯出现。因此，自己无论如何不甘心，却只能屈居刀笔吏的地位。朦胧中，他仿佛看到那些建立勋业的前代英雄和风流倜傥的贤士都在嘲笑自己一事无成。

然而，他并不承认自己的一生会永远平庸。一方面他认为自己同那些历史上的成功者没有本质的区别，他渴望机遇能把自己造就成名垂青史的人；另一方面，他又强调自己才能的独立性，不希望依靠他人赐予的条件建功立业（“名当以德载，事耻因人成”）。尽管这有些矛盾，可是，其基点却是建立在强烈的自信之上。他说：

> 独酌还独酌，哀歌还寂寞。安得凌风翰，为君拂寥邈。

从这首诗中我们可以看到，诗人虽然没能在当时动荡的形势下发挥作用，没能建立功业，然而，他怀着强烈的自信：只要机遇到来，他也会徒步取勋业。于是他狂歌，他呼唤社会给他“凌风翰”的条件和机会。

从这首诗可以看出，作者很善于熔铸他的诗情，并将其化作感人的诗行。他经几十年的奋斗，遭十余载的坎坷，不平之慨久蓄胸间，无由爆发。今天，面对着这古老的豫章城，面对这阅尽历史兴衰、人世沧桑的名城，此时的感受，他满腔的愤懑，同日暮的豫章城，同城周围的寒云、朔气凝为一体，构成一种特殊的、与他的感情契合无间的境界。这境界、这氛围将他的感情染上浓重的清冷的色调。他的感情也在这氛围中得到充分的抒发。诗中的情与境浑然和谐地融为一体。他在艺术创作中所追求的就是这样的艺术效果。这是他特别强调的“兴趣”的体现。事实上，这首诗的感人之处恰在这里。

体现出这类艺术追求和艺术旨趣的作品还有很多，如《庐陵客馆雨霁登楼言怀寄友》、《闻雁二首》、《还山吟留别城南诸公》等都取得了感人的艺术效果。

他写了很多赠友怀人之类作品，也每每在惜别念远之际，把此时的情境乃至深层的思想、性格浑然地托出。他的《剑歌行赠吴会卿》堪称这方面的代表之作。

这首诗作于淳祐二年（1242年）。吴会卿再度赴淮南投军，严羽为其送行，感今抚昔，遂写下这首诗。在诗中，他把对吴会卿的认识，把自己的性格、人生态度，连同交友之道、惜别之情，融而为一。

> 剑歌行，借君剑，为君舞。自古英雄重结交，
> 樽酒相逢气相许。

开篇就给人一种英武、豪迈、气势充溢之感。他所展现的不是缠绵的悲泣的儿女之情，而是英雄的坦荡的胸怀。接下去，诗人描写了他们“气相许”的性格基础。他爱这位比自己年轻许多的朋友，就在于他为人风流倜傥、超凡脱俗（“爱君倜傥不可羁”）。他用一系列生动的诗句描绘了会卿如何倜傥：

疏眉大颡长七尺，神彩照耀仍虬髭。雄词落笔走山岳，霹雳绕壁蛟龙随。

前两句所描写的简直就是一个叱咤风云的英雄的外貌。然而，他却不是一个只会拼命厮杀的鲁莽的武夫。他是文武兼备的诗人。他写的诗也不同于文墨书生之作。作者比喻说，他笔下的文字具有山河之概、霹雳之势，他的墨迹有如蛟龙盘绕之态。严羽的诗就像极力挥洒的写意画一样，简洁的几笔，就把一个器宇轩昂的志士的形象勾勒出来。

随后，诗人写出会卿处理人生大事也是非同寻常的豪爽、倜傥。

去年从军杀强虏，举鞭直解扬州围。论功不及骠骑幕，失路羞逐边城儿。归来宝刀挂空壁，白光夜夜惊虹霓。椎牛酾酒且高会，酣歌击筑焉能悲。

怀着报国杀敌之志，便去从军，并且参加了保卫扬州的战斗，取得了战功。然而，当论功行赏有所不公之时，他不去辩说，不去乞求，又愤然地离开了军营。归来后，他不是悲伤哀叹，怨天尤人，而是仿佛没有发生这样严重的不平之事，杀牛饮酒，慷慨放歌。只有英雄的宝刀挂在墙壁上，夜夜发出虹霓之光，表现出它和它的主人绝不肯久处庸碌无为的境遇之中。

诗中所描绘的吴会卿，无论其外表，还是他的行动，都充分展现出一个不同凡响的当代英雄的形象。

然而，诗人的创作意图远不止此。他在发自内心地对会卿进行称颂之时，也把自己的内心世界袒露给世人。在前面的诗句中，人们已经可以感受到作者的心灵的跳动。在把会卿的精神境界展示得最为充分之时，笔锋一转，写出了英雄结交、意气相许关系中的抒情主体。

我亦摧藏江海客，重气轻生无所惜。关河漂荡一身存，宇宙茫茫双鬓白。到处犹吟然诺心，平时错负纵横策。①

他所剖白的肝胆的确具有非凡的特质。他具有“重气轻生”的侠义气概。他长期遭受挫折，但却不改其为人。如今双鬓已白，仍然执着于其固有的性格。他仍然注重“然诺心”。所谓的“然诺心”，就是特别重视侠肝义胆，不轻易许诺他人；一旦许诺，就要竭尽赤诚地实践自己的诺言，就要像古代侠义之士那样，信守“已诺必诚，不爱其躯”（《史记·游侠列传》中语）的人格准则。

他所剖白的还有抒情主体的能力、特长。他的人格理想较多地继承了秦汉以前的思想成果，同样的，他的智谋、能力也取自同一个时代。他说“平生错负纵横策”，似乎有所悔遁。然而，他这首诗意在勉励自己的知心朋友坚持其人格，奔赴前线军营效力；同时，也在诗中肯定彼此友谊、相知的人格基础。因此，他在诗中坦诚地倾诉自己的为人、本领。这是以诗交心，也是对挚友的引导，希望他像自己那样百折不挠地奋斗、追求，即使“双鬓白”、即使“关河漂荡一身存”，也无愧无悔。

① 《严沧浪先生吟卷》卷三。

在赞美会卿之时流露出自己的人生价值取向，在倾述彼此友谊之时，充分展示自己的胸襟怀抱。会卿是个不同凡响的英雄，而自己则是比他更成熟、更有深厚思想底蕴的前辈英雄。作者借送别之际，将会卿的为人，将自己的内心世界生动地呈现给世人。他的激情，他的创作冲动，在感人的诗行中得到非常恰当的表现。人们从这首诗中，可以明显地感受到作者的心灵的搏动。

其次，在严羽的诗歌理论中，在其诗歌创作中，都特别追求意境的创造。尽管他没使用意境这个概念，可是在他的论述中，人们可以得到非常明确的结论。他说：

> 盛唐诸人，唯在兴趣。羚羊挂角，无迹可求。故其妙处，透彻玲珑，不可凑泊。如空中之音，相中之色，水中之月，镜中之象，言有尽而意无穷。①

他通过一系列佛门语言的运用，表达了对诗歌意境的理解。他所追求的意境，是凭借创作时的灵感建立起来的。它不是靠着锤炼字句结构而成。它可以看见，可以听见，可以想象得出，但却不可捉摸，不可指实。它是朦胧的、扑朔迷离的、完整的艺术境界之美。

严羽在理论中所阐述的境界，也正是他在诗歌创作中所要实现的艺术追求。当然，这个艺术理想的实现是需要一个努力的过程的。就严羽来说，他虽然极力要实现这一目标，但是，真正在诗中较好地创造出这一意境，还并非轻易能够做

① 《沧浪诗话·诗辨》，人民文学出版社 1983 年版。

到的，这一目标也不是在很多诗中都化为现实了。他的作品中只有一部分在这方面取得了突出的成绩。《梦游庐山谣示同志》可以说是这方面具有代表性的作品。诗中着力描写的是庐山梦境：

> 庐山深处在何许？五老仙人邀我语。眉如秀雪颜桃花，酌酒相酣坐箕踞。明河九派倒西来，石梁巉绝古道开。五公握手向我笑，下见劫火扬尘灰。独骑一鹿穷萦徊，窨然醉踏青锦苔。松风号嘈何清哀，湍飞瀑卷万壑雷。①

诗中的梦境分为仙境与尘世两部分。梦中的仙境在庐山“深复深”之处，天河在其侧，绝壁在其前。一些鹤发童颜的仙人相对饮酒，并邀抒情主人公共语。诗中展现的是一幅飘逸的、超脱凡尘的画面。梦中的尘世是他几十年苦苦奋斗，孜孜不倦地求索人生价值的环境。可是，几十年中他虽有所不满，却并没将其看透。现在，仙人引导他站在仙境环视人间。他所见到的景象，不免令他愕然：在纷纷攘攘的劫火尘灰之间，一个渺小的身影骑在鹿上，他用一个“穷萦徊”，写出了骑鹿人的迷失、困惑与不觉悟。那在青苔间跌跌撞撞地乱闯，在松涛凄凉哀婉之声中苦苦挣扎的不就是他自己吗？在同仙境、仙人的对比中，他看到了自己的渺小、卑琐，于是，他决心结束那苦苦奋斗的生活，走向隐居之路。

他的思想转变的过程我们姑且不论。在这首诗中，较为

---

① 《严沧浪先生吟卷》卷三。

突出的是，他描写了一个特殊的境界，这个境界带有亦真亦幻的色彩。在诗中，庐山五老峰幻化的仙人，他身历其间的仙境，也包括他被带到仙境之后返观尘世的描写，共同构成了一个水月镜象般的艺术境界。同时，从这首诗的构思、它的意境的创造，都很容易使人们联想起李白的名作《梦游天姥吟留别》。虽然这首诗不像李白的名作那样雄浑、豪放，但在朦胧的意境的创造方面，在通过仙境、尘世的对比，实现对人生、对社会的重新观照的艺术构思方面，二者有较多的一致之处。

在这里还应该指出的是，具有朦胧的意境之美的作品，并不一定都以梦寐的形式出现。有些描写现实生活、吊古伤今、咏怀念远等不同内容、题材的诗篇中也同样可以创造出他所说的“水中之月，镜中之象”那样的境界。如他的七律《和上官伟长芜城晚眺》就具有这方面的特点：

> 平芜古堞暮萧条，归思冯高黯未消。京口寒烟鸦外灭，历阳秋色雁过遥。晴江未落长疑雨，暗浦风多欲上潮。惆怅此时频极目，江南江北路迢迢。①

在诗中，作者将秋色、寒鸦、暮烟、古堞交织在一起，又把近景、远景、诗人的怅惘失意融合其间，构成了完整的境界，赋予此诗以较强的感染力。

在努力创造出较为完美的诗歌意境的同时，他还非常注

① 《严沧浪先生吟卷》卷二。

重诗歌内涵的丰富与深厚，力求创造出"言有尽而意无穷"的韵味，使其作品有一唱三叹之致。例如他的五言律诗《有怀阒风山人》在这方面就取得了较好的艺术效果。

把酒忽惆怅，君今吴楚间。孤云随马首，风雨隔河关。心事竟何在？此行殊未还。空将百年意，泣向宝刀环。①

知心朋友远去他乡，自己怅然若失，陷入深深的孤独之中。对亲密朋友的思念，对自己十几年奋斗、落魄、失意的深深的不平，填满胸膛，可是，他却无处倾述。只有佩在身上，跟随他自己走南闯北的宝剑是最好的见证，是唯一留在眼前的知音。他对着它，无语哽咽。短短的几十个字中凝聚了多么深厚的情感！末二句留给人们的韵味悠长的余响，更令人不能不掩卷而思。他的其他作品如《寄郭招甫，时在浔阳》、《登滕王阁》、《酬故人见赠》等，多在这方面取得较好的成就。

需要指出的是，他所追求的"水中之月，镜中之象"般的朦胧的意境之美，他所强调的"言有尽而意无穷"，都是建立在"兴趣"的基础之上的，都是诗人通过"妙悟"而创造的艺术旨趣。这同那靠苦吟，靠反复锤炼而成的朦胧之美，例如晚唐一些诗人的作品，有着本质的不同。

---

① 《严沧浪先生吟卷》卷二。

二、“尽驱灵异入篇什，物象往往愁笞鞭”

严羽论诗重兴趣，重意象。在诗歌创作中，他也把才气和灵感凝聚于意象的创造上。他在谈到自己的诗篇的艺术特征时，也曾明确地说：“尽驱灵异入篇什，物象往往愁笞鞭。”① 他的自我评价，应该说还是比较恰当的。这表明他在意象方面所作的努力已经达到了较为自觉的程度。如果全面考察他的百余首诗，我们很容易发现，他在诗中所创造的意象是很丰富的，同时，这些意象也较好地起到了表达诗人感受的艺术传媒作用。严羽诗中的意象，具有多重性的特征：

首先，他自己所说的“灵异入篇什”，意谓着他诗中的一部分意象来自非现实的、超现实的事物。这同他的诗中艺术表现的实际情况是相符的。

一谈到灵异，很自然就要把它们同神仙、神话联系起来。的确，在严羽的诗作中，运用神话传说中的事物以构成的诗歌意象是比较多的。前文我们论述过的《梦游庐山谣示同志》一诗在这方面就较具代表性。此时，他已经发现自己“身居红尘不自觉”，他想要走上隐居之路，但是还没有下定决心。白天的苦思苦索并没找到满意的答案。当“月落西窗”、“倦推石枕”之际，他不知不觉地进入庐山深处。恍惚间，五老峰幻化的五位仙人出现在他面前。诗人仅用“眉如秀雪颜桃花”一句，就写出了五位老人的道骨仙风。这五位仙人是他晚年生活的榜样，也是为他指点迷津、帮助他大彻

① 《严沧浪先生吟卷》卷二，《送主簿兄之德化任》。

大悟的仙师。他们邀他谈话，跟他相对饮酒。忽然间，石道中开，五老仙人握着他的手，指引他下窥尘世的喧嚣。

诗中的五位仙人、环绕着他们的天河、怪石，这些来自神话传说中的“灵异”，变成了诗歌中作为仙境标志的意象，把诗人，也把读者引导到一个很高的立足点，一个超脱尘寰的高度，再返观他在人生道路上的几十年的奋斗、追求，从而在诗中构成了一个否定过去的参照系。在这个艺术境界中，仙人指点下他所见到的鹿和骑鹿之人，他周围的青苔、松风、飞瀑，乃至他囊中的“金膏诀”，也都成了带有“灵异”色彩的意象。

在他的诗作中，这样以灵异构成的诗歌意象是很多的。如传说中的神仙许真人以及同他有关的传说、古迹，在《过逍遥山》、《孺子台吟》等诗中都见诸歌咏。但是，由于他在不同时期的心境有很大的差别，这些人或事物在诗中所构成的意象，也呈现出不同的意蕴和色彩。如在《过逍遥山》中，他虽然是路过此山，但对许真人的崇敬之情洋溢于字里行间：

来过许仙宅，复窥洪崖井。地逐灵胜高，兴接烟霞永。伊余坐昏垫，久欲还林岭。明发囊丹砂，归欤炼颓景。①

此诗中，作者从许真人的遗迹中得到了对自己隐居之志的进一步肯定，因此，他要回到家乡去，要像这位前代仙人那样修仙炼道，像他那样炼丹砂。这里的丹砂是作为诗中的意象

① 《严沧浪先生吟卷》卷二。

而出现，它所表明的是作者对今后生活的基本设想，至于它在严羽的晚年的生活中是否具有实在的意义，则是另一回事。

但是，同一个许真人，在其他诗中，却以另一种意象出现。

> 西山缥缈翠屏开，复忆滕王倒玉杯。经过始识洪崖井，调笑重登孺子台。台前呼酒折荷花，水净烟明散落霞。……①

这里的洪崖井，只是作为普通的文化遗址出现于诗人和他的朋友登临游览之间，在这首诗中，它们所构成的意象丝毫没有对人生的引导、启发意义，因而诗人也未尝报之以尊崇之情。

在有的作品中，这些灵异所构成的意象传达出飘飘欲仙的感受和超然尘外的人生旨趣，而这些灵异之物的出现，既不是同某些古迹相联，也不同梦境相关。它完全是诗人情之所至而产生的联想。但是作者运用起来却得心应手，与诗中的其他意象契合无间。如《思归引》一诗表达的是较为泛泛的、朦胧的隐居意图。这是他在遭受多次挫折之后所产生的一时的悔遁和心灰意冷的心理折射。诗人此时的人生态度同前面论及的作品中的倾向，有很大的距离。这时，他诗中的意象虽然也以灵异构成，但其昭示的人生旨趣却不是那么确切，那么强烈。如诗中前四句说：

> 海上之草绿芊芊，洞门一闭今几年？仙骥去时

① 《严沧浪先生吟卷》卷三，《孺子台吟》。

留紫鞭，挂壁见之心惘然。[1]

这里的“洞门”、“仙骥”、“紫鞭”等意象所组成的仙境事物都表现出诗人的向往，表现出他对同这些事物相关的生活的渴望，但还没有形成非此莫属的抉择。同样的，在《送戴式之归天台歌》中，某些灵异所构成的意象也具有相同或相近的特点。在这首诗中，作者歌咏了自己同戴复古的友情，对这位当代诗坛的巨人进行了热烈的称颂。在写到他们今后的友谊和行踪时说：

……寒空万里云开时，人生聚散何超忽。愁折瑶华赠君别，君骑白鹿归仙山。……

这首诗作于戴复古结束邵武府学教授的任职，即将返回天台之时。其实，他回去之后，也只是隐于乡里，并没有求仙学道之举。但是，严羽出于对这位年长的诗人的尊敬，出于对他隐居不仕的清高节操的推崇，而赋予他较多的神仙色彩。

此外，有些并非神仙或与神仙相关的事物，但具有一定程度的灵异色彩，也被诗人采入诗中，化为相近的意象，如“桃花源”在他的诗中几次出现，就属于这种情况：

……尧舜不能屈由巢，自余王侯何足交？武陵春水绿堪染，就中亦有桑麻郊。近闻秦人笑相语，待

① 《严沧浪先生吟卷》卷三。

我东溪种碧桃。①

在诗中，作者表明自已笑傲王侯的人生态度，表现出对许由、巢父等传说中的志行高尚的贤人的敬仰，同时，又用“武陵”、“秦人”等意象表现出自己对纷乱的尘世的鄙夷，对世外桃源的向往。

在严羽的笔下，诗歌的意象也并不完全是由神仙及相关的事物构成的。有时，现实的事物和非现实的、超现实的事物交融在一起，创造出多姿多彩的诗歌意象。如《西山》一诗中，山是现实的事物，而所谓的丹砂、神仙客，则是非现实的。

西山青缥缈，深处有丹砂。说道神仙客，邀予戏紫霞。②

又如他的《游紫芝岩》一诗，

羽客逍遥地，花源世未寻。我来窥异迹，高步越飞岑。石带藤萝古，泉鸣涧壑深。紫芝未可采，空寄白云心。③

诗中的紫芝岩、泉、石、藤萝、涧壑，都是现实的事物，而

① 《思归引》。

② 《严沧浪先生吟卷》卷三。

③ 《严沧浪先生吟卷》卷三。

羽客、桃花源等用以比喻的意象，却都具有超凡脱俗的色彩。

此外，在严羽的诗中，无生命、无意识的事物，可以变为有生命、有意识的意象；现实的事物可以变为超现实的、非现实的意象，从而获得更深厚的内蕴，给人以更丰富的艺术启迪。这类意象在他的诗中比前一类更多。他自己说的“物象往往愁笞鞭”，也在告诉人们，其诗中较多的意象是由这类并非“灵异”的寻常之物幻化而成的。

在诗人的笔下，有些“物象”被鞭笞、驱赶，构建了全新的诗歌意象。严羽自称“少小尚奇节”，这是他对自己性格的较为客观的评说。他是个不同寻常的知识分子，他性格豪爽，梗概多气。于是，在他的诗中经常伴随诗人自我形象的、作为其性格标志的意象的，就不以书籍、儒冠为主，而是另外一些意象。他的冠是外化其意气的“高冠”。

> 昨夜客游初，结交重豪迈。高冠湛卢剑，志若轻四海。白首悔前途，磋跎天一隅。①

他的冠，是“志若轻四海”的高傲性格的象征。

在他的诗中经常出现，借以表现诗人自身气质，或者用以歌咏他的朋友的意象，是酒和马。这些意象同诗中的抒情主体形象，同他所歌咏的朋友的形象融为一体，使之更加鲜明、生动。如他说：

> 江国归心一雁牵，河楼分手数杯传。千崖万壑

① 《严沧浪先生吟卷》卷三，《行子吟》。

秋声里，匹马孤帆落照边。[①]

这里的“匹马孤帆”词意偏重于孤帆，匹马则带有一定的虚化的成分，然而，它所幻化的意象与孤帆意象共同构成了在“千崖万壑”间飘泊的画面，生动地表现出崔九长途跋涉之苦。

此外，他的作品中以马构成的意象还有很多，如“几时群盗灭，匹马会神京”[②]；“兴罢扬鞭去，苍苍烟雾间”[③]；“爱此城高处，回鞭醉每醒”[④]；“孤云随马首，风雨隔河关”[⑤]。特别值得指出的是他为自己画像式的诗句“立马大江边”[⑥]，把一个充溢着英风剑气的抒情主体形象，活脱地展现在读者面前。

在他的诗中，酒的意象也很多。欢会聚饮之时，长亭饯别之际，或去国思乡，或念远怀人，酒成了他诗中必不可少的意象，如“别时把酒已消魂”[⑦]；“把酒忽惆怅”[⑧]；“穷老嗟身拙，狂歌畏酒醒”[⑨]；“百年酒兴陶彭泽，四海诗名孟浩然”[⑩]；“独酌还独酌，哀歌还寂寞”[⑪]。这些诗歌意象表现了不同情势

① 《严沧浪先生吟卷》卷二，《送崔九过丹阳却上荆门省亲》。
② 《逢戴式之往南方》。
③ 《樟树镇醉后题》。
④ 《豫章城》。
⑤ 《有怀阆风山人》。
⑥ 《江上有怀上官良史》。
⑦ 《临川送周月船入京》。
⑧ 《有怀阆风山人》。
⑨ 《江上泊舟》。
⑩ 《寄郭招甫时在浔阳》。
⑪ 《登豫章城感怀》。

下抒情主人公内心的波澜。而在《剑歌行赠吴会卿》一诗中，“椎牛酾酒且高会，酣歌击筑焉能悲?”两句诗所构成的生动的意象，把吴会卿的性格和精神，把自己同他交谊深厚的基础，都清清楚楚地托到读者面前。酒在他的诗中成为塑造抒情主体形象，造就诗中意境的有机组成部分，以至于在很多时候，离开了酒，便无法充分表现诗中的感情和形象。酒这一意象在诗中这样重要的作用，当以《促刺行赠某人》中表现得最充分：

> 忽忆当年快意时，与君笑傲长相期。大杯倒瓮作牛饮，脱巾袒跣唯嫌迟。①

诗人避乱三年回到家乡，见到当年的老朋友。老友请他饮酒，诗人想起了往事。那时，他们正在年青气盛之时。他们没有任何忧虑，酒后耳热之际，似乎人间不会有什么烦恼。他们互相约定，要让心情舒朗的欢快笑声伴随此生。他们在饮酒到了高兴之时，索性脱去衣服、鞋子，搬倒酒瓮，像寻常所说的“牛饮”那样大碗大碗地喝酒。即便如此，他们还嫌不够劲儿。这是何等的痛快、豪迈！他们的性格在无拘无束地饮酒之时得到了极其充分的表现。

严羽对自己的才华充满了自信。他只身闯荡湘赣十年之后，又因事变，不得已再度出游三年。十几年间，他到处寻求别具慧眼的要人，希望有人发现自己不同凡俗的气质和才能，给自己提供一个施展才干的机会。然而，他所得到的却

① 《严沧浪先生吟卷》卷三。

只有失望、惆怅。他在一个又一个幕府里干些极其琐碎的文字工作。壮志未酬而导致郁闷、不平，长期的奔走劳碌的辛苦，使他的身心都受到了损伤。他未老先衰。年仅四十就已鬓角斑白、容颜枯槁。而这还仅仅是表面现象，他还进一步写道：

> 即今多病筋力弱，壮心虽存兴寂寞。君不见，昨夜谁为烈士歌，听罢仰空泪零落。

他已身体虚弱多病。头一天晚上，他们在一起回忆往事和人生，严羽激动地吟诵自己作的表现节烈之士感情的诗篇，朗诵者和闻之者都感慨落泪。诗中所说的“烈士歌”，我们已无法知道是哪首诗。但有一点是勿庸置疑的，即它是壮烈之士的心声，是诗人内心的真实写照。长期以来，他的远大志向同社会现实条件之间存在着不可解的矛盾：他像一匹千里马，社会却只让他拉车；他自认为在节操、气质、才能等方面都达到了超凡脱俗的程度，然而，除了少数知己以外，社会的评价，尤其是豪门权贵的评价却并非如此。他们只把他看作诗人、文士。没有人承认他的自我评价，也没有人肯给他展示才能，哪怕让他试一试，以检查他的自我评价同他的实际才能是否相合的机会。他对社会已经失去了信心。此时，他要有所作为的雄心壮志依然存在。然而，他对社会现实却不再抱有幻想。现实同他的内心处于尖锐的矛盾之中。

避乱归来时的仪表、心态同青年时代的诗人形成了鲜明的对照，其志向的远大同经历的坎坷形成强烈的对比。当年的豪放，当年的才情都到哪里去了？眼前只有一对渐趋衰老的人在对饮。如此强烈、鲜明的对比，怎能不令人痛心疾首！仰望着上苍，流下无可奈何的眼泪！而这样强烈的诗情，离开了酒的意象，又怎能得到恰当的表现！

在严羽的诗中，有些本来是现实的事物，经过他的艺术创造，化为具有超现实内蕴的诗歌意象。在这方面最突出的是剑的意象的运用和创造。剑在他的诗中出现的频率高，意象鲜明。“荆楚奇材多剑客，感慨相逢思报国”[①]，这里的剑客既是会卿，也是诗人自己；“高冠湛卢剑”[②]，不同寻常的冠与不同寻常的剑，装点了一个意气昂扬的志士的形象、气质；他经常佩剑，他舞剑、鸣剑、弹剑、赠剑。在诗中，剑是他的亲密的伴侣，是外化其性格、气质的最佳意象。他的《古剑行》一诗在这方面可以说是较突出的代表。

> 我有三尺剑，悬胆光陆离。制钟不铮，切玉如泥。水断蛟龙陆剸犀，三军白首才一挥。惜哉挂壁无所施，使之补履不如锥。君将抱愤诉玉帝，手持此剑上飞天。[③]

剑成了他精神贯注的对象，因而，无生命的剑，可以有生气；剑成为他的性格、精神乃至感情外化的意象，成为对象化了的诗人自我。诗人一生历尽坎坷，怀才不遇，于是，他的诗中便有了这锋利无比的古剑不被重视，挂在墙壁上无法发挥

① 《严沧浪先生吟卷》卷三，《送吴会卿再往淮南》。

② 《严沧浪先生吟卷》卷三，《行子吟》。

③ 《严沧浪先生吟卷》卷三，《古剑行》。

作用的意象。

他在《有怀阆风山人》一诗中，则把剑当作知己，当作挚友不在身边时，唯一能够理解自己的对象，向他倾述自己内心的苦闷和烦恼：

还将百年意，
泣向宝刀环。①

这里的宝刀就是剑的代称。在诗中，它有知觉，有感情，它像上官良史一样理解诗人。因此，当良史不在身边之时，它取代了这位朋友的地位。由此可见，剑的意象所带来的艺术效果，是其他任何意象都无法达到的。

三、"兴趣"与锤炼兼顾

戴复古曾赞扬严羽"吟诗句句工"②，但是，在众多的宋代诗话中，并未尝见到他的诗集中哪些秀句隽语为人们所传诵。这似乎与戴复古的说法有点矛盾。其实不然。严羽作诗、论诗，一向不赞成江西诗派那样炼字炼句、从前代典故的运用中别创新意的做法。他说："大抵禅道唯在妙悟，诗道亦在妙悟。且孟襄阳学力下韩退之远甚，而其诗独出退之之上者，一味妙悟而已。"他反对以文字为诗、以才学为诗，主张词理意兴的融混合一（均见《诗辨》）。在他看来，诗歌创作的关

① 《严沧浪先生吟卷》卷二。
② 戴复古《江上夜坐怀严仪卿、李友山》，《石屏诗集》。

键在于诗的感受力和灵感，而这感受力主要地不来自后天的学力，而是来自天分，来自以妙悟为标志的对生活美和诗艺的把握，并且，后天的学力也应以培养这感受力为目标。

严羽在诗歌创作实践中，充分体现了他的诗歌主张。他的理论与实践是一致的。他作诗的态度很严肃，也很严格。他追求以兴趣为主，以妙悟为主的诗的整体的美，追求诗的意境之美。他也按着这样的艺术旨趣和艺术理想进行创作。因此，他的诗往往如七宝楼台，整体建构得精巧美观。它是浑然一体的完整的艺术品。绝不应把它拆开来作片段观。它不是那种有句无篇的雕琢之作，不是那种“吟安一个字，捻断数茎须”之类的苦吟的结果。

但是，严羽毕竟是个严肃的诗人。他着力创造诗歌意境，以实现他诗歌创作的主要目标。同时，他也绝不肯放弃对诗歌其他表现技巧、表现手法的运用。

他不赞成江西诗派那样把炼字炼句和用典当做诗歌创作的核心问题，当做衡量艺术水平高下的标准来看待。但是，这并不等于说他不重视语言的锤炼。只要阅读他的《严沧浪先生吟卷》，就不难发现一些精当传神的诗句。如《寄郭招甫时在浔阳》一诗的开头两句：“梦向三江买钓船，挂帆西去白云边”，起势突兀，出语不凡，为全诗定下较高的基调。其《送吴仪甫之合肥谒杜帅》一诗首二句也写得非常豪放：“丁年剑气欲凌云，况复才华迥不群”，把吴会卿的英雄气概诉诸读者。

他的很多诗结句也写得颇具特色，给人留下较为悠长的余味。如《送上官伟长》中“致君相许在，回首壮心惊”；《有怀阆风山人》中“还将百年意，泣向宝刀环”，都收到了言有尽而意无穷的效果。

他的五、七言律诗中有些对仗工稳、新颖，即使将其置入着意于炼字炼句的诗人集中，也毫不逊色。如《别客》云："衡霍连秋气，潇湘合暮云"；《访益上人兰若》云："一径入松雪，数峰生暮烟"；《怀南昌旧游》中间四句云：

杯行江色里，棹进月明中。楼笛吹晴雪，菱歌漾晚风。①

这些诗句不仅对仗严密、稳妥，而且完全没有雕琢的痕迹，似乎当时诗人在才气、灵感的帮助下，一些佳句妙对油然而生。他的七言律诗比五言律诗还要好一些，对偶句的运用也更成功。如：

京口寒烟鸦外灭，历阳秋色雁过遥。晴江木落长疑雨，暗浦风多欲上潮。②

又如：

洞庭旅雁春归尽，
瓜步寒潮夜落迟。③

如果前面我们所援引的戴复古"吟诗句句工"是根据这些诗

---

① 《严沧浪先生吟卷》卷二。
② 《严沧浪先生吟卷》卷二，《和上官伟长芜城晚眺》。
③ 《严沧浪先生吟卷》卷二，《客中别表叔吴季高》。

句而下的论断，那应该说还是非常恰当的。

严羽反对江西诗派“以文字为诗，以才学为诗”，在他看来，江西诗人主张“无一字无来处”，要将前人的陈言“点铁成金”[①]，“夺胎换骨”，以融入自己的诗中[②]，都不过是在前代诗文中寻找创作题材和推敲诗句，都是以才学为诗，而从根本上违背了诗歌创作的宗旨。为此，他特别强调“兴趣”说，以期从根本上改变江西派所造成的不良倾向。可是，他并不否认恰当地运用典故的必要性。他在自己的创作中，也常常运用典故，借以加深作品的内蕴。如他居衡州时，过去同在庐陵幕府的故人来访，并有所馈赠。这使他想起了几年前他们共同度过的生活，想起了那时的长官，于是，他在诗中说：

> 谁念梁园旧词客，
> 桄榔树下独闻莺。[③]

这两句借用李商隐诗中典故。李商隐在《寄令狐郎中诗》中说：“休问梁园旧词客，茂陵风雨病相如。”这是李商隐写给居右司郎中之职的令狐绹的诗。他在这两句诗中，讲到司马相如同梁孝王的历史故事，希望令狐郎中念及自己曾为其先人幕僚的情份，能给以援引提拔。而严羽在这里虽然引用了李商隐诗中的典故，却并没有李诗中的请求垂怜之意。他较多地表现出自己同昔日故友，其中也包括他昔日的官长的旧

---

① 见黄庭坚《答洪驹父书》。

② 见《野老纪闻》、《冷斋夜话》。

③ 《酬故人见赠》。

谊。这里他较恰当的运用一个典故，使诗人所表现的感情更具深度，也较为委婉。我们前文已经论述过的《送上官伟长》一诗，末二句为："致君相许在，回首壮心惊。"这里化用杜甫《奉赠韦左丞丈二十二韵》中"致君尧舜上"句意，非常贴切自然地表现出严羽和伟长都是怀有远大理想的人，伟长此次远离家乡寻求发展，也将像他那样陷于磋跎、奔波之间。

严羽在诗中运用汉代典故很多。不过，他不像大多数诗人那样注重文献的出处和文献对人物、事件的记述情况。他往往只从历史人物的大的方面着眼，使之更合于自己当时的感受。如在《登豫章城感怀》一诗中，他写出自己怀着受压抑、郁郁不得志的强烈不平，登上了豫章城楼。他醉饮、狂歌，把满腔的愤懑尽情地倾吐出来。自己的坎坷，人生的艰难，历史的兴衰、荣辱，积满他的胸膛。古代的英雄，特别是汉代一批杰出人物如萧何、曹参、樊哙、灌婴等人的成功和幸运很自然地浮现在他面前。诗中所涉及的历史人物，只是他统观人生和历史的时候很自然地想到。这些典故同他当时的感受，同他强烈的历史感，同作为阅尽古今变化的豫章城具有整体的和谐。他不像一般诗人所做的那样，尽量使其所歌咏的人同所登临之地有极为密切的关系。也就是说，他在用典时，对自己的诗情和诗歌意象看得更重，而对典故的原始状态，反而不很重视。唯其如此，他诗中历史人物所幻化的审美意象才更生动。他要用这些意象表明自己和他们在自身素质方面没有什么差别。他们之所以能显示出特殊的才华，甚至是经天纬地之才，成就了名垂千古的勋业，自己之所以长期处于碌碌无为的幕僚地位，这都是历史造成的。历史或老天给他们以机遇，对他们较为偏爱，而对自己则较为苛刻、吝啬。

在《送赵立道赴阙仍试春官即事感兴因成五十韵》一诗中，他对这位比自己年轻的朋友多方勉励，对他去应试的举动深表支持。诗的结尾处，他联想到自己坎坷的一生，对立道谈起自己“漂泊微躯老”的现状，他充满忧伤地说：

叫阍时已晚，
鸣剑志空驰。①

“叫阍”，语出屈原《离骚》中“吾令帝阍开关兮”句，他隐然以志行高洁的屈原自况，只是自己年事已高，叫阍以陈词天帝之类的事已经无能为力了。“鸣剑”用《战国策》中冯谖弹铗作歌的典故。冯谖为孟尝君门客。初为客时，不受重视，曾三次弹铗作歌，后来终于有机会献奇谋，使孟尝君转危为安。诗人意在表明，自己徒怀冯谖之志与才，空有鸣剑之举，无法施展奇智异策，一切都是枉然。通过这两个典故的运用，诗人流露出灰心丧气的情绪。然而，他只是为了说明彼此条件不同，出处也应有别，至于所信守的道，却不应有所差别。

他诗中的许多历史人物都以具有风范意义的人格的化身出现于作品中，它们昭示出一种超越时间限制的道义和理念。他笔下的屈原只是这样的例证之一。

再如皇甫规、严君平、巢父、许由等历史名人，也都成为高尚精神的载体。严羽诗中主体的精神通过上述载体，幻

① 《严沧浪先生吟卷》卷二。

化为一系列意象，从而给人以鲜明、深刻的印象。

> 举世不可语，犹当傲巢由。①
> 尧舜不能屈由巢，自余王侯何足交？②

他从积极入世寻求实现自己理想的机遇，要对社会作出贡献，转而走上殊世独立、隐居山林的道路，其间的转变是巨大的。可是，他并不是现实生活中的失败者。“穷则独善其身，达则兼济天下”③，这是很多志士的人生选择。历史上某些独善其身的隐居者，也曾在旷达中显示出一定的消极态度。严羽则有所不同。他在几首诗中都把许由、巢父作为隐逸、清高精神的化身，借以表现自己对人生理想的坚信。同时，也表现出他敢于藐视王公大臣的精神。他正是通过这样的典故的运用，较好地表现出他的人格力量。

严羽诗歌的语言清新自然，其诗的风格豪放峻爽，都以鲜明的特点为世人所瞩目。当时许多人向他学习作诗，奉他为诗坛盟主，一方面在于他的理论建树雄踞于当时文艺理论界之上，另一方面则在于他在诗歌创作中也取得了突出的成就。他的理论成就使他不朽；他的诗篇，也使他赢得了时人和后人的高度推许和赞誉。严羽的诗集《严沧浪先生吟卷》也是他留下的宝贵的文学遗产。

---

① 《庐陵客馆雨霁登楼言怀寄友》。
② 《思归引》。
③ 《孟子·尽心上》。

第五章《沧浪诗话》的理论体系和宗旨

严羽在中国文学史上之所以能占有一席之地，产生了不同于一般词客骚人的影响，甚至于他的影响也远非一般的诗话作者所能同日而语，就在于他在文艺思想领域作出了杰出的贡献，在于他的理论的独创性。他的思想和理论观点集中体现于《沧浪诗话》中。此外，还体现于各种版本的《沧浪诗话》之后附刻的《答吴景仙书》中。关于后者，因以论辩为主，而不以正面阐述自己的理论主张为宗，所以不在这里展开讨论。这一章将着重研究他的诗话中所表现的思想、观点及其理论价值。

《沧浪诗话》具有较为完整的理论体系。全书分为《诗辨》、《诗体》、《诗法》、《诗评》、《考证》五个部分。各部分论述的内容既互相关连，又各有侧重。从这方面看，它既有一般诗话表现形式较为灵活的特征，较为轻松的笔调，又比一般诗话更注重理论思辨而不以堆积资料为意，比一般诗话更强调体系的严格、完整，而不是结体松散的随想式的成果。

《诗辨》是全书的第一部分，也是严羽集中阐述自己的理论观点的核心部分。在这里，他对诗的性质、诗的境界和极致、诗歌创作和鉴赏的关键、诗歌优秀传统的认定和继承等一系列有关诗歌的基本理论进行了较为充分的论述，提出并阐述了他的文艺思想的精髓。第二部分是《诗体》，作者从句式、风格、韵律、对仗等诸多方面论述了诗歌的体制特征，并将其对诗体的研究同作家研究，同诗歌发展的阶段性、风格的差异性研究紧密地结合在一起。第三部分是《诗法》，论述了有关诗人的文学修养、诗歌语言、用韵、风格、对偶乃至起句、收句等方面的基本规律。第四部分是《诗评》，概括地批评了从屈原到唐代末期的诗歌创作成就，实际上是一部诗歌史的论纲。第五部分是《考证》，以他的理论和方法对诗歌史上的一些具体问题进行辨析。后四个部分基本上是对第一部分所提出的理论在各个不同方面的直接运用。同时，在后四个部分中，也在论述具体问题时，对总论作了适当的补充和发挥。

这是我们按着他的诗话各部分顺序，横断面地逐层介绍其各部分内容及彼此的关系。如果我们再进一步对其作纵剖面的分析，就会看到有几个带有根本性的理论范畴贯注于其理论结构各横向层面之中。这几个理论范畴就是“兴趣”说、诗识、妙悟。这是他纵览古今文学创作和文艺思想的发展所提出的理论发现，是贯穿于他的全部诗话中的灵魂，也是他借以动摇以前的文艺思想，开创诗歌理论乃至古代文论新局面的基石。

一、宋代文坛的艰难探索和新课题

严羽的文艺思想及其理论的形成是宋代诗歌发展和文艺

理论发展的必然成果，也是宋代文坛几代杰出的诗人、文艺理论家艰难探索的结晶。可以说，宋代是中国古代文艺理论发展的一个高峰，严羽则是雄踞于峰颠之上的理论家。

从赵宋王朝立国之初到严羽生活的时代，宋代文坛经历了二百多年漫长而又艰难的探索，努力寻找自己时代诗歌发展的方向、途径和规律。在这过程中，产生了一批杰出的诗人和理论家，在诗歌创作中取得了可贵的成就，形成了自己时代的诗风，也在理论探讨中积累了很有价值的思想成果。

宋代政权承五代积弊而立国。同样的，宋代文坛也从五代文学的基础上起步。据《后山诗话》载，徐铉作为李后主的使臣拜见赵匡胤，极力称赞其主的学识、文彩，并说他的《秋月》一诗，传遍天下。太祖大笑，说《秋月》诗是“寒士语”①。又据《谈渊》载，赵匡胤对李煜《咏扇诗》深表不满。这些记载都表明新一代统治者对旧文风的批评与否定，也表现出一代新人的精神状态同旧文风之间的矛盾。五代绮靡哀婉、气格衰弱的文风受到宋初有识之士的普遍反对。于是，他们起而探寻自己时代文学发展的出路和方向。

宋代文坛为改变五代文风而作的努力，从一开始就表现出色彩纷呈的局面。

田锡以儒家诗教关于风雅正变的观点，调和五代艳冶文风同新王朝强调文学的功利目的之间的矛盾。他认为，文学就要“经纬大道”。他把颂美箴阙之作视为“文之常态”，而把“豪气抑扬，逸词飞动，声律不能拘于步骤，鬼神不能秘其幽深”之类诗作，视为文之变。于是，他要求文学“持政

---

① ［宋］陈师道《后山诗话》，《历代诗话》本，中华书局 1981 年版。

于教化”，同时，也希望给予“艳歌不害于正理”的文学以一定的地位。[①]

此时的柳开和王禹偁则提出了更为明确的主张。他们都倡言古道、古文，以反对浇浮之风与时文。柳开在《应责》一文中指出，所谓的古文，不在于言词晦涩，而是要“古其理，高其意，随言短长，应变作制，同古人之行事”[②]。他在韩愈的诗文中发现了自己的理想，遂极力推崇，将其树立为文坛楷模。

王禹偁对古文的认识和要求，同柳开颇多一致之处。在诗歌创作方面，他强调诗歌的社会作用，要用诗的形式针砭现实，反映人民的疾苦，以拾遗补阙的臣职自励。因此，他特别推崇白居易，也给予杜甫以较高的评价。《彦周诗话》论其诗，“大抵语迫切而意雍容”，“大类白乐天也”。[③] 他以自己能继承白居易、杜甫的诗风而自豪。他曾赋诗自明说：“本与乐天为后进，敢期子美是前身。”[④]

在宋初文坛上，还有与上面所论不同的流派和创作倾向，这就是以杨亿、刘筠为代表的“西昆派”。杨亿少有诗名，很受太宗赏识，他于前代诗人中独尊李商隐和唐彦谦。《蔡宽夫诗话》云：“杨文公、刘中山、钱思公专喜李义山，故昆体之作，翕然一变；而文公尤酷嗜唐彦谦诗”[⑤]。杨亿自谓“雕章丽句，

---

① 见田锡《贻陈季和书》，引自《宋金元文论选》，人民文学出版社 1984 年版。

② 见《宋金元文论选》。

③ ［宋］许顗《彦周诗话》，《历代诗话》本。

④ 见《蔡宽夫诗话》转引自《苕溪渔隐丛话前集》卷二十五，人民文学出版社 1962 年版。

⑤ 《苕溪渔隐丛话前集》卷二十二。

脍炙人口”[①]。杨、刘以其创作和主张影响天下，左右文坛达四十年之久。

宋初文坛的理论探讨和创作实践都显出色彩纷呈的状况。尽管这时的文坛还缺乏建树，但是，它给人以希望，它预示着一个新时期的到来。

欧阳修是确立宋代诗风、文风的第一个功臣。他一方面要纠正文坛时弊，同时，又要建立起新的理论主张和创作风格。他批评当时的文风时，不是以激切的言词刺痛他人，而以谆谆教导启发学子，使那些满足于用事的当、属对精切、词句工丽的人，能够醒悟自己“悦而自足”之处，正是自己所以失；也要使众多文士认识自己的社会责任，要明白“弃百事而不关于心”的精神状态是不足取的。[②] 对于杨、刘，他既有批评，又有所肯定。他“始矫昆体”[③]。在前代文人中，他给予韩愈以极高的评价。他不仅赞美韩愈的古文，还特别推崇他的诗歌创作。他认为，韩愈不论写什么题材、内容，“一寓于诗，而曲尽其妙[④]。他要用韩愈这个唯一的典范取代其他人所提出的典范。

但是，欧阳修对于宋代文坛的贡献，不仅仅在于他纠正了当时的颓弊之风，也不在于他为人们树立了韩愈这个典范，更主要的，还在于他提出了评价诗歌艺术水平高下的标准，提出了衡量一个作家或诗人的重要条件，这就是他的“气格说”。

---

① 《西昆酬唱集序》，见《西昆酬唱集》，《四部丛刊》本。

② 见《答吴充秀才书》，载《宋金元文论选》。

③ 《石林诗话》。

④ 《六一诗话》。

《石林诗话》称欧阳修论诗"专主气格"，就是对他这方面贡献的客观评价。欧阳修论述古今诗人时，颇多精辟见解，其中最突出的还是他的气格和精意之说。他说："唐之晚年，诗人无复李、杜豪放之格，然亦务以精意相高。"[①] 他所说的"豪放之格"，重在诗人的气质、思想修养，以及这气质外现的效果；"精意"侧重于艺术构思及其在作品中的显示。他在评论梅尧臣、苏舜钦的诗歌艺术时指出，二人或以"笔力豪隽"，风格"超迈横绝为奇"；或以"覃思精微"，风格"深远闲淡为意"。同时，他还提出了诗歌创作中"真味久愈在"的余韵悠长的问题。

欧阳修的这些主张给予当时文坛诗文创作和诗歌理论的发展以极大的影响，标志着宋代文艺思想走向自觉。

王安石继欧阳修之后仍然推崇杜甫。他编辑四家诗集，以杜甫为首。其余三家为欧阳修、韩愈、李白。虽然他把四人编辑在一起，但对四人的评价却大不相同。特别是对李白、杜甫之间。他以人品论诗品，由诗以见人，于是，对李白颇有微词，而对杜甫推崇备至。

经过欧阳修和王安石的大力倡导，杜甫成了宋代诗坛唯一不可动摇的典范。其他被推举出的榜样，则还处于尚待认同的过程中。此外，在确立典范的同时，人们所提出的理论主张也因其自身的价值，而在宋代文艺思想积累过程中起到不同的作用。王安石以人品论诗品的观点和做法在一个时期内为人们所接受。但其所提供的思想上的启迪，则远不如"气格"之说。

---

① 《六一诗话》。

从人品与诗品相结合的角度论诗，苏轼与王安石略同，然而，从文化思想的层次来说，则更为深沉些。《论语·卫灵公》云："道不同，不相为谋。"这是儒家宗师对待出处的态度。道家则主张任性自然，不为物累。《庄子·秋水》和《史记·老子韩非列传》都记载了庄子不愿为楚王相的故事。慎出处，知去就之分，这是古代很多贤达之士的人生准则。苏轼对这个问题有较他人更深刻的体会。于是，他从这个角度审视前代文学，从而发现了陶渊明的典范意义。他说："陶渊明欲仕则仕，不以求之为嫌；欲隐则隐，不以去之为高。饥则扣门而乞食，饱则鸡黍以迎客。古今贤之，贵其真也。"① 陶渊明的人格以及这人格在诗中的自我塑造，在苏轼心中产生强烈的共鸣。他说："吾于诗人无所甚好，独好渊明之诗。"②

由此，陶渊明的人格力量及其诗歌的艺术价值被充分发掘出来了。他成了宋代公认的典范之一。

以黄庭坚为代表的江西诗派继续倡导学习杜甫。由于他们对诗法的研究已经比前人深入得多，他们就不再满足于对历史上杜甫的客观评价。单纯的对这样杰出诗人的复述或评价，不足以表达他们的审美理想。他们从杜诗在声律、用字、用事等方面的经验中，总结出合于自己理想的规律。

在探讨中，他们刻意求新，力求使宋代诗歌在风貌、成就方面超过唐人。

他们的确取得了可贵的成就。特别是以黄庭坚为代表的

① 《苕溪渔隐丛话》前集卷三，人民文学出版社 1962 年版。
② 《苕溪渔隐丛话》前集卷四。

江西诗派，在总结诗歌创作规律，提高诗歌创作的自觉意识方面，给当时诗坛提供了可贵的思想积累，使宋诗和宋代文艺思想形成了自己的风貌。但同时，他们在理论主张和创作实践两方面都追求标新立异，于是也在这两方面趋向极端。

黄庭坚作诗刻意学习杜甫。他对杜诗的理解，对杜甫艺术经验的体悟，都有些独到之处。如他在格律、字句、用典等方面下了很大的功夫，以至他的诗歌创作在这些方面显出功力，在诗风上也形成了自己瘦硬、奇峭的特色。

对于南宋中后期诗坛来说，要推动诗歌艺术水平的提高和诗歌创作的繁荣，固然应该看到黄庭坚为代表的江西诗派所取得的成绩，以便于继承和发展。然而，他们要想推动当时乃至后代诗歌的发展，扭转文坛上的不健康的诗风，就必须更加清醒地认识江西诗派给予诗坛的不良影响，必须清楚地认识江西诗派所确立的某些教条的利弊，并且还要追源溯流，对当时诗坛积弊的由来和发展条分缕析，找出症结所在。

黄庭坚在其《答洪驹父书》中说："老杜作诗，退之作文，无一字无来处。盖后人读书少，谓韩、杜自作此语耳。古之能为文章者，真能陶冶万物，虽取古人之陈言入于翰墨，如灵丹一粒，点铁成金也。"[①] 黄庭坚有意识地把杜甫、韩愈这两位宋代文坛典范，按着自己的理想和方式重新进行塑造。说杜、韩二人是"古之能为文章者"，"能陶冶万物"，的确言之不虚。他们也都善于用典，通过用典扩大了他们作品的内涵。这也是学术界所公认的事。然而，他们所作的诗和文是否真的无一字无来处？字句有来处，把古人的陈言用于自己的诗

① 《豫章黄先生文集》卷十九，《四部丛刊》初编本。

中、文中，是否就收到“点铁成金”之效？这才是问题的关键所在。很显然，黄庭坚为了引导人们多读书，多用典，善于用典，有意把两位前代杰出的文学家解释得合于自己的理想模式。自己的艺术理想，自己所发现、所归纳的作诗的一些具体方法，假借前代典范的经验传达给世人，会比直接讲解自己的主张更具说服力。

在此基础上，他提出了产生更大影响、也因此引起更大争议的“夺胎换骨”法。据《野老纪闻》和《冷斋夜话》引黄庭坚语云：“诗意无穷，人之才有限。以有限之才追无穷之意，虽渊明、少陵不能尽也。然不易其意而造其语，谓之换骨法；规模其意形容之，谓之夺胎法。”① 他的“夺胎换骨”之说一经提出，立即被一些诗人和理论家所认同、所引用。俞成《萤雪丛说》卷上对此进行了发挥。他说：

> 文章一技，要自有活法。若胶古人之陈迹而不能点化其语，此乃谓之死法。死法专祖蹈袭，则不能生于吾言之外。毙吾言者生吾言也，故为活法。

黄庭坚等人自己的创作倾向影响宋代诗坛，更以自己的理论主张诱导后学。后学竞相鼓吹，形成了势力强劲的江西诗派，也形成刻意在前人书本里下功夫，务求点石成金、务求使前人成说通过“夺胎换骨”，而在自己的作品中生辉的风气。于是，以文字为诗，以才学为诗，以议论为诗的风气笼罩了诗坛。

---

① 见《诗人玉屑》卷八。

据《容斋随笔》卷三载，洪迈之父洪皓出使金国，金人强迫他留在那里，他不从，被流徙到冷山、燕京，北困沙漠十五年。回国后被秦桧所害，南谪岭表九年。其气节为宋、金两方面朝野之人所敬重。其作诗，也为时代风气所染。他刚从金放归还朝，天子赏赐有加。遂命其子迈作谢赐物一札子。他亲笔窜定两句云："已为死别，偶遂生还。"谓迈曰："此虽不必泥出处，然有所本更佳。东坡《海外表》云：'子孙痛苦于江边，已为死别'；杜老《羌村》诗云：'世乱遭飘荡，生还偶然遂'，正用此语。"又洪皓曾作词［江梅引］一阕，传遍大江南北，然而，吟唱之人多不知作者为谁。被迫留金国之时，赴张总侍御家宴。张的侍妾歌唱此词。皓怆然涕下说，此词是我所作。宴后回家，感慨不成眠，遂用词中原韵赋成四阕。当时处于软禁中，书籍奇缺，只有《初学记》和杜甫、韩愈、白居易、苏轼几人的诗文集，不便于用典。然而所作词引用句语、典故，一一有出处。[①] 洪迈记载此事甚详，其意即表明父亲的诗词诸作合于时代要求。

洪皓还仅仅是受江西诗派的影响，就在诗中表现出这样明显的倾向。至于江西诗派中人，则更相信黄庭坚的论诗主张，专心于前代文献，从中"点化"出或"夺胎换骨"而生成自己的诗句、诗情。诚然，直接受黄庭坚影响而形成的文学群体，同南宋中、后期受其影响而追随其余绪的诗人，在创作倾向和文学主张方面存在着一定的差别。但他们之间在一些基本特征上的认同，还足可使当时人和后代人把他们划归一派。例如宋人把吕本中、杨万里、陈与义等人定为江西

① 《容斋随笔·五笔》。

诗派中人就是明证。同时这也表明，江西派的诗风一直笼罩着南宋文坛。

当严羽活跃于诗坛的时候，他所面临的就是这样的诗风和文化条件。他认为，这种倾向是阻碍当代诗歌健康发展的“一厄”。以文字为诗，以才学为诗，以议论为诗，其结果必然导致对诗歌本质的背离。

到了严羽的时代，江西诗派的追随者排除了其他典范，独尊杜甫。进而又由这个前代典范引出当代榜样。于是有江西诗派的“一祖三宗”之说，即以杜甫为祖，而以黄庭坚、陈师道、陈与义为三宗。①

不仅江西诗派处于这样的思想状态中，当时受江西派影响的诗人，或力求摆脱江西派影响的诗人，也都处于较为盲目的求索之中。以“永嘉四灵”和江湖派为代表的诗人反对江西诗派和理学家的文艺主张，重新向中晚唐诗人寻求振兴诗坛的良方。据范晞文《对床夜语》云：“四灵，倡唐诗者也。就而求其工者，赵紫芝也。然具眼犹以为未尽者，盖惜其立志未高，而止于姚（姚合）、贾（贾岛）也。”② 这样的批评还是比较切合实际的。江湖派也学习晚唐，并受赵紫芝的影响很多。其中还有严羽所敬重的朋友戴复古。

此外，同严羽关系密切的吴陵也受时代风气的影响而提出了一些较为悖谬的主张，并且对严羽的理论不但不理解，甚至还提出辩难。例如，在他看来，诗歌的发展在各阶段之间

① 见方回《瀛奎律髓》卷二十六。

② ［宋］范晞文《对床夜语》卷二，《历代诗话续编》本，中华书局1983年版。

没有本质的区别，只不过是“异户同门”之别而已。这就模糊了兴盛时期的文学同衰落时期的文学之间的界线，混淆了文学史上的成功经验和失败教训之间的界线。

从上述一代又一代杰出人物的主张可以看出，他们的基本倾向都以唐代诗人为榜样，也可以说是宗唐。可是，他们之间的差别竟然如此之大，究竟谁真正宗唐？唐诗之说意味着什么？唐诗的经验何在？在唐诗中随心所欲地选取一两个诗人或一种倾向，只能导致对唐代诗人成功经验的淡漠化和抹杀。同时，这还关系到对唐诗主流和基本发展规律的认识与把握，关系到宋代诗歌乃至整个文坛今后发展的方向。严羽深深感到，在一片学习唐诗的呼声中失去正确的方向，这才是“诗道之重不幸”[①] 呢！

当严羽步入宋代文坛之际，他所面对的就是这样的现实。时代向他提出了严峻的课题。教育和传统赋予他以强烈的责任感和事业心，他又具有敏锐的洞察能力。似乎他责无旁贷了。前代的可贵的经验和教训都汇集到他的头脑中。他站在更高基点上，纵览当代诗歌创作的成就和走向，深感目前问题的严重。对中国文化、对文艺思想的关注和强烈的使命感，迫使他肩负起继承前代积极的思想成果，纠正文坛理论误区，确立新的理论体系的历史使命。于是，他从现实迫切需要解决的问题切入，痛下针砭。

在《答吴景仙书》中，他相当自负地说：“仆之《诗辨》，乃断千百年公案”，正是就信中所说的“一厄”和“重不幸”，针对几百年来的追寻、探索，他展开了思辨的翅膀。在对这

① 见严羽《答吴景仙书》。

些问题进行分析时，他抓住两种不良倾向的症结，即江西诗派的错误导向。因此他强调指出："其间说江西诗病，真取心肝刽子手。"他就是从这个关键处入手，研究、批评文艺理论界和诗歌创作方面的不良倾向，从而使他的理论具有较强的针对性和现实意义。当然他的斗争精神及其理论也引起人们的非议，包括他的朋友的非议。对此，他有充分的思想准备。他在《答吴景仙书》和《诗辨》中都谈到这个问题。他果断地表示：为了批驳错误，端正人们的认识，"虽获罪于世之君子，不辞也！"从这坚定而又明快的剖白中，我们至今仍能感受到一个思想理论界的斗士，为了捍卫真理而无所畏惧地奋力前进的可贵精神。

二、"兴趣"说与诗之宗旨

宋代诗坛在几百年间涌现出一代又一代巨人，欧阳修、王安石、苏轼、黄庭坚。他们都是文坛的真正领袖。他们以别具特色的文学创作独步诗坛，各领风骚于一时；他们又从对诗歌发展的探讨中总结出规律性的认识，给人们以启迪。尽管其中有些不够正确的见解，甚至有很严重的错误导向，也基本上属于引导宋代诗坛前进中的波折，其中也包含足以超越前人的思想成果。这是文坛上公认的事实。严羽虽相当自负，但对他们在文坛上的地位是很清楚的。由此，他也深知自己理论创新的艰难。他自称"余不自量度"[1]，当然是自谦之词。但其中也多少透露出一些他对理论界这场论争的艰难

① 见《答吴景仙书》。

的估计。戴复古在诗中说他“持论伤太高，与世或龃龉”，即表明他因坚持自己的理论主张而遭到孤立。在很多人看来，提出这样“惊世绝俗之谈，至当归一之论”的，不应该是他这样地位卑贱、又没有诗坛盟主之威望的人所能为。对此，他是很清醒的。因此他说：“仆于作诗，不敢自负。至识，则自谓有一日之长。”[①] 虽然很困难，虽然会因此而使自己陷于孤立之境，他也在所不顾。他以“当今之世舍我其谁”[②] 的强烈自信和高度的责任感，向着当时文艺思想的最高山峰攀登。他要指导当时诗坛走出理论探索和创作实践的误区。

在构建自己的理论体系之时，他鲜明地提出了自己的核心论点——“兴趣说”。他精辟地阐述说：

> 夫诗有别材，非关书也；诗有别趣，非关理也。然非多读书，多穷理，则不能极其至，所谓不涉理路，不落言筌者，上也。诗者，吟咏情性也。盛唐诸人，唯在兴趣。羚羊挂角，无迹可求。故其妙处，透彻玲珑，不可凑泊。如空中之音，相中之色，水中之月，镜中之象，言有尽而意无穷。[③]

在这段论述中，他较为充分地论述了兴趣说，论述了兴趣在诗中的艺术显现，同时，他也论述了在诗歌创作中实现兴趣的必然途径，这也是他的艺术本源论，即非关书，非关

---

① 见《答吴景仙书》。
② 《孟子·公孙丑下》。
③ 《沧浪诗话·诗辨》。

理的情性。

在这段论述中，充分体现出他的艺术本质论。为了说明的方便，我们先分析他对艺术本源的看法和贡献，然后再论述兴趣本身。

他的理论著作所运用的语言非常精炼，其针对性也非常鲜明。他说："诗者，吟咏情性也"，他把这个论断同"非关书"、"非关理"联系在一起。他还说：

> 近代诸公乃作奇特解会，遂以文字为诗，以才学为诗，以议论为诗。夫岂不工，终非古人之诗也。盖于一唱三叹之音，有所歉焉。①

这段论述完全为了纠正江西诗派所造成的不良倾向而提出的。它尖锐地指向江西诗派在对艺术本源的理解中的两个症结。其一是他们所强调的以文字为诗，以才学为诗；其二是他们对诗歌创作中的情的要求。

关于江西诗派主张以文字为诗，以才学为诗的问题，前文在探讨宋代诗歌和文学理论发展过程时已经论及。这里需要进一步指出的是，黄庭坚当初从事这方面研究的本意，还在于为宋代诗歌形成自己的时代特征，促进当代文学的发展作些努力。然而，他的主张本身就具有较大的偏颇之处，而江西后学更把它推向极端。于是，形成了不关心社会现实，不注重作家的真情实感，只在书本中搜寻作诗的材料，拼凑成篇。这样就把宋代文坛引入了泥沼之中。

---

① 《沧浪诗话·诗辨》。

严羽对这种倾向深恶痛绝，以为是诗之“一厄”，于是要从根本上予以纠正，遂提出了诗歌创作以情不以文的论断。此外，他强调的把情作为诗之本源，也有重要的理论价值。单纯地看这句话，还很难认识其意义。人们会认为，其他人，包括黄庭坚也有类似的提法。诚然，黄庭坚在《书王知载朐山杂咏后》一文中也谈起过这个问题。他写道：“诗者，人之情性也差别。”然而，他们二人对这个问题论述，都不是一句话所能表达清楚的。我们还应联系他们的有关论述一并进行比较。

他们都把诗视为人的情性的显现，这是他们较为一致之处。然而，诗要表现人的什么样的情性？人的情性有没有，或有怎样的规定性？这才是问题的关键。

黄庭坚认为，人的情性是有规定性的。因而，不是所有的情都能入诗。他对人的情作了区分。他认为那种“强谏诤于廷，怨忿诟于道，怒邻骂坐”的情是不能进入诗中的。这缺乏修养，只图一时痛快的感情宣泄，只能“发为讪谤侵陵，引颈以承戈，披襟而受矢”。这样的满足于发泄“一朝之忿”的感情，若见诸诗的歌咏，则成为“诗之祸”，“是失诗之旨”②。

他对上述情感的否定，无疑是受了当时社会环境的限制。一些杰出的诗人包括苏轼在内，都因在诗中抒发自己的不满而被贬谪；北宋长年不息的党争，也使一批诗人受到牵连。这就促使后来的诗人善于自处。黄庭坚作为理论家要为人们指点迷津，就想要从根本上改变人们在诗中发牢骚而惹是生非的做法。

他认为，诗之所以美，首先在于诗人的感情美，在于他所表现的感情美。“其人忠信笃敬，抱道而居，与时乖逢，遇物悲喜，同床而不察，并世而不闻。情之所不能堪，因发于呻吟、调笑之声，胸次释然，而闻者亦有所劝勉；比律吕而可歌，列干羽而可舞，是诗之美也”。这就是说，作家、诗人要有很高的修养。他们的情感应该有别于常人，并且要善于把这带有较高文化定性的情熔铸为诗的情，然后才会有美的诗。

他对感情提出这样的解释和区分，也不仅仅是出于明哲保身的思想，同时也以传统文化特别是儒家传统的情礼观为其基础。

古代传统文化对情始终取节制的态度，要通过教育、制约甚至压抑，限制情的随意宣泄，要通过长期的熔铸，使外在的制约力变为主体心灵的定性，从而成为情感的定性。正如《礼记·礼运》所说的：“圣王修义之柄，礼之序，以治人情。故人情者，圣王之田也，修礼以耕之，陈义以种之，讲学以耨之，本仁以聚之，播乐以安之。”这些“耕之”、“种之”、“耨之”等，也就是通过学校与家庭教育，社会的影响与督促等多种渠道，使人们由勉强地执行礼，逐渐地适应礼的约束，礼也由外在的约束力变为人们心灵的定性，成为人们感情的自然而然的界线。正如《礼记·中庸》所说的，“喜、怒、哀、乐之未发谓之中；发而中节谓之和”。这是合于礼的理想的情感。这种情感唯经过长期严格地以礼自持的人才能培养、熔铸得出。黄庭坚所要求的抱道而居，不以物喜，不以己悲，不管外界刺激达到什么程度，作为抒情主体都能发乎情、止乎礼义，都能做到不是勉强地而是不知不觉地合于礼的规定。这是以情感的理想模式向诗人提出的相当高的要求。就情感来说，这种要求并不是所有的人都能做得到的。

从诗歌创作来说，黄庭坚要求以合于理想模式的情感作为诗歌创作的前提。他所说的那种忠信笃敬、抱道而居的人，发于呻吟调笑之声，不仅自己内心平衡，还会使闻之者有所劝勉，他的说法也是直接从传统观点中引出的。《礼记·乐记》对此作了集中的论述。该书认为，诗、歌、舞，“三者本于心”，也就是说，具有较高的礼的定性的心才能开出艺术的花朵。“和顺积中而英华外发”。德性积于内就必然外现出来。在艺术创作中要“独乐其志，不厌其道；各举其道，不私其欲”，即要排斥、压抑那不合于礼的定性的感情，使以德和礼为其内涵的情见诸歌咏，这样就会“情见而义立，乐终而德尊”。只有情合于“温柔敦厚”[①] 的定性，它见诸歌咏时才能产生合于“温柔敦厚”之质的诗。黄庭坚的理论所注重的不是情感本身，而是情感的内涵；不注重诗歌乃至文学作品本身的审美传递，而是强调诗歌的社会功利目的。这同《毛诗序》中所说的“经夫妇，成孝敬，厚人伦，美教化，移风俗”[②] 的作用和性质，与韩愈所强调的文以载道的性质和作用，在本质上并没有多大的差别。

固然，黄庭坚也强调诗以表现“人之情性”。可是，在他的认识中诗与情的关系，同《毛诗序》所论及的诗与情的关系，竟毫无二致。《毛诗序》说，“在心为志，发言为诗。情动于中而形于言”，这才是经学家们所说的“吟咏情性”。在

---

① 《礼记·经解》，《十三经注疏》本。

② 见《诗经注疏》，《十三经注疏》本。

这种理论中，动于中的情，或者说见诸吟咏的情，都是具有特定内涵、合于礼的定性的情。

严羽也把诗解释为“吟咏情性”，然而他却没有那些浓厚的带着经学特色的观念。他所讲的情性，不是经过礼法长期制约而定性化了的情性；他所讲的诗，也不是“和顺积中而英华外发”，由道德之士创作出的体现出温柔敦厚定性的诗歌。

应该指出的是，严羽的思想并没有达到有意识地反对传统的程度。他不像袁枚那样明确、自觉地把批评的矛头指向以“温柔敦厚”为代表的诗教传统。然而他的理论主张却给他们以重要的启迪。

严羽所说的吟咏情性，是同他的“兴趣说”密切相关的。在他看来，吟咏情性最充分、最完美的，就是盛唐诗人。“盛唐诸人，唯在兴趣”。把盛唐诗人创作成功的关键同兴趣连在一起，同诗歌乃至文学的宗旨连在一起，这是具有重要的现实意义和理论意义的思想成果。

从现实意义方面看，把唐代诗人的成功归结为“兴趣”，有助于从根本上解决对盛唐诗人成功诀窍的认识，解决对前代典范的认识。

前文曾谈到宋代文坛对前代典范的探寻中一部分情况。我们还不曾涉及到深层的文化问题。实际上，在宋人对唐诗的认识过程中，始终贯穿着对传统文化同文学关系的认识的问题，始终牵涉到确立什么样的文学观的问题。

从田锡主张“艳歌不害于正理”，到柳开对韩愈、柳宗元的推崇，再到王安石的编辑四家诗、评论四家诗，人们的思想认识发生了很大的变化。然而，其间总或明或暗地流露出对古道的发自理性精神的追寻。特别是以王安石为代表的时代，提出了诗品与人品同一性的观点，更集中体现出理学对文学的制约。

诗品人品同一观点一经提出，有助于改变以往探讨中的盲目性，抛弃一些不具备典范意义的榜样。如宋初所树立的榜样到这时已大多被人们遗忘了。然而，它也标志着一种新倾向的形成。如杜甫以他杰出的诗歌成就和高尚的道义精神，被尊为文坛典范之首。王安石《杜工部画像赞》中称赞杜甫说："吟哦当此时，不废朝廷忧。""推公之心古亦少，愿起公死从之游。"① 这里明确表示，因为杜甫对朝廷的忧虑和赤诚而推崇之、心向往之。《东坡诗话》中说："若夫发于性，止于忠孝者，其诗岂可同日而语哉！古今诗人众矣而杜子美为首，岂非以其流落饥寒，终身不用，而一饭未尝忘君也欤！"② 这是从君的角度给予的评价。另一些人则从仁爱之心看待、评价杜甫。"子美宁苦身以利人"，"老杜之仁心差贤矣"③；"忠义之气，爱君忧国之心，造次必于是，颠沛必于是"，称其诗"乃圣贤法言，非特诗人而已"④。这就从诗品与人品同一性格的角度，把杜甫推尊到至高无上的程度。

然而，这一观点也造成文学观和前代诗人评价中的新的矛盾。这突出地表现在李白的评价上。一方面，王安石承认李白的诗歌创作具有很高的艺术成就，给他以基本上合于实

---

① 《临川先生文集》卷。
② 《东坡诗话》，转引自《诗人玉屑》卷十四。
③ 《砻溪诗话》，转引自《诗人玉屑》卷十二。
④ 《岁寒堂诗话》卷下，《历代诗话续编》本。

际的评价，把他的作品编入四家集中。就这一点来说，王安石比他的前人有相当大的突破。然而，在具体论述中，又暴露出这一观点捉襟见肘之处。王安石说："太白词语迅快，无疏脱处。然其识污下，诗词十句，九句言妇人、酒耳。"[①]李白以艺术表现方面的成就而入选，却又因在道义方面缺乏建树而受到批评。而《诗人玉屑》卷十四引苏辙的话说："李白诗类其为人"，"华而不实"，"不知义理之所在"。这又因所说的义理而使李白在宋人的评价中出现波折。

这是再度掀起的李、杜优劣之争。在历史上，元稹曾推崇杜甫贬低李白，认为"李尚不能历其（案指杜甫）藩翰，况堂奥乎"[②]。在这种形势下，韩愈写下了《调张籍》一诗：

> 李杜文章在，光焰万丈长。不识群儿愚，哪用故谤伤？[③]

为当时的一场风波作了结论。王安石等人的评价，实际上意味着一个更深的层面上重新展开了李、杜之间是否存在优劣和用什么作为衡量标准以论其优劣的问题。王安石既要给李白以较高的评价，却又无法回避、无法解答当时人紧紧盯住的所谓的他的缺点。他陷入了不可解的怪圈。而黄庭坚及其所代表的江西诗派抛开李白，独尊杜甫，则是比王安石后退了一步，是以冷处理的方式贬低李白。

---

① 《冷斋夜话》，转引自《诗人玉屑》卷十二。

② 《元氏长庆集》卷五十六。

③ 《朱文公校昌黎先生集》卷五，四部丛刊初编本。

严羽以兴趣作为衡量艺术高下的唯一标准，推尊盛唐，又确立李、杜为那个光辉的时代的典范。他说：

> 诗之极致有一，曰入神。诗而入神，至矣，尽矣，蔑以加矣。唯李、杜得之。他人得之盖寡也。
>
> ——《诗辨》
>
> 李、杜二公，正不当优劣。太白有一、二妙处，子美不能道；子美有一、二妙处，太白不能作。
>
> ——《诗评》
>
> 子美不能为太白之飘逸；太白不能为子美之沉郁。
>
> ——《诗评》
>
> 论诗以李、杜为准，挟天子以令诸侯也。
>
> ——《诗评》①

他跳出宋人关于人品诗品同一性的论争之外，站在一个看似超脱，实际上是已经超越时人的理论高度，摆出挟天子以令诸侯的气势，力陈己见。这样就很顺利地解决了王安石打不开的怪圈，也否定了江西诗派扬杜抑李的做法。同时还为文坛重新树立起两个并驾齐驱的典范，通过榜样所昭示的艺术精神引导宋代诗坛和今后诗歌健康发展。

就理论意义来说，他的贡献也是非常大的。黄庭坚关于诗之祸、诗之旨的论述，是时代风气使之然，是宋代理学精神在文学理论方面的折射。在那时，不仅他如此，其他理论

---

① 以上见《沧浪诗话》。

家、诗人也只不过大同小异罢了。我在前面只是以关于李白、杜甫的评价为例，以说明宋人思想和方法论方面的特点。其实，他们审视的目光绝不限于这两个人。论诗先论人品，再由人品论定诗品，进而论述诗歌和文学的发展，这已经成为当时人们的思维定式。这样的思维定式在评论李、杜时表现得很充分，在论述唐代其他诗人时，也是运用这一定式以衡量，因而表现出同样的特点。例如他们说："唐人工于为诗，而陋于闻道"①；认为柳宗元未为达理；白居易未真忘世。并要以此论诗人之贤与不肖。②

很显然，宋代的理学限制、束缚了一批杰出的诗人和理论家对诗歌本质进行新的探讨。他们在这方面的认识同他们在以诗法为代表的艺术理论方面的建树很不相称。同时，诗法乃至艺术表现方面的理论进步，迟早要推动艺术本质论的改观。

然而，这绝不是任何人在不具备其他前提条件时所能做得到的。当严羽展开他的思维，审视宋代理论建树的时候，当他想要重新探讨诗歌乃至文学的宗旨的时候，他所面对的就是这样的思维定式，就是这样的思想格局。这当然是个十分艰难、十分棘手的课题。

在这样的思想格局面前，严羽无力也不可能正面否定那些从传统的经学中引申出来的对诗歌宗旨的认识。他抛开了传统的活题，跳出时人的思维定式，从一个全新的角度切入。他继承宋人关于诗法的积极成果，回避人们一时无法解决的

---

① 《诗人玉屑》卷十五。

② 见《蔡宽夫诗话》，转引自《诗人玉屑》卷十二。

难点，选取唐人成功的最直接、最关键之处作为突破口。于是，他发现并提出了“兴趣”这个具有特殊意义的范畴，并使之成为他的理论的核心。

“兴趣”这个理论范畴的出现，在古代文艺思想的发展中具有重要的意义。关于兴趣的内涵，他用艺术的语言作了解释。归纳起来，当有这样几个方面：

首先，就兴趣的本质说，它是艺术表现和艺术效果的结合体。它是唐代诗人所追求的艺术旨趣。也是唐代诗歌艺术效果的集中体现。从下面所描绘的情况看，它近似于现代所说的意境。兴趣这一概念具有三个特点：其一，它“无迹可求”。在创作中，或在鉴赏之时，它不是可以量化的，不可以用知识具体地指明其来踪去影。它是在悟性的基础上捕捉灵感创作而成。它不像书本知识那样可以明确地指出，某一典故出自某部书。它依赖于悠然而生，倏忽而往的联想。其二，它见诸诗中的表现，无论从作者来说，还是从欣赏者的角度来说，它是通过联想建立的艺术形象和具有空灵特点的楼阁。借助于想象之时，它异彩纷呈。然而，它既不能迫近细察，也不能确凿指明。他具有朦胧的特点。它是不可指实的。其三，它是浑然的整体。它不像机械加工品那样，可以一件一件地计数得清楚明白。它是完整的艺术品，境界有完整的艺术结构和非常丰富的内蕴。它的艺术效果不是绝句或律诗的字数所能限定所能包容的。它韵味悠长，寄托浑厚，给读者以反复品味的余地。总而言之，兴趣说这一概念是严羽对诗人艺术想象、诗歌艺术效果的综合概括，是艺术境界的代名词。这是严羽在古代文艺思想发展中的杰出贡献，是古代理论家对艺术规律进行探讨过程中具有里程碑意义的发现。

学术界对“兴趣”说的研究往往偏重于这个词汇的产生过程的梳理。于是，常常要论列“兴”和“趣”两词在古代文论中使用的情况，考证“兴”在诗歌创作中的运用。这样的考证和比较，固然有其意义。但是，“兴趣”作为一个新出现的理论范畴，其内涵与外延都不是拆开之后的哪个词的意义所能取代。

我们对于一个理论发现的研究，固然要重视这个概念或范畴构成中的语言条件。也许从这方面的研究中会发现一些思想线索，以加深我们对这一概念的理解。然而，我们不应孤立地对待这些概念或范畴，而应该把它置于思想、理论发展的过程中，探寻其对前代理论的继承、扬弃、变革，对后代理论的启迪。严羽的“兴趣”说就是这样一个具有创新意义的理论范畴。

严羽在诗话中多处讲到“兴趣”及同“兴趣”相关连的概念。如他说：

> 诗者，吟咏情性也。盛唐诸人，唯在兴趣。
>
> 诗有别材，非关书也；诗有别趣，非关理也。
>
> 诗之法有五：曰体制；曰格力；曰气象；曰兴趣；曰音节。①

第三条引文中的“兴趣”同前两条相比，其内涵、外延都显得单薄，与前两条的涵义稍有出入。由此可以看出，他在保持其理论始终一贯的范畴和论辩逻辑方面，还有不够严密之

① 以上见《沧浪诗话·诗辨》。

处。然而，对于一个重要的理论发现来说，一定程度的缺憾不应该导致对整个理论的否定。

其次，严羽的“兴趣”说，曾被解释为纯艺术的探讨。其实不然。“盛唐诸人，唯在兴趣”，其着眼点是艺术境界，是作家的情性，是情性在诗中的最佳表现；“别趣”相对于单纯地强调理、强调理趣而出现，它与宋人把义理置于情性之上的要求不同，它意味着情与理的和谐；《沧浪诗话·诗评》说：

> 诗有词理意兴。南朝人尚词而病于理；本朝人尚理而病于意兴；唐人尚意兴而理在其中；汉魏之诗，词理意兴，无迹可求。

这里所说的“本朝人尚理”，即指他们在诗歌创作中对义理的追求。前文所引述的宋人批评唐诗的论述，其共同的特点就在于以义理否定情感，进而否定艺术。所说的“唐人尚意兴而理在其中”，即词理意兴的完美统一。它与汉魏“无迹可求”的浑然一体之状又有所区别。在严羽看来，它是有所追求的，带有一定的自觉性。它的侧重点在意兴，但又不排斥理，而是把理贯穿于其间。

因此，作为一个新的理论范畴而提出的“兴趣”说，其基本要求就是词理意兴的完美统一，就是“尚意而理在其中”。它的着眼点是诗歌创作中的瞬间感受。它重视情，又不排斥理。它要求诗人把感于物而动的情，在艺术构思、艺术表现过程中升华为词理意兴的完美结合。

第三，“兴趣”说从其现实指向出发而强调“非关理”。然而，这只不过以当前主要的错误倾向警诫世人，使人们知道诗歌艺术旨趣之所在。他倡言“诗有别材，非关书也”，却又不否定读书、穷理。同样的，“兴趣”说在强调“非关理”的同时，要求理对情的贯注，从而达到意兴或情与理的统一，在尚情、尚意兴之际，理也贯注其间。理不能代替艺术想象。理论方面的是非不能等同于艺术中的美丑。在这点上说，它的确是“非关理也”。

古往今来，占主导地位的文化传统对文学的基本要求，是“有德者必有言”①，是“和顺积中而英华外发”②。于是，文学或诗被看作、被要求成为道德之士宣泄其内心德性的载体；被看作是修养极高、肚子里装满和顺之美德、抱道而居者传播其道义的工具。至于“有言者不必有德”，这些无德者的言，或者“温柔敦厚”没能成为其人生准则和精神旨趣者所写出的东西，就是“工于为诗，而陋于闻道”之作，就不是艺术之花，而应该受到批判、否定的“诗之祸”。这种倾向所代表的传统的文学观，把理念置于文学之上，把礼化了的人格、道义所贯注的情作为文学理念的核心。因此，其所倡导的必然是功利的文学，是尚理不尚情的文学。

“兴趣”说置传统理论的基本要求于不顾，置传统文学观的理念核心于不顾，把艺术创作、艺术构思的瞬间感受置于自己理论审视的焦点，而不再追究这感受背后的深层文化的底蕴。因此，它标志着文艺思想领域的具有方向性的变革与突破。明胡应麟说：“严羽崛起烬余，涤除榛棘，如西来一苇，

① 《论语·宪问》，中华书局影印《十三经注疏》本。
② 《礼记·乐记》。

大畅玄风"[1]，把严羽比作开创禅宗的达摩。如果从明、清两代一些重要的文艺思想流派对他的继承和发展的角度看，这样的评价也未必没有道理。

三、诗识与妙悟

在提出"兴趣"说以确立论诗宗旨的同时，严羽还探讨了实现其宗旨的门径问题，于是提出了诗识和妙悟这两个理论范畴。

诗识是艺术创作、艺术欣赏的基础和前提；妙悟是诗人进入创作的精神状态，特别是关于艺术构思和灵感的理论。诗识依赖于他论诗宗旨的指导而形成。建立起正确的诗识，才能辨认其宗旨在诗歌史上的体现，才能学习真正的典范，也只有这样，自己的诗歌创作才会取得较大的成绩；而妙悟是天才的诗人取得感人的艺术效果的关键。

下面分别论述。

在有关诗识的论述中，有时他直接提出识的要求，强调识的重要，有时则从与识相关的问题展开。他说：

> 夫学诗者，以识为主。入门须正，立志须高。[2]
> 野狐外道蒙蔽其真识，不可救药。[3]
> 辨家数如辨苍白，始可言诗。[4]

---

① 《诗薮·杂编》卷五，上海古籍出版社 1979 年版。
② 《沧浪诗话·诗辨》。
③ 《沧浪诗话·诗辨》。
④ 《沧浪诗话·诗体》。

> 仆于作诗不敢自负，至识，则自谓有一日之长。于古今体制，若辨苍素，甚者望而知之。[①]

> 作诗正须辨尽诸家体制，然后不为旁门所惑。今人作诗，差入门户者，正以体制莫辨也。[②]

这里所谈到的诗识主要关系到对前代诗歌的认识。诗识的首要作用在于指导诗坛后学端正方向。他以佛教宗派的复杂状况比喻诗坛，指点后学当依靠诗识决定去就："禅家者流，乘有大小，宗有南北，道有邪正。学者须从最上乘，具正法眼，悟第一义。"因此，他强调入门正、路头正。所谓的入门正，就是要按着他的理论，运用他的方法，像佛教界区分邪正、高下那样，对前代诗人进行分门别类的排队。这样才能跟着他标举盛唐，推尊李、杜，才能接受他的理论模式。他所说的"立志须高"，即以成就最辉煌的时代、成就最突出的诗人为榜样，体味诗的真谛，提高诗歌创作艺术水平。

严羽关于妙悟的论述比论诗识还要多。他说：

> 大抵禅道唯在妙悟，诗道亦在妙悟。
>
> 孟襄阳学力下韩退之远甚，而其诗独出退之之上者，一味妙悟而已。
>
> 唯悟乃当行，乃为本色。悟有深浅，有分限。有透彻之悟，有但得一知半解之悟。

① 《答吴景仙书》。

② 《答吴景仙书》。

博取盛唐名家，酝酿胸中，久之自然悟入。①

妙悟与诗识相辅相成。对于诗坛后学来说，诗识决定对前代典范的选择，对诗歌方向和旨趣的认同；妙悟决定诗人对生活感受的敏锐程度，进入艺术想象的快捷和深度。他所说的取李、杜和盛唐名家酝酿胸中，自然悟入，就是妙悟的目的和成效。

对于一切诗人来说，妙悟是在创作中通向兴趣的不二法门。他称赞孟浩然“一味妙悟”，认为只有通过妙悟创作出的诗“乃为当行，乃为本色”，才能有优秀的作品产生。这样，他又把妙悟作为最恰当的艺术感受方式，以否定江西诗派所提倡的以才学为诗、以议论为诗。以才学为诗，强调的是知识，是义理；“一味妙悟”突出的是感受，是兴趣，是情。他把孟浩然同韩愈进行对比是很有说服力的。后者学识渊博，按着江西诗派的理论，他的诗应该达到更高的水平。可是因为他主张“文以载道”，强调义理，他的诗反而不如学识平平、重情不重理的孟浩然。

严羽的妙悟说的意义，还在于他解决了一个中国文艺思想史上的重要课题。

中国古代文学创作中历来存在着两类不同的倾向。一种情况是：授笔立成，文不加点；下笔千言，倚马可待；“李白斗酒诗百篇”，“清水出芙蓉，天然去雕饰。”这是说这类作家才思敏捷，感悟性强，在写作时，能够很快进入创作状态，迅速完成创作；而且其作品没有斧凿痕迹，以清新自然取胜。另

① 以上均见《沧浪诗话·诗辨》。

一种情况则以仔细推敲为特征，有时含笔而腐毫，“吟安一个字，拈断数茎须”；数日苦吟，难下一个字。这两种创作类型之间的差别，汉代人就已经有所察觉，经过无数文学家和理论家的体验、总结，愈来愈清楚。然而，用理论将其概括出来，并总结其间的规律，前人尚未认识到。严羽通过对诗歌发展历史的了解，简洁、明晰地概括出这两类作家的创作特点。在创作中，孟浩然靠的是妙悟，是他的艺术天分；韩愈靠的是学力，是知识。这里既关系到对艺术本质的了解，又关系到对作家素质的认识。在江西诗派看来，作家既然要从前代文献中搜寻资料和创作源泉，学识水平高的人就会创作出好的作品。然而，严羽通过历史上确凿的事实向人们指出，作为宋代公认的前代文坛典范的韩愈，学识不可谓之不渊博，然而，他的诗却不如学力远逊于他的孟浩然。原因就在于，孟浩然作诗，靠的是聪颖，靠的是对生活感受的把握和提炼，能够迅速把他的感受转化为艺术灵感，并见诸诗歌表现中。

在这段论述中，严羽突出地解决了艺术创作中的精神状态问题，同时，他也把长期以来人们朦朦胧胧地感觉到，但始终未能见诸理论概括的两种创作倾向，明晰地陈述于众人面前，也就是说，他较好地提出了天分与学力的区分界限，并用自己的理论引导人们向着他认为的健康的方向发展。

严羽力主妙悟，不赞成学力，其针对性是很鲜明的。他是为了纠正江西诗派的错误导向而发此议论。其实，他并不反对读书。相反的，他认为，读书，知识或者说学力，也是实现他的兴趣说的重要条件。因此他说，“非多读书，多穷理，则不能极其至。”① 这足可说明他不完全反对学力。在他的理论中，诗识不等同于学力，更不同于以才学为诗。妙悟同诗识相辅而行。诗识主要体现于学习和提高诗艺的过程中，而妙悟则重在创作中。但是，诗识与妙悟有时容易分得清，有时又不易分别。如辨别不同时代的诗体或同一时代不同诗人的诗体时，如辨别不同诗人的风格时，单靠诗识是不够的。还必须依赖妙悟。有时甚至主要依靠妙悟。例如严羽在《沧浪诗话·考证》中所提出的论断，主要不是依据资料，而是靠他对诗的感受、体悟。如：

> 《木兰歌》最古。然“朔气传金柝，寒光照铁衣”之类，已似太白，必非汉魏人诗也。
>
> 《太白集》中《少年行》只有数句类太白，其他皆浅近浮俗，决非太白所作，必误也。

在严羽的理论体系中，“兴趣”说具有本体论的性质；诗识和妙悟则近乎方法论。它们之间既有主从关系，又有互补性。诗识和妙悟都是严羽所设定的实现他的诗歌艺术理想的方法。诗识主于对前代诗坛和诗人的观照，确立观照对象；主于调正自己同已有的文艺生产资料的关系。妙悟主于诗人的内心观照，主于外界事物包括知识向着自己感受的转化。

他所提出的诗识和妙悟两个理论范畴同其“兴趣”说，之所以在诗坛上产生广泛而又深刻的影响，关键的问题就在于它们提供了超出现有认识的理论范畴，给人们以新的重要的

① 《沧浪诗话·诗辨》。

思想成果。

诚然，兴、趣、识、悟这几个词并不是严羽的独创。很多学者都曾指出前人对这些词语的使用情况。严羽对此的确有所继承。可是运用前人所使用甚至是常见的词语，赋予它们以新的理论内涵，从而构建新的理论体系，这是极其难能可贵的贡献。

四、白璧微瑕

严羽在中国古代诗歌理论乃至文艺思想发展中的贡献是非常大的。他开创了文艺理论的严羽时代。然而，我们在给他以充分肯定的同时，也应该客观地指出他的理论的缺陷。

首先，他的诗歌发展观表现为明显的顶峰论特征。诗歌的发展有如浩瀚的长江、大河。它既有涓涓细流的滥觞之际，也有奔腾汹涌的壮观之时，还有千回百转入于大海之终结。人为地让它停止于任何一个阶段都是不切实际的，是违反客观规律的。况且，江河的上游、中游、下游，对于善于观水的人来说，是各有其妙的。同样的，诗歌发展到盛唐，的确取得了非常大的成绩。但是，诗由盛唐进入中唐、晚唐，经过五代，再进而入于宋代，也是诗歌发展的必然。晚唐、宋代没能取得盛唐那样大的成就，这也是事实。然而，无论晚唐，还是宋代，都各有自己时代的诗歌风貌。严羽把宋代诗歌说得毫无成就，对宋代诗歌风貌持彻底否定的态度，把盛唐视为诗歌发展的顶峰，要求宋诗回到盛唐去。这样，在对唐、宋两代诗歌的评价上，就缺少公允的、客观的态度。同时，这样的想法和做法，也违反诗歌发展的内在规律。

与此相关的，苏轼、黄庭坚始出己意以为诗，这本是推动宋代诗歌形成自己风貌、取得独有成就的主张，而他却以改变唐风，不合于其顶峰论的理念而加以否定。

顶峰论使他不可能客观地认识盛唐以后诗歌的成就，也不能更多地、更合理地肯定和吸收盛唐以后的思想发展成果。

其次，复古的外观与目的。为了从前代吸取有益的经验，给前代以较高的评价，倡导向前代学习，这都是无可厚非的。然而，严羽不仅要求以前代为法，而且要做到对前代的复归。他在批评了宋代诗风以后说："然则近代之诗无取乎？曰，有之。我取其合于古人者而已。"[①] 另外，在《答吴景仙书》中说："今观盛集中，尚有一二本朝立作处（案疑当作"立脚处"）。"即指吴陵学习唐诗还有所不够，他的诗还不完全像唐人诗。这就清楚地表明，他推崇唐人，不仅仅要确立盛唐这一典范，以引导当代诗歌前进，还进而把唐诗作为归宿，要通过对唐人的顶礼膜拜而复归于唐。

再次，辨诗体。严羽对诗体非常重视。诗话中单设《诗体》一章。在《答吴景仙书》中，他说："作诗正须辨尽诸家体制，然后不为旁门所惑。今人作诗，差入门户者，正以体制莫辨也。"就一般意义来说，辨别诗体也是研究诗歌所必需。然而，他却主张研究诗体、摹仿唐人诗体，做到同化于唐人。他说："诗之是非不必争。试以己诗置之古人诗中，与识者观之而不能辨，其真古人矣。"[②] 这样一来，对诗体的研究不是导向于诗歌的发展，而是引向复古；不是通过学习诗体，推

---

① 《沧浪诗话·诗辨》。

② 《沧浪诗话·诗法》。

陈出新，创作出新的诗歌，而是引向对唐代的回归。

对于一个有影响的理论家来说，他怀着强烈的责任感，力矫时弊，希望引导时代健康地发展。然而，在他给社会以积极影响的同时，也诱导出一股强劲的复古倾向。这就不能不归咎于其理论自身的缺陷。

尽管本书指出了严羽理论体系中一些缺点和不足，这也决不会影响人们对他的基本认识和总的评价。严羽的“兴趣说”和“妙悟说”乃至他的整个理论体系在中国古代文艺思想发展中的里程碑意义，绝不是他的理论缺陷所能抵消的。这是任何人都无法否认的事实。

第六章　严羽的文学史观和文学史方法论

在严羽的诗歌理论体系中，对于诗歌发展过程、发展状况和规律的研究，占有相当大的比重。《沧浪诗话·诗评》是对宋代以前的诗歌的简明扼要的评价，也是一篇除了《诗经》以外的古代诗歌史论纲。《沧浪诗话》中的《诗辨》、《诗体》、《考证》诸篇和《答吴景仙书》，都较多地论及诗歌发展的问题，其中还包括对当代诗歌的现状与走向的研究、论述。可以说，对文学的本质、诗歌宗旨的研究，对文学史特别是诗歌史的研究，是构成他的理论体系的两大杠杆；而在这两大杠杆的运用中，又充分体现出他的并未自觉意识到的文学史方法论的问题。

在这一章中，我们将从以上角度对严羽的思想贡献和理论建树作进一步的探讨。

一、文学观的演进与文学史观

文学观和文学史观从来都是密不可分的。具有一定特征的文学观，就往往导致相应的文学史观的形成。当然，也有的诗人或学者，他们对文学或诗歌曾提出一些看法，然而对文学史的认识却显得模糊不清。在这种情况下，如果我们对其文学观进行分析的话，也会发现其理论的不成熟。仅以宋代诗坛来说，从赵宋王朝建立之初，人们就开始探讨自己时代诗歌走向的问题，从前代诗人中寻觅自己的典范。对此，前文已经进行了探讨。在这里，我们还应从文学观和文学史观相结合的角度，探讨一下严羽进行文学史研究时所面对的传统与现实两方面的问题，并从这个方面看看他的贡献。

宋朝初期的文坛，以田锡、柳开等人的主张为代表，或标举学韩愈、柳宗元，或直接提倡儒家诗教传统，表现出较明显的对于道统的复归。尽管这种主张的直接目标是指向五代的浮靡文风，其主导思想是要加强文学在内容方面对道统的依附，强调文学的社会作用。然而，其所代表的倾向，却是从否定单纯地追求文词华美这一极端，转而滑向了另一个由儒家祖师所确立的方向上。在这个时期，人们的主张具有较浓厚的伦理色彩，还不具备真正的理论形态。它显得较为模糊。这是一种主要出于对当时的不良倾向的否定而产生的主张，也体现出对汉代经学的文学观、唐代韩愈的文学观的复归。毫无疑问，基于这样的背景和理论基础而提出的主张，也很难成为完整的、对于文学史的系统性的看法。因此，如果勉强地说他们有什么文学史观的话，那也不过是非常朦胧、非常零散的、处于形成过程中的文学史观。

比这一阶段略具自觉意识、在理论方面也稍显明晰的是王禹偁。他提倡学习白居易、学习杜甫。他之所以推崇这两位前代诗人，仍然是通过他们以及对他们的宣传，倡导对文学的社会作用的追求。在他的思想深层起着决定性作用的，仍然是儒家的传统思想和观念。例如他在《送孙何序》中谈到宋代初期政绩和所面临的文化建设任务时说：宋王朝“创业守文，垂三十载，圣人之化成矣，君子之儒兴矣。然而服勤古道，钻仰经旨，造次颠沛，不违仁义，拳拳然以立言为己任，盖亦鲜矣”①。

可见在这个阶段的探讨中，尽管人们的主张有一定的差异，然而在沿袭儒家传统的诗教观和文学观方面却具有较多的相同之处。

在此期间能够提出较为不同的看法的，是受到现代学术界批评的西昆派代表杨亿。他在《温州聂从事永嘉序》中说：“诗者，妙万物而为言也。”② 在对诗的理解方面提出了有别于儒家传统的看法。此外，他还讲到自己同钱惟演、刘筠等人在一起学习前代诗作的情况：“历览遗编，研味前作，挹其芳润，发于希慕，更迭唱和。”③ 所谓的“历览”，就是从学习的角度体现出一定的对前代文学的看法，体现出一定的文学史观。遗憾的是，他们并没有“历览”，而只是在一个较为狭小的范围内的浏览和学习。据《石林诗话》卷中载，杨亿、刘筠“皆喜唐彦谦诗。以其用事精巧，对偶亲切”；而据《韵语阳秋》卷二载，他们“大率效李义山之为，丰富藻丽，不作枯瘠语”④。

这几个人的看法和做法很有代表性。可以说，从宋朝初

① 《小畜集》卷十九，《四部丛刊》初编本。

② 《武夷新集》卷七，《四库全书》本。

③ 《西昆酬唱集·序》。

④ 《历代诗话》本，中华书局，1981 年版。

期这几个文人开始直到严羽的时代，各个时期的文坛领袖都有一定的文学主张和对于文学史的一定的看法，他们自己的文学创作实践也多带有规模前代的特征。然而，他们对文学史基本上都没作系统的考察。他们的“历览”往往限于对体现自己艺术理想的前代典范的寻觅，因此，他们的看法往往带有一定程度的偏向。

严羽在关于文学观和诗歌宗旨的研究中能跳出宋人探讨问题时的习惯做法和思维定势，能够纵览古今，博观约取，形成了无愧于时代的理论构想。同样的，在文学史观方面，他也不像大多数宋人那样，以确立自己的或诗派的典范这一狭隘目的为考察文学史的终极目标。他甚至能超越宋人在文学史观方面的不成熟或缺点，直接把目光投向较为久远的前代，从汉代和南北朝时期的几位学者那里汲取对文学史进行宏观把握的可贵成果，以期在前人研究的基础上，在自己对于诗歌宗旨和诗歌发展过程的把握上，建立起自己的文学史观。

在他之前，有些文艺理论家已经就文学发展的历史进行了系统的研究，并且取得了很大的成就。遗憾的是，宋代学者把主要的精力投向了诗法的研究，而忽略了把文学史及其发展规律的研究推进一步。而这，正是中国古代文艺思想领域和宋代诗坛向严羽提出的严峻课题之一。于是，继承前代文学史观的积极成果，推动文学史研究的发展这一历史使命就很自然地落到了严羽的肩上。

前代学者中，在文学史研究方面取得较为突出成果的主要有汉代的班固、郑玄，齐梁时代的刘勰和钟嵘。

班固的文学史观集中体现于他的《汉书·艺文志·诗赋略》和《两都赋序》中。他的《诗赋略》除了记录前代和汉代诗歌和辞赋作品目录以外，还对文学的发展作了高度概括性的论述；《两都赋序》则以概论汉赋的发展为主，兼及文学的发展规律。因而，这两篇重要的文献实际上是他的诗赋简史的论纲。在这两篇论纲中，他讨论了文学发展的基本趋势，也探讨了文学发展同社会、同政治的关系。他认为，文学创作"或以抒下情而通讽谕；或以宣上德而尽忠孝。雍容揄扬，著于后嗣"[①]。这里体现出他对文学的性质和社会作用的理解。在他看来，文学完全是统治阶级特殊功利目的的产物。一个文学家之所以能够流芳百世，就在于他给人们树立了一个利用文学样式传播忠孝道德的榜样；树立一个以文学作品当做奏章，向统治者进言，甚至不避"文死谏"之祸以尽臣节的榜样。班固是一个受儒家传统思想影响很深的学者。儒家的正统观点认为，文学艺术同礼法制度、同政治、同刑法具有同样的社会功用，它们都是巩固封建统治的工具，正如《礼记·乐记》所说的："礼、乐、刑、政，其极一也。"于是，诗歌和音乐就同政治具有了内在的一致性。所谓的"声音之道，与政通矣"，就是这种观念的体现。班固所受的正统教育和思想影响，使他的文学观只能建立在儒家传统的基点上。同时，他又生活于对学术思想和学术讨论限制很严，竟至于由皇帝亲自出面裁定学术分歧的时代，在这种情况下，产生较具正统色彩的理论主张，就不足为怪了。

尽管如此，我们仍应看到，班固为推动中国文学史观的发展而作出的努力和贡献，都是极其可贵的，不可磨灭的。正是他首先把文学的发展视为动态的过程，竭力从发展变化的

---

① 《两都赋序》。

角度进行考察，以探寻其中的规律。不论他所得出的结论的科学性如何，他的研究给中国古代文艺思想所提供的积累，已成为后世文学研究和文学史研究的重要基础。

诚然，他对文学发展历史的研究和他所得出的结论，不可避免地要受他的文学观的制约，并且体现出他对文学性质的理解。在他看来，文学的发展同政治的兴衰之间存在着密不可分的关系。他认为，“昔成康没而颂声寝，王泽竭而诗不作”，“道有夷隆，学有粗密，因时而建德”。[①] 他又说：

> 古者诸侯、卿、大夫交接邻国，以微言相感；当揖让之时，必称诗以谕其志。盖以别贤、不肖，而观盛衰焉。[②]
>
> 春秋之后，周道寖坏，聘问歌咏，不行于列国；学诗之士，逸在布衣，而贤人失志之赋作矣。[③]

文学是圣王盛德的艺术显现，也是其政绩的艺术显现；文学同王道之间的关系是一荣俱荣、一损俱损、休戚与共的关系。考察文学就可以了解政治，同样的，从王道的盛衰也可以把握文学的基本走向。这就是班固的文学史观的本质。

由于儒学在中国文化中所占有的核心地位，也由于班固在中国历史学、文学领域的重要贡献，他在上述文献中所表达的观点、主张，在后世文艺思想的发展中产生了广泛而又

---

① 《两都赋序》。

② 《汉书·艺文志》。

③ 《汉书·艺文志》。

深远的影响。

在中国古代文学史观的形成和发展中，汉代著名经学大师郑玄作出了具有里程碑意义的贡献。他的文学史观集中表现于他的《诗谱序》中。《诗谱》和《诗谱序》是郑玄从宏观角度对《诗经》进行研究的重要成果。在这两篇文献中，他着重研究并论述了周代诗歌发展的基本趋势和发展状况。因此，也可以说它们就是周代诗歌史的论纲。

在《诗谱序》中，他明确地提出了自己对《诗经》作历史的考察的动机。他说：

> 欲知源流清浊之所处，则循其上下而省之；欲知风化芳臭气泽之所及，则旁行而观之。此诗之大纲也。举一纲而万目张，解一篇而众篇明。[①]

从这里我们可以看出，他研究诗歌史的目的是非常明确、非常自觉的。他要把自己的研究直接指向诗歌发展的规律。他要通过这“诗之大纲”，而把握诗三百篇。所谓“循其上下”，即要求对诗歌作纵向的考察，以观其源流变化；所谓“旁行”，则是对诗歌作横向的了解，以研究政治、文化同文学的关系。

至于对诗歌发展规律的具体论述，也同班固的文学史观有较多的相同之处。他对诗之正经和变风、变雅的划分，对正经和变风、变雅产生原因的分析，无不贯穿了“乐者，德

---

① 《诗经注疏》。

之华（花）”[1] 这一核心论点。因此，他对诗歌发展的考察，也始终围绕着由文学看政治，再由政治论文学的思维定式。

例如他论述文王至周公时的诗歌，认为文王、武王之德，“光熙前绪，以集大命于厥身”[2]；成王、周公，致太平，制礼作乐。他们都在道德、政治方面取得了他人不可企及的成绩。在政治方面达到了极致，在文学方面自然也会达到完美无缺的程度。他们是君主的典范。他们的时代也是文物昌明的时代。在他看来，儒家所推崇的礼乐盛世，也是他的审美理想之所在。而这个时期所创作或被认定为这个时期的诗篇，则被认为是最优秀的诗篇，被称为“诗之正经”。

在这之后，周王朝最高统治者的道德修养和王朝政治都走向衰落。厉王、幽王之世，“政教尤衰，周室大坏。《十月之交》、《民劳》、《板》、《荡》，勃而俱作；众国纷然，刺怨相寻”[3]。这些被称为“变风”、“变雅”的作品，不论其属于大雅、小雅，还是国风，都是在这种政治的和君主道德的背景下产生的。

对《诗经》中风、雅正变的论述，对导致或正或变的深层原因的探讨，也就是他的文学史观和文学史方法论，是郑玄在中国文艺思想史上所作出的可贵的贡献。不仅他的观点，连同他的方法，都给予后世以极大的影响。

此后，在文学史研究中成就突出、对后世产生较大影响的是著名的文艺理论家刘勰。他的《文心雕龙》是一部博大

① 《礼记·乐记》。
② 《诗谱序》，见《诗经注疏》。
③ 《诗谱序》，见《诗经注疏》。

精深、结体严密的文艺理论专著。他继承了前代文艺思想的积极成果，形成了自己的理论体系。其中，对于文学史的论述，也具有极其宝贵的学术价值。

刘勰的文学史观主要体现在《文心雕龙》的《时序》、《通变》两篇中。《时序》篇对有史以来的文学发展历史进行了全面的考察，总结了其间的规律。在这里，他也继承了班固、郑玄所代表的一些传统观点。例如，他论及唐尧、虞舜之政，是“德盛化钧”，“政阜民暇”。那时的文学“尽其美者，何乃心乐而声泰”。然而，另一方面，他又有足以超越前人之处。纵观他对文学的全面考察和论述，他并没把文学发展的原动力仅仅归结为圣王的德与政，而是较多地探寻社会生活方面的原因。如他谈到战国时代齐、楚两国的文化，认为这两国都较重视文化建设。“齐开庄衢之第，楚广兰台之宫”，都为延揽文学之士准备了必要的条件。于是，这两国“颇有文学”。他在论述建安文学时说：

> 观其时文，雅好慷慨。良由世积乱离，风衰俗怨，并志深而笔长，故梗概而多气也。①

他不仅探讨了建安时代文学的风格，还进一步提出了形成这一风格的社会深层原因。由此可以看出，他对文学发展的客观规律的认识，远比他的前代深入，也比他们的解释更合于历史实际。在此基础上，他提出“歌谣文理，与世推移”；

---

① 以上均见《文心雕龙·时序》，黄叔琳注，杨明照校注拾遗，中华书局 1961 年版。

“文变染乎世情，兴废系乎时序。原始以要终，虽百世可知也”。他在这里所提出的“文变”同“世情”、同“时序”的关系，就不能简单地视为“乐者德之华”的演绎，而是有其独到的发现。应该说，他在这方面的发现，比起他继承儒家传统思想而形成的主张，更有助于推动文艺思想的发展，因此也具有更重要的意义。

与此相关的是他在《文心雕龙·通变》中对文学风格演进的探讨，他认为，“斟酌乎质文之间，而隐括乎雅俗之际，可与言通变矣”。文学风格随着社会生活的推移，有一个逐渐演变的过程：由淳而质而辨，再到丽而雅，再变则侈而艳，又转为浅而绮、讹而新。基于这一发现，他批评有些文学之士不善于学习古人。他们“多略汉篇，师范宋集；虽古今备阅，然近附而远疏”，由于没能树立正确的典范，以至于“风味气衰”。他把有关文学规律的研究引向对当前文学创作的指导，这就进一步增强了他的理论的现实意义。

与刘勰同时的钟嵘是另一位在文艺思想史和文学史观的进步过程中，做出卓越贡献的理论家。正如王运熙先生在《魏晋南北朝文学批评史》中所指出的那样，生活于齐梁时代的两位文艺理论家之间，既有相同之处，也有显著的差别，本书旨在研究严羽的理论建树，对于所涉及的前代人来说，也较多地偏重于其在文学思想发展过程中所做出的新的贡献。因而较易于看出严羽对他们的思想、主张的继承和发展。

钟嵘在《诗品·总论》中说，“气之动物，物之感人，故摇荡性情，形诸舞咏”；“感天地，动鬼神，莫近于诗”。[①] 从表

---

① 《诗品注》，陈廷杰注，人民文学出版社 1980 年版。

面上看，这些说法同儒家的传统思想没有什么区别。如《毛诗序》中说：“情动于中而形于言，言之不足故嗟叹之，嗟叹之不足故永歌之，永歌之不足，不知手之舞之，足之蹈之也。”“故正得失，动天地，感鬼神，莫近于诗。”[1] 从这两段引文看，似乎在对文学创作中情感因素的认定上，在对诗歌的艺术感染力和社会作用的肯定上，二者之间较为一致。然而，当我们进一步考察两者对于情的解释、对于诗的作用的认识时，就会发现其间的不同。

《毛诗序》所说的情，是儒家所肯定的、合于理性的情，是经过礼长期的制约、熔铸而“发乎情，止乎礼义”的情。钟嵘则不然。他说：

> 若乃春风春鸟，秋月秋蝉，夏云暑雨，冬月祁寒，斯四候之感诸诗者也。嘉会寄诗以亲，离群托诗以怨。至于楚臣去境，汉妾辞宫；或骨横朔野，或魂逐飞蓬；或负戈外戍，杀气雄边；塞客衣单，孀闺泪尽；或士有解佩出朝，一去忘返，女有扬蛾入宠，再盼倾国。凡斯种种，感荡心灵，非陈诗何以展其义，非长歌何以骋其情？[2]

从这段引文中可以清楚地看出，钟嵘在讲到情的时候，并不注重这情是否具有礼的定性，是否合于儒家理想。他所强调的是人们在特定场合的现实感受。因此，从基本点上，他并

① 《诗经注疏》。

② 《诗品·总论》。

不认为诗只能作为“德之华”而开放；由此也可以推导出，诗并不是圣人、贤人的专有领域。他所列举的，是各种情境下的凡夫俗子，是他们的来自生活的具体感受。他能大胆地肯定这些人的真情实感为艺术的源泉，肯定诗应该表现他们的心境。这在诗歌理论发展史上是个很大的进步，也是对传统诗教观的有力的冲击。

钟嵘对于诗歌发展史的考察和认识，也同他对诗歌本质方面的新的认识相一致。他不是效法班固、郑玄，探讨诗歌发展同王道兴衰的关系，而是着眼于五言诗自身的发展过程，研究其间的内在规律。他的研究包括两个方面：从五言诗滥觞至于当代，探索其发展轨迹和盛衰规律；从具体作家入手，研究他们对前代文学的继承和转向。

他认为，当时所盛行的五言诗“居文词之要，是众作之有滋味者”。因此，他把五言诗作为考察的目标。他认为，西汉时代，传说李陵“始著五言之目”；东汉只有班固留下一篇《咏史》，却又“质木无文”；建安时代，在曹操、曹植父子的倡导和带动下，形成一个以建安七子为核心的文人群体，推动了诗歌创作的兴盛、繁荣，“彬彬之盛，大备于时矣”；从此，诗歌创作走过了一段很不理想的道路：“尔后陵迟衰微，迄于有晋。”西晋时，士大夫崇尚老子、庄子，喜好虚谈，诗坛也被玄学风气所笼罩，这时的作品，“理过其辞，淡乎寡味”；东晋的诗歌仍沿着这一趋势发展，于是，“建安风力尽矣”。到了刘宋时代，诗坛才重新振作起来，谢灵运“才高词盛，富艳难踪”，代表当时诗歌发展的最高水平。①

---

① 均见《诗品·总论》。

在对诗歌发展过程及各时期状况进行宏观把握的基础上，他总结出五言诗创作的三个高涨时期：以曹植为代表的建安时期；以陆机为代表的太康时期；以谢灵运为代表的元嘉时期。在这三个高潮中，又以建安为最高峰，即所说的“彬彬之盛”。在众多诗人当中，在几个代表自己时代的诗人中，他又特别推崇曹植。他说：“昔曹、刘殆文章之圣”，“陈思之于文章，譬人伦之有周孔”[①]，将其尊为五言诗的最高艺术典范。

班固、郑玄、刘勰、钟嵘四人在文艺思想史上都占有重要的地位。尽管我们无法考见严羽同这些学者之间的确切的思想联系，但是，我们可以从他们的理论著述中寻找出他们思想联系方面的蛛丝马迹。

在上述四人中，班固、郑玄都是正统的儒家学者，甚至成为一代宗师。从思想的基本倾向上，严羽就同他们迥然有别。当然，从前面对他的思想所作的分析可以看出，不论从文学观方面，还是从文学史观和文学史方法论来说，这两位大师所代表的正统的儒家诗教观，正好成为他建立自己理论的参照系。就像他在对诗歌的宗旨和性质进行研究时一样，传统恰恰成为他的对立物而存在。

从直接继承的角度来说，对他具有较大的参考价值的是刘勰和钟嵘，尤以后者为最。

在刘勰的论述中，文学已经具有了一定程度的独立的意义。然而，他还很不彻底。以《宗经》、《征圣》为代表的一部分篇章，仍然可以看到传统观点对他的制约。而其他专门

---

① 见《诗品·总论》。

论述文学的艺术特征、艺术表现方法和规律的篇章，则作为他的杰出的理论贡献而辉耀于后世。他的理论成果为严羽的进一步探索提供了良好的基础。

无论对传统思想的态度，还是把诗歌不再视为政治的附庸，从一个相对独立的角度研究诗歌，研究其自身发展规律的做法，都反映出严羽同钟嵘之间有较多的一致之处。甚至在阐述自己观点的方式方面，也可以看出严羽受到了钟嵘较深刻的影响。

前面已经谈到，在对文学的本质的认识方面，严羽抛弃了把诗作为道德的显现，即诗为“德之华”的命题，对于“诗言志”[①] 的说法，对于“在心为志，发言为诗”[②] 的说法，也采取了置而不论的态度。他在对诗作基本概括时，似乎同以往的传统的提法很相近。他把诗解释为“吟咏情性”。在这方面，他不像钟嵘那样对情性作进一步的阐述，以见出自己的提法同以往有何新意。他也不去讨论政治是如何制约文学，诗歌在所谓的“经夫妇、成孝敬、厚人伦、美教化、移风俗”[③] 方面究竟有什么样的地位和作用。因此，在对情性的内涵方面，他不像钟嵘讲得那样明确，那样抛开传统，别创新说。

严羽在研究文学的本质时，不作较为抽象的论述。他置前人的众多争论于不顾，单刀直入地把他的研究引向艺术创作实践。诚然，在传统观点看来，与情相对立而存在的志，也

① 《尚书·尧典》，《十三经注疏》本。

② 《毛诗序》。

③ 《毛诗序》。

是情的组成部分，是其较为高尚的、具有理性色彩的部分；同时，为礼所制约的、带有礼的定性的情，更是情的理想状态。艺术只应该是这种合于理想模式的情的特殊表现形式。严羽却不去理会情的性质问题。他停留在对情的表层的理解，旋即转入对情见诸吟咏的关键性环节即对作家、诗人艺术感受的研究，他注重诗人感受的特殊性质及对这感受的锤炼。他把诗人的感受和这感受幻化为诗意的过程，视为一个具有实体性的情的存在形式。于是，他提出了“兴趣”说。

同前人相比，他不过问情是否合于道义或理的定性，因为他所要求的并不是为理所贯注的情；他也不理会钟嵘所列举的风、月、雨、寒的四时之感，或“去境”、“辞宫”、“雄边”、“泪尽”等情是否应见诸诗的歌咏，他所要求的不是停止于被外物所感的、处于本然状态的情，而是产生于这些条件下又经过艺术加工的情。过多地强调情所体现的道义，就否定了情，他批评“本朝人尚理而病于意兴”，就在于理脱离了情；而对情不加任何限定，风、月、四时皆入于诗，就容易流为无病呻吟，把诗当做文字游戏，他批评“南朝人尚词而病于理”，就在于此时的情与诗的词彩不相称，以至于他们的作品徒有华美的外观，而缺少理趣和内涵。他推崇唐人“尚意兴而理在其中”①，就是进入了“兴趣”说的佳境。

与这种理论追求相适应，他对诗歌史的研究也得出了自己独特的结论。

他对晋代以前的诗歌给予高度的评价。他说“读《骚》之久，方识真味，须歌之抑扬，涕泪满襟，然后为识《离骚》”；

---

① 《沧浪诗话·诗评》。

“汉魏古诗，气象混沌”，“建安之作，全在气象”。[①] 他称汉魏与盛唐之诗为第一义。

对于晋代和南北朝诗的评价，他和钟嵘有相同之处，也有明显的差别。

相同之处在于，他们都给建安文学以充分的肯定；在对个别诗人的肯定或否定时，他们也颇多相同的见地。如钟嵘把阮籍列为上品，称其诗“言在耳目之内，情寄八荒之表”，“厥旨渊放，归趣难求”。[②] 严羽则说，“黄初之后，唯阮籍《咏怀》之作，极为高古，有建安风骨”[③]。对谢灵运的评价也是如此。钟嵘认为，谢灵运“才高词盛，富艳难踪”，称他为元嘉之雄，“五言之冠冕，文词之命世”。[④] 严羽评价说：“谢灵运之诗，无一篇不佳。”[⑤]

然而，有些在钟嵘看来成就平平的诗人，在严羽那里却给予了较高的评价。其中最具代表意义的是陶渊明。钟嵘虽然把他称为“古今隐逸诗人之宗”，赞扬他的诗“笃意真古，辞兴婉惬”[⑥]，然而，只把他列为中品。严羽继承了苏轼等人对陶渊明诗的研究成果，给他以很高的评价，认为他的诗在谢灵运之上。

有的诗人在钟嵘那里得到很高的评价，而严羽却并不认同。例如对陆机的评价就是这样。钟嵘把陆机列为上品，称

---

① 《沧浪诗话·诗评》。
② 《诗品》卷上。
③ 《沧浪诗话·诗评》。
④ 《诗品·总论》。
⑤ 《沧浪诗话·诗评》。
⑥ 《诗品》卷中。

他为“太康之英”，将其同曹植、谢灵运并称为“五言之冠冕，文词之命世”①。可谓推崇得无以复加。严羽对陆机的评价却同他有很大的距离。他说：“晋人舍陶渊明、阮嗣宗外，唯左太冲高出一时。陆士衡独在诸公之下。”②

凡此都可以看出，严羽虽然在很多方面继承了钟嵘的理论观点，但也在对文学发展各阶段的评价上，在一些诗人成就的认定上，存在着较大的差别。

二、诗体演变与诗歌演进

我在前面已经指出，严羽之前的很多学者都从社会政治变化的角度，研究诗歌的演变规律。然而，他们研究的结果，却只能证明文学没有自己的发展规律，只能证明文学是政治的从属物。

钟嵘一改前人的成法，转而着眼于诗歌形式的变化，并由此发现其间的规律。于是，他选定了诗体的差异作为研究诗歌发展的突破口。借助于诗体的差异以划分时代，又从诗体之别以探寻诗歌发展的轨迹。在《诗品》中，他论述诗体之处很多。诸如：

> 虽诗体未备，然是五言之滥觞也。
> 郭景纯用隽上之才，变创其体。
> 若专用比兴，患在意深，意深则词踬。若专用

① 《诗品·序论》。
② 《沧浪诗话·诗评》。

赋体，患在意浮，意浮则文散……于是，庸音杂体，人各为容。

观斯数家，皆就谈文体，而不显优劣。[1]

此外，在评论某些诗人同前代的继承关系时，也往往谈到诗体。仅仅卷上就有很多。诸如：

（汉魏古诗）其体源出于《国风》。[2]

（曹植）骨气奇高，词采华茂，情兼雅怨，体被文质，粲溢今古。[3]

（王粲）在曹、刘间，别构一体。[4]

（张协）文体华净，少病累。[5]

（谢灵运）其源出于陈思，杂有景阳之体。[6]

《诗品》中所说的“体”，是个内涵较为丰富的概念，也是个具有生命力的理论范畴。不应该将其简单化为某种特定的涵义。如他认为《离骚》中“名余曰正则”一句是“诗体未备”[7]，这里的“体”，很明显是指诗的句式、体制。其意在于说明，此时的诗歌已经有了五言句式，但却很不完整。在论及赋、比、兴的时候，又说“但用赋体，患在意浮”[8]，在这里，“体”的涵义又偏重于文学手法。在这两种情况下，

---

① 《诗品·总论》。

②③④⑤⑥ 均见《诗品》卷上。

⑦ 《诗品·总论》。

⑧ 《诗品·总论》。

"体"的内涵较为明确，具有一定的直观的特点。

然而，作为一个新提出的美学范畴，钟嵘赋予它的内涵同刘勰在《文心雕龙》中所谈到的"体"也有不同。它显出更具丰富性的特点。

有的时候，"体"指主体、本体而言，如"情兼雅怨，体被文质"①，"文体省净"②；有时"体"又指风格，如"杂有景阳之体"③，"别构一体"④；有时含体貌之意，如"变创其体"⑤，"庸音杂体"⑥。"体"的上述含义，往往是在较为笼统的、考察诗人的总体特征时运用。因而其含义也区别于上述两类较为狭隘的意义。

钟嵘关于诗体的主张是他的重要的理论贡献之一。然而在很长的时期内却并没受到文学理论界的重视。宋代有的诗人和理论家曾讲到诗体，可是，他们对这一概念的理解较为狭隘，因此未能很好地继承和发展钟嵘理论研究的成果。如欧阳修在《六一诗话》中曾讲到诗体：

> 圣俞、子美齐名于一时，而二家诗体特异。子美笔力豪隽，以超迈横绝为奇；圣俞覃思精微，以深远闲淡为意。

---

① 《诗品·总论》。
② 《诗品》卷上。
③ 《诗品》卷上。
④ 《诗品》卷上。
⑤ 《诗品·总论》。
⑥ 《诗品》卷上。

这里所说的诗体，结合他在下面的具体论述，就可以看出，其意侧重于诗的风格。当然，从风格以见诗体，再进而区分诗人的创作特点，这也是钟嵘诗体理论的突出贡献之一。欧阳修在这方面继承了他的成果固然可取，但他也仅限于此而已。

陈师道在《后山诗话》中说：

> 鲁直谓荆公之诗暮年方妙，然格高而体下。

这里的“体”与“格”对举，则其含义同欧阳修使用这一词语时有所不同。它偏重于体貌之意。

严羽特别重视诗体。他在《答吴景仙书》中说：

> 毋怪来书有甚不喜分诸体制之说，我叔诚于此未了然也。作诗正须辨尽诸家体制，然后不为旁门所惑。今人作诗，差入门户者，正以体制莫辨也。世之技艺，犹各有家数。市缣帛者，必分道地，然后知优劣。况文章乎？仆于作诗，不敢自负，至识则自谓有一日之长。于古今体制，若辨苍素，甚者望而知之。

从这段论述中可以看出，他把辨别诗体作为学诗者入门的关键。入门正与不正，首先取决于对诗体掌握的程度；即使对于一个已经有些成就的诗人来说，是否掌握了有关诗体的知识，也关系到其诗歌艺术水平能否不断提高的问题。对诗体的领悟和辨识能力强，就会对诗的体制、风格作出严格的区别，从而会用于自己的创作中，还会进而确立自己在诗体方面的特征。严羽还向景仙指出，他的诗中未能完全摆脱江西诗派诗风的影响，就在于他对诗体之辨重视不够。由此可见，对于诗体的辨识能力，又体现出一个诗人或理论家的艺术修养之高下。从有关材料的分析可以看出，这是严羽提出其诗体理论的第一个理由。

一方面是某些诗人对有关诗体的理论很不重视，以至于在认识上和创作上都表现出一定程度的缺陷；另一方面，有的诗人和理论家在谈论有关诗体的问题时，又暴露出其理论上很多荒谬之处。如严羽说："近世有李公《诗格》，泛而不备；惠洪《天厨禁脔》，最为误人。"① 这表明，在当时的诗坛，有些人也在一定程度上造成了诗体理论方面的混乱。这是严羽提出自己诗体理论的第二个理由。

除了他对诗歌创作实践和诗歌理论方面的某些不良倾向的重视之外，有关诗体的理论也是前人留下的可贵的精神财富，他对此深有所得。继承和发展钟嵘的有关论述，是他责无旁贷之事。在宋人中，王安石非常重视诗体。严羽说："荆公评文章，先体制而后文之工拙。"② 从这里，我们不难看出他对前代思想资料的去取。从《沧浪诗话》和《答吴景仙书》中，我们可以看出，他把有关诗体的理论推向了一个新的高度，并且使之成为他进行文学史研究的重要理论支点。

在严羽的理论中，诗体是个较为复杂的、具有一定模糊性的概念。他在《沧浪诗活·诗辨》中，除了对基本理论进行阐述之外，强调了诗歌的五个要点，即诗法、诗品、用工、

① 《沧浪诗话·诗体》原注。
② 《沧浪诗话·诗法》。

大概、极致。他所说的诗法由五个要素组成，居五要素之首的就是体制；他所说的诗品，主要是品评诗的风格、流派。书中列出九种风格。而诗体属于诗法的要素，因此，诗体是区别于他的诗品说中所包含的各种风格的理论范畴；再从诗法的内部结构来看，诗体与格力、气象、兴趣、音节，成为诗法的五种不可或缺的要素，因此，它又同其他四种要素相区别，从而界定了它的理论内涵。

他所说的诗体，有时指以句式为标志的体制。如：

> 五言起于李陵、苏武，七言起于汉武《柏梁》，四言起于汉楚王傅韦孟，六言起于汉司农谷永，三言起于晋夏侯湛，九言起于高贵乡公。①

有时，他也从总的倾向方面论述诗歌的体貌特征，如：

> 近世赵紫芝、翁灵舒辈，……稍稍复就清苦之风。江湖诗人多效其体，一时自谓之唐宗。②
>
> 今既唱其体曰唐诗矣，则学者谓唐诗诚止于是耳……
>
> 后舍汉魏而独言盛唐者，谓古律之体备也。③

与此相关的，是他自称“以时而论”和“以人而论”的各种

① 《沧浪诗话·诗体》。
② 《沧浪诗话·诗辨》。
③ 《沧浪诗话·诗辨》。

诗体。他根据自己所确定的诗体的含义，对前后不同时代各具特点的诗进行了划分；又据此对不同诗人的作品作了区分。所有这些都是从总的体貌特征上运用这一理论范畴的。这里所说的诗体则偏重于对风格、流派的考察。在这种情况下，他赋予“诗体”这一概念的含义，同钟嵘有较多的一致之处。

然而，他的“诗体”的概念又有相当一部分内涵超出了钟嵘所界定的意义。有时，他的诗体可以包括声律，如“有四声，有八病”，“有全篇双声叠韵者，有全篇字皆平声者，有全篇字皆仄声者”①；有时又以韵律为标志，如“有律诗上下句双用韵者，有辘轳韵者，有进退韵者，有古诗一韵两用者，有古诗一韵三用者”②；有时又以对偶为其要求，如“有律诗彻首尾对者，有律诗彻首尾不对者”，“有十字对，有十四字对，有扇对，有借对，有就句对”③ 等等。这表明，他所说的诗体又包括声、韵、对仗等纯属诗的形式方面的特征。

从以上论述中可以看出，严羽非常重视诗体的划分，强调并倡导研究诗体。他把研究和掌握诗体特征当做学习诗歌艺术的捷径，同时，他又把诗体的研究心得用于诗歌史的把握中。如《西清诗话》载，晁文元家所藏陶诗，有《问来使》一篇。他读这首诗后说：“余谓此篇诚佳。然其体制、气象与渊明不类，得非太白逸诗，后人谩取以入陶集耳。”④ 又如《文苑英华》载李白七言律诗《代寄翁参枢先辈》、五言律

---

① 《沧浪诗话·诗体》。
② 《沧浪诗话·诗体》。
③ 《沧浪诗话·诗体》。
④ 《沧浪诗话·考证》。

诗《送客归吴》等，他认为，其家数在大历、贞元间，非太白之作。[①] 他对某一时代的诗、某一著名诗人应有什么样的诗体，了如指掌，因此，据诗体以判断诗之真伪，他竟易如反掌。难怪吴景仙对他进行诗体研究略有微词之时，竟说，“我叔试以数十篇诗，隐其姓名，举以相试，为能别得体制否?”[②] 其自信竟到了如此程度。但由此也可以看出，他对于诗体的研究已经远远超过了前人。他关于诗体的理论，也比前人有了较大的发展。

当然，从上述对严羽关于诗体理论的分析中也可以看出，作为一个理论范畴来说，他的“诗体”的概念未免有些驳杂不精。如果一个概念的内涵从宏观的体貌特征到微观的声病或韵律无所不包，则这一理论也就不够纯粹、不够严密了。

实际上，造成这种状况的原因，主要的并不在严羽。前代和宋代有一些诗人和学者对诗体的研究，已经造成了一定的理论混乱。当严羽开始他的诗体理论研究之时，他所面对的既有前代的可贵的思想积累和理论著述，又有一些谬误迭出的草率之作。那些宝贵的思想成果是他所要继承的；那些谬误的说法，则是有待于他去纠正、澄清的。因此，我们不仅要看他在自己的论述中列举出有关诗体的某些内涵，还要看他对所列举的各种含义持什么样的态度。

在《沧浪诗话》中，他对一些不够准确的诗体划分随时提出了驳正。例如他讲到《选体》时，自注云：“选诗时代不

① 《沧浪诗话·考证》。
② 《答吴景仙书》。

同，体制随异。今人例用五言古诗为选体，非也。”① 从这点可以看出，他反对单纯地依据诗的句式划分诗体。讲到玉台体，他自注云：“《玉台集》，乃徐陵所序。汉魏六朝之诗皆有之。或者但谓纤艳者为玉台体，其实则不然。”② 在他看来，纤艳是诗体的一种，然而，《玉台新咏》中所收的诗并非都是纤艳之作，因此，他认为，玉台体之说是不妥的。在讲到四声、八病时，他自注道：“作诗正不必拘此。敝法不足据也。”③ 此外还有很多，不须一一列举。从这些例证中可以很清楚地看出，严羽对诗体的界定还是比较严格的。现在，这一概念的内涵包含较广，是由当时对这一问题的讨论所涉及的。而严羽对其中的一些体制提出了不同的看法，正表明他在理论上是较为审慎的。

三、时代推移与诗歌盛衰

在儒家看来，文学的盛衰并不是它自身的事。它总是伴随着王朝治乱、礼制兴衰而起伏。圣人临朝，以德垂宪天下，似乎可以产生广泛的道德效应，天下承平，远人来服。于是造就了礼乐盛世这个儒家的理想国。在这样的社会条件下，文学也自然而然地发展到完美无缺的程度。孔子谓《韶》乐“尽美矣，又尽善也”④，他在齐闻《韶》乐，竟至于“三月不

① 《沧浪诗话·诗体》。
② 《沧浪诗话·诗体》。
③ 《沧浪诗话·诗体》。
④ 《论语·八佾》。

知肉味”[1]。一支乐曲之所以会得到孔子这样高的评价，是因为据说它产生在虞舜的时代，并以尧禅让天下于舜，后者决心弘扬盛德为内容。儒家大师们所讴歌的作为“正始之道，王化之基”的《周南》、《召南》，主要原因就在于他们认为这些诗产生于成王、周公的礼乐盛世[2]；郑玄把《周南》、《召南》、《鹿鸣》、《文王》等诗称为诗之正经，说此时是“盛之至也”[3]，其根本原因也在于把诗歌当作了圣人以德治天下的一个侧面，一种形式。因此，在他们看来，诗歌的繁荣与否，必然要受制于国家政治和君主的道德。在他们看来，政治与文学之间存在着主导与从属的关系，存在着同盛同衰的内在节律。并且，它们又都系于君主的道德。对于文学的这种基本认识虽然还没形成对文学史的系统的看法，然而，其框架结构已经形成，并且给予后人的文学史研究以极大的影响。

到了南北朝时期，随着社会思潮的变化和文学意识的觉醒，儒家把诗歌当做政治附庸的观点受到一定程度的抵制。正是在这样的条件下，才产生了钟嵘的具有突破意义的一系列理论认识。其中，在文学与社会政治的发展同步与否的问题上，他虽然没作出明确的阐述，然而，从他对文学的发展和盛衰规律的考察上，我们也可以看出他对文学与时代的关系方面的一些可贵的见解。

论及诗歌的发展大势，他说：

---

① 《论语·述而》。
② 见《毛诗序》。
③ 见《诗谱序》。

从李都尉（案即李延年）迄班婕妤将百年间，有妇人焉，一人而已。诗人之风，顿已缺丧。①

这里所讲到的诗人之风的缺丧，丝毫没涉及“后王稍更陵迟”，“政教尤衰”② 之类条件的决定作用。他只是以这一时期的诗歌同托名为李陵、苏武诗相比较。至于建安时代，“曹公父子笃好斯文”，在他们周围形成一个人才济济的作家群体。“彬彬之盛，大备于时矣”③。钟嵘肯定这个时期诗歌创作的繁荣，并没考虑这个时期的政治是否承平，君主个人的道德修养如何。他只是以文学发展的历史事实为依据。于是，在文学的发展中，政治因素所起的作用就不像经学家们所强调的那样重要了。文学自身发展的某些规律开始受到了重视。于是，在郭璞“变创其体”、谢灵运“富艳难踪”④ 等论断中，这些诗人受到了肯定，他们在推动诗歌发展中所作出的独特的贡献，也得到应有的承认。从钟嵘以上的论述也可以看出，文学或诗歌正是由于一些群体和杰出人物的共同努力而发展的。他们或“笃好斯文”，或“变创其体”，或“赞成厥美”，每个人的些许贡献汇集到一起，构成了文学历史长河的一个又一个阶段。

在钟嵘的见解中，对于个别杰出人物在诗歌发展中所起的作用不免看得过重了。他意识不到，在个别杰出的人物背

① 《诗品·总论》。
② 《诗谱序》。
③ 《诗品·总论》。
④ 《诗品·总论》。

后，还有些并不一定表现为政治，然而是在更深的层次上起作用的因素。但是，我们对这些有功于文学思想发展的人也不能苛求。我们只需要指出他们的主要贡献，而不能求全责备。

严羽论诗，在继承钟嵘文艺思想的积极成果的基础上，又有所发展。首先，他论诗也很少理会文学以外的因素，特别是政治的因素。他善于从宏观的角度把握各个时代的诗风及其成就。他论诗以兴趣为宗旨，又以妙悟为艺术创作的不二法门。于是，他对诗歌的发展以及它与社会生活方方面面关系的研究，便都建立在这个基点之上。

从妙悟的角度看，他说："汉魏尚矣，不假悟也；谢灵运至盛唐诸公，透彻之悟也；他虽有悟者，皆非第一义也。"①

从兴趣角度看，他主张诗歌表现一种浑然的、完美的意境。在他的设想中，这最佳的艺术境界应该是永远处于想象之中，具有朦胧的、不可指实的特征。这种境界往往在词理意兴的结合中得到恰当的表现：

> 诗有词理意兴。南朝人尚词而病于理；本朝人尚理而病于意兴；唐人尚意兴而理在其中矣。汉魏之诗，词理意兴，无迹可求。②

这是他的诗论的核心观点之一，也是他考察文学盛衰成败的唯一准则。在他的论述中，合于兴趣说这一诗歌宗旨、合于

① 《沧浪诗话·诗辨》。
② 《沧浪诗话·诗评》。

词理意兴完美结合的理想境界、合于妙悟这一艺术思维状态，其诗才能成为优秀之作；其人也会成为杰出的诗人；那个时代的文学才会有较突出的成就。因此，他推崇“气象混沌”的汉魏古诗，把它看作是合于他的艺术理想的早期成果和发展阶段。

最完美、最集中地体现出他的艺术理想的文学发展阶段是唐代诗歌，特别是盛唐诗歌。他说：

> 盛唐诸人，唯在兴趣。羚羊挂角，无迹可求。故其妙处，透彻玲珑，不可凑泊。如空中之音，相中之色，水中之月，镜中之象，言有尽而意无穷。①

这是处于艺术顶峰的诗歌发展阶段。其他各时期的诗歌与唐诗或汉魏之诗相比都不免黯然失色。特别是他针对江西诗派强调在用典、用字上下功夫的倾向，对历史上一切过于雕琢的诗歌，都表现出一定程度的否定，表现出对艺术感受能力和天分的肯定，对后天学力、刻苦作诗的否定。他说：

> 谢（灵运）所以不及陶（渊明）者，康乐之诗精工，渊明之诗质而自然耳。②
>
> 近代诸公乃作奇特解会，遂以文字为诗，以才学为诗，以议论为诗。夫岂不工，终非古人之诗也。盖于一唱三叹之音，有所歉焉。③

---

① 《沧浪诗话·诗辨》。
② 《沧浪诗话·诗辨》。
③ 《沧浪诗话·诗辨》。

且孟襄阳学力下韩退之远甚，而其诗独出退之之上者，一味妙悟而已。①

从上述引文中可以看出，在严羽的论述中，不仅政治的因素不见了，诗歌的盛衰只决定于其自身艺术在某个时代所达到的水平。

从钟嵘到严羽，他们都竭力摆脱儒家正统的文学发展观，把文学作为具有独立性的精神领域进行考察，建立起自己的文学发展观。他们代表了文学思想建设中的新的力量。正是由于有这样的理论家，才使中国古代文艺思想得以完善，得以进步。

四、艺术典范的确立

宋人从立国之初到严羽生活的南宋后期，人们始终在探寻诗歌创作的法则、规律，也在不断地寻找合于自己理想的前代典范。从文学观和文学思想发展变化的角度来说，从文学史观演变过程来说，也是如此。文学史观是文艺思想的重要组成部分。文艺思想的进步，一定会带动文学史观的变化；反之，文学史观方面的新成果，也势必给文艺思想注入新的富有活力的因素。而对于前代典范的寻觅和认识，既可充分表现出某一时期人们的文学观，也较为集中地体现出他们的文学史观。

在这里，我们将从文学史观发展变化的角度，考察一下

① 《沧浪诗话·诗辨》。

宋人关于前代典范追寻中的轨迹，以及其间所反映出的问题。

早在赵宋王朝建立之初，诗人和文艺理论家便从前代思想材料中寻找自己时代诗歌发展的榜样。在探讨中人们产生了严重的分歧。田锡、柳开和王禹偁等人之间也存在一定的差别。但在恢复并坚持儒家所主张的诗教观或文以载道的观念这一基本点上，他们是没有矛盾的。他们或提出“艳歌不害于正理”①，或主张“远师六经，近师吏部（韩愈）”②。他们的思想基础就在于强调文学的社会作用，在于把文学同政治联系在一起。即使他们当中有的人有时也赞扬过杜甫，其实质仍然是从政治的、道义的角度看问题，对韩愈、白居易甚至杜甫在诗歌艺术方面所取得的成就，还没来得及作深入的分析。

在此期间，与上述诸人的探讨相对立的，是杨亿、刘筠所代表的文学史观和思想倾向。杨亿诸人在前代诗人中，特别喜欢李商隐和唐彦谦。据葛立方《韵语阳秋》卷二载：

> 杨文公在至道中得义山诗百余篇，至于爱慕而不能释手。公尝论义山诗，以为包蕴密致，演绎平畅，味无穷而炙愈出，镇弥坚而酌不竭。使学者少窥其一斑，若涤肠而洗骨。

他们学习李商隐，讲究诗歌形式的“丰富藻丽，不作枯瘠语”，于是形成风气，影响遍及诗坛。

从杨亿等人的主张和艺术实践可以看出，他们还没形成

---

① 田锡《贻陈季和书》，转引自《宋金元文论选》。
② 王禹偁《答张扶书》，转引自《宋金元文论选》。

完整的文学史观。然而，他们作为当时的文坛领袖，其所倡导的榜样和所追求的艺术倾向中已经体现出对于文学历史的一定的看法。他们把李商隐所代表的晚唐诗歌作为合于自己理想的发展阶段，而把李商隐的艺术特征及其成就当作诗歌发展的高峰。他们所强调的是用事精巧、对偶亲切、词彩华美，以及一唱三叹的韵味，也就是诗人在诗歌的表现形式方面的功力和成就。他们以单纯体现出这种倾向的前代诗人，同以道义为标志的诗人相抗衡。

由此可以看出，对于在思想倾向或艺术特征方面具有不同特点的典范的追求，比较清楚地表现出人们的不同的艺术追求，也表现出不同的文学史观。

然而，这两种倾向都存在较严重的片面性。他们当时多急于解决文坛时弊，而忽略了对诗歌理论中一些根本问题和长远问题的研究。同唐代诗歌创作所达到的艺术高度相比，他们的认识未免缺少应有的准确性和客观性。同钟嵘等人所达到的理论高度相比，他们的认识也是一个很大的退步。

况且，不论上述哪种倾向，他们所树立的典范同唐代诗歌的发展实际也无法吻合。一个不容否认的事实是，唐代诗坛受到普遍重视的诗人李白、杜甫、王维等人是唐诗成就的真正代表。然而除了杜甫在王禹偁的评价中具有一定的地位以外，其他人都受到了冷遇。甚至韩愈所说的“李、杜文章在，光焰万丈长”，已经表达了唐代文坛的公议，表现出中、晚唐诗人和理论家对唐代文坛成就最高的诗人的充分肯定和认同。宋初诗人却只注重各自的艺术理想，以片面的、具有较强的功利目的的文学史观对待唐诗，甚至置历史事实于不顾。这就注定了他们的主张必然被更合于实际的、更符合文学发展规律的认识所动摇。

欧阳修是代表宋代文学史观走向成熟的作家。尽管他在这方面也没能形成较为严密的体系性的看法，可是他已经注意到，片面地强调道义或单纯地追求艺术表现技巧，对于诗歌的健康发展来说，都是有害的。因此，他既重韩愈作品中所表现的精神，又对其作品所具有的艺术特点给予了较高的评价；同时，他还提出了关于“气格”的主张。从这些方面看，尽管他没能提出被诗坛普遍接受的对于文学史的论述，也没能提出为人们普遍承认的前代典范，但是他所提出的一系列主张正是通向形成合理的、完善的主张和见解的必要基础。

在文学史观的发展中，具有重要意义的是苏轼对陶渊明的评价。他特别称赞陶渊明人格的“真”和诗的“真”。他认为：

> 陶渊明欲仕则仕，不以求之为嫌；欲隐则隐，不以去之为高。饥则扣门而乞食，饱则鸡黍以迎客。古今贤之，贵其真也。①
>
> 吾于诗人无所甚好，独好渊明之诗。然吾之于渊明岂独好其诗也哉？如其为人，实有感焉。②

在他的论述中，固然还较多地体现出对陶渊明的人格的敬重，同时也对他的诗给予了较高的评价。但是，他的主张中毕竟表现出较为全面的、合于历史实际的探讨的趋势。况且，对于诗人的人格力量和艺术造诣本来就不应该偏废。只有把这

① 《苕溪渔隐丛话》前集卷三。
② 《苕溪渔隐丛话》前集卷四。

两个方面很好地结合在一起，才能形成较为完整的、较具真理性的认识。

黄庭坚在诗歌理论方面有很大的贡献，但也有相当多的荒谬之处。同样的，在文学史观方面也是如此，他继王安石之后，把杜甫推尊为唐代诗人的最高典范。单纯从这方面看，似乎无可厚非。其实，这里面包含着更多的错误倾向。黄庭坚等人介绍给宋代诗坛的杜甫，是被理学精神所贯注、所改造了的杜甫，是所谓的“一饭未尝忘君”[①] 的杜甫；而在艺术上，他也成了体现江西诗派艺术主张的典范，其间有的艺术成就是合于杜甫创作的实际的，而像所谓的“无一字无来处”[②] 之类，也表明他是江西诗派化了的杜甫。

从宋初到江西诗派为止，在文学史观和对文学的历史规律研究方面，始终存在着较大的偏差。

江西诗派的后继者比其创始人在错误的文学史观方面走得更远。

“四灵派”和江湖派无论在对诗歌宗旨的认识方面，还是在对前代艺术典范的寻觅方面，都表现为江西诗派理论的悖论。他们以贾岛、姚合为典范。从对诗歌发展规律的认识方面来说，他们与杨亿等人的主张具有内在的一致之处。但是，他们把以苦吟著称的诗歌流派作为艺术成就的最高代表，则不免比宋初西昆派的认识远为逊色。

从上述过程可以看出，宋人在文学史观方面，始终存在着理学的制约和反抗这种制约的两种倾向。他们虽然在诗法

---

① 《东坡诗话》。

② 《苕溪渔隐丛话前集》卷九。

方面取得了较大的成绩，可是在文学史观方面，却并没有把钟嵘等前辈学者所取得的正确认识作为自己建立新的理论的前提和基础。

严羽则不然。他不仅继承了钟嵘等人的可贵的理论成果，还在自己的探讨中对前代文学发展的实际，作出了实事求是的评价和规律性的总结。他的文学史观在对于文坛最高典范的论述中表现得也很充分。他说：

> 诗之极致有一，曰入神。诗而入神，至矣，尽矣，蔑以加矣。唯李、杜得之。他人得之盖寡也。①
>
> 李、杜二公，正不当优劣。太白有一、二妙处，子美不能道；子美有一、二妙处，太白不能作。
>
> 子美不能为太白之飘逸；太白不能为子美之沉郁。
>
> 论诗以李、杜为准，挟天子以令诸侯也。②

严羽对李白、杜甫二人各自的成就加以评说，不在二人中抑扬彼此，这正是他的理论较为成熟的表现。此外，他的论述还有很多，这里不必一一列举。

在严羽看来，诗歌发展到盛唐，已经到了顶峰。而居于这个顶峰最高点的诗人，就是李白和杜甫。用他自己的话讲，这是达到艺术极致的最高典范。

---

① 《沧浪诗话·诗辨》。

② 以上见《沧浪诗话·诗评》。

他不仅确立了李白、杜甫为最高榜样，还在如何比较、评价这两位臻于极致的诗人的艺术成就方面提出了为后世普遍承认的准则。那就是，以一个超时代的、超越个人特殊性的艺术标准衡量一切诗人，也以此衡量这两位伟大的诗人。这就是他的兴趣说，就是他关于词理意兴完美结合的理论。正是在这一理论的指导之下，他提出了不应在李、杜之间轩轾彼此的原则。他的这一见解及与之相关的理论，是对于古代文学史观的重大贡献。他的看法比韩愈的认识更具理论色彩，因此，也更能给人以深刻的启发。

他不是简单地将两人并列，而是以高出一切个别诗人的艺术准则衡量古往今来的诗歌的历史发展，从中寻找出诗歌盛衰的轨迹；再由此考察具体的诗人及其作品，从而确定个别诗人在历史上所应有的位置；最后，再推出最有成就、足可为后世师法的两位诗坛巨人。

在这里，确立一个超越文坛个别诗人和作品，又足可涵盖一切诗人及其作品的最高艺术准则是十分必要的。严羽对诗歌宗旨的论述就是这样的准则。因此，他能力排众议，得出合于历史实际的，具有长远指导意义的结论，给文学界指出了具有深远意义的方向。

宋代的某些诗人、学者，以某种道义精神衡量李白、杜甫，他们貌似公允，实则是以杜甫身上所体现的精神的、性格的特点，衡量李白，李白必然有所欠缺；反之，如果以李白的某些特点诸如对统治阶级揭露、牢骚，强杜甫以就范，则杜甫势必显出不足。无论是扬杜抑李、扬李抑杜，还是对李商隐、贾岛的推崇，其实质都是在思想方法方面有所不足。他们都把自己所偏爱的某种艺术风格、艺术手法或其他方面的因素，提高到了不应有的高度。他们所喜爱的、所追求的东西，未必没有价值。但这仅仅是个别的风格、技巧或特长，而不能成为具有普遍意义的准则。①

严羽高出当时其他诗人、学者之处，就在于他能够把他关于诗歌宗旨的探讨贯穿于全部理论体系中，因此，在对文学发展历史的考察中，他也始终用这一具有普遍审美意义的原则，解释、评论个别的文学现象和文学家，从而使自己的结论建立在一个坚实、稳固的基础之上。他的文学史观也作为他的理论的重要组成部分，成为宝贵的精神财富而留给后人。

---

① 参见杨公骥师《同青年同志谈谈治学方法》，载《社会科学战线》1983年第1期。

第七章　多层次多角度以禅喻诗

严羽论诗，除了在思想观点方面提供了一些可贵的积累以外，在表达形式上也呈现出他独具的特点。其中十分引人瞩目的就是以禅喻诗，而且是较为系统地、大量地引用佛门概念、历史掌故，以说明诗歌艺术的基本理论主张。他的思想发现和理论体系与其表述形式相得益彰，给人以更加鲜明、更加深刻的印象。于是，他的理论的拥护者，对其以禅喻诗的做法也极力称赞；而另一些对他的理论持有不同意见的人，则对他以禅喻诗的做法极力进行攻击。甚至连他的至亲好友也不乏误解、辩难者。为此，我们将在这里对他以禅喻诗的必要性、必然性和特点进行考察，以便认清这一做法在其理论体系中的地位和作用。

严羽以禅喻诗涉及的问题，首先是他把佛门“悟”的概念引入诗歌理论中，成为他的重要的理论范畴之一；其次，他引用佛门高僧阐述禅理时所用的一系列意象，以发挥、阐明自己的关于兴趣的学说；再者，他大量地引用佛门宗派消长、盛衰的历史，以论述诗歌的历史阶段及其对比关系。我们将就上述几个重要问题展开论述。

一、禅之悟与诗之悟

严羽以禅喻诗，特别注意探讨禅之理与诗之艺二者之间的贯通性思维基因。

对此，学术界一直存在着不同的看法。有些诗人或理论家否认禅与诗之间有可以相通之处。如刘克庄就持这种观点。他在《题何秀才诗禅方丈》中说：

> 诗家以少陵为祖，其说曰：语不惊人死不休；禅家以达摩为祖，其说曰：不立文字。诗之不可以为禅，犹禅之不可以为诗也。……夫至言妙义，固不在于言语文字，然舍真实而求虚幻，厌切近而慕阔远，久而忘返，愚恐君之禅进而诗退矣。[①]

这是单纯地从诗与禅在本质和语言方面的差异方面着眼，以论其不可相通之理。另外，也有人从更深一层的思想修养的规律方面着眼，对禅和南派禅宗以悟为宗的主张同儒家学说之间的区别进行了论述。元代的刘壎在其所著的《隐居通议》中较多地记录了宋人的思想、言行。因此，也可作为我们论述时的参考。其说云：

---

① 《后村先生大全集》卷九十九，《四部丛刊》初编本。

> 儒家所以讳言悟者，恶其近禅，且谓学有等级，不容一蹴而到圣处也。故必敬义挟持，必知、行并进，必由知止而进于能得，必由下学而造于上达，必由善信美大而入于圣神。虽高明而本乎中庸。此其序也。故不以悟为主。①

的确，从儒家的传统思想看来，所谓一理彻则万理融的妙悟，是不可接受的。儒家传统所谓的道，其核心是修身，强调以礼自持，并且是长期地、坚持不懈地自我约束，要每日三省其身，要在其独处之时也毫不放松对自己思想的警惕。这就需要经过长期的、严格的修身，以使自己的思想修养达到一个较高的境界。这是个渐进的过程。从这个过程的繁复和艰难，就可以看出，它是通过长期的努力才能实现的目标，而不是靠着过人的颖悟所能实现的。这是儒学的核心问题之一。这里并没涉及到诗与禅能否相通的问题，但这样的思想已经从根本上确定了其对禅的态度。

单纯地从儒学或修身进德的角度看问题，上述态度和见解也不能说没有道理。可是对于文人来说，特别是对于诗歌理论家来说，仅仅停留于此，却解决不了重大的实际问题。一个不容否定的事实是，诗人、作家在进入创作状态时存在着两种迥然不同的倾向。

一种倾向以刻苦锻炼为其特征。在文学艺术创作中，对于意象的冥想、追寻，对诗文用字或用韵的反复琢磨。自古就不乏其人。如司马相如是赋体文学的重要作家。然而他的创作

---

① 《隐居通议》卷一。

不以多为胜，而是以经得起推敲为高。他在创作中，构思较为艰难。据《西京杂记》载，司马相如创作《子虚赋》、《上林赋》之时，意思萧散，不复与外事相关。控引天地，错综古今，忽然如睡，焕然而兴，几百日而后成。刘勰把他列如“含笔而腐毫”之类的思迟的作家。文学创作中的刻苦锻炼不仅表现在构思中，还表现在锤炼字句的过程中。如《世说新语·文学》刘孝标注引《左思别传》载，左思作《三都赋》，精思十年乃成。此后又不断地修改。思病，仍坚持修改不辍，至其寿终乃止。足见其锤炼之认真、严谨以及刻苦的程度。

唐人作诗有所谓“月锻季炼”①，孟郊竟自谓“夜吟晓不休，苦吟神鬼愁”②，都是对这些诗人锤炼诗意、字句之苦的非常形象的描述。其中较为突出的可以贾岛为代表。据阮阅《诗话总龟》卷十一载，贾岛初赴举在京师，一日于驴上得句云：“鸟宿池中树，僧敲月下门。”“敲”又欲作“推”字。反复思索而不能定。于驴上吟哦，以手作推敲之势。当时韩愈权京兆尹，车骑方出，而岛尚沉浸于推敲之中，神游象外，不知回避。遂被左右拥至韩愈前。岛据实相告。愈立马久之，谓岛曰：“敲字佳。”遂并辔而归，共论诗道，结为布衣之交。这段文坛典故可以说是锤炼字句的较有代表性的记载。此外，王安石作诗虽不以苦吟著称，却也是很下功夫的。洪迈《容斋续笔》卷八载其修改《泊船瓜州》的情况。如今所流传的这首诗为：

京口瓜州一水间，钟山只隔数重山。春风又绿

---

① 见《六一诗话》。

② 见《临汉隐居诗话》。

江南岸，明月何时照我还？[1]

这首小诗清新隽美，极富韵味，特别是第三句的“绿”字，把形容词用为动词，写得生机盎然。人们读这首诗，仿佛在冥想中就可以看到春风把江南染为无边绿色。难怪后人纷纷称赞这个“绿”字用得好。可是，据洪迈所记，此诗原来并未用“绿”字。初用“到”，继而改为“过”，又改为“入”、“满”等十余字，均不满意，最后改为“绿”字，其心乃安。

此外，以黄庭坚为代表的江西诗派也主张锤字炼句。他们所强调的夺胎换骨、点铁成金，化腐朽为神奇，一方面要从前人的文献中搜寻诗歌材料，另一方面则要刻意出新，通过苦吟，以实现这一目标。

如果说贾岛、王安石等人在创作上的刻苦锻炼代表了相当一部分人的作风和习惯的话，那么，江西诗派所提倡的苦吟，无论从创作倾向来说，还是从其主张的理论倾向来说，都是严羽所不能接受的。

在对文学进行较为全面地考察的时候，人们发现，除了前面所讲到的以刻苦锻炼为特征的创作状态以外，还有另外一种同样具有重要意义的精神状态和作风。如汉代的赋体文学作家枚皋文思敏捷，侍帝巡狩、游乐，帝王每有所感，命为赋，总是挥毫而就，思绪畅达，略无停滞。《文心雕龙·神思》称他“应诏而赋成”，是符合实际的。曹植也是才华过人，少年时就写了很多文章。曹操曾怀疑是否有人代笔。在铜雀台刚刚建成之时，曹操带领所有的儿子登台，使各为赋。植

① 《王文公文集》卷七十，上海人民出版社 1974 年版。

援笔立成，辞采可观。[①]

在这方面最能为诗人和学术界所公认的，当以李白最为突出。杜甫在《饮中八仙歌》中称赞李白，说他“一斗诗百篇”。这虽不免有些夸张，但李白作诗数量之多，才思之敏捷，的确是常人所无法企及的。这种创作状态就不是贾岛式的推敲所能实现的。其他如“援笔立成，文不加点”，“下笔千言，倚马可待”等若有神助式的创作冲动和艺术表现才能，都代表了另一种创作状态。

以往，很多人都知道这种创作时的精神状态的存在，可是，却没有人能用较为恰当的语言把它概括出来，应该说，这一课题也同样摆在严羽的面前。

严羽知识博洽，且又思维活跃，较少拘束，故能将各方面的知识融汇贯通地运用于诗歌理论研究与论述中。于是，尽管很多人不喜欢以禅喻诗，可是他却从禅学中发现了对自己，对文艺理论界极有价值的思想因子。这就是佛门有关顿悟的思想和论述。于是，他充满自信地说：

> 大抵禅道唯在妙悟，诗道亦在妙悟。且孟襄阳学力下韩退之远甚，而其诗独出退之之上者，一味妙悟而已。唯悟乃为当行，乃为本色。然悟有浅深，有分限。有透彻之悟，有但得一知半解之悟。汉魏尚矣，不假悟也。谢灵运至盛唐诸公，透彻之悟也。他虽有悟，皆非第一义也。

① 参见《三国志》卷十九。

这里所说的妙悟、唯悟为当行，从语言到思想都取自禅门。他从禅宗的创立及其悟道法门中得到了启示。其中尤以六祖慧能的禅说对他的上述观点具有直接的启发意义。

据《坛经》载，神秀和慧能在弘忍禅师面前以呈献偈语的方式，表达自己对佛法的理解。神秀献的是

> 身是菩提树，心如明镜台。时时勤拂拭，莫使惹尘埃。①

神秀所献偈语表明，在他看来，心性本净，然而为尘埃所污染，因此，他要求人们经常打扫尘土，以恢复心性之本然状态。根据这种主张，就应该不断地参禅，以达到悟道，实现解脱。

慧能所献的偈颂有几种传本。但流传较广的是：

> 菩提本无树，明镜亦非台。本来无一物，何处惹尘埃？

这个偈语同神秀所献的虽然只有几个字不同，但却反映了对于佛性和禅理的两种不同的理解和主张。前者的着眼点在于心之净，强调外物同心之间染与净的关系；而后者所强调的却是包括心和外界的“无”，即无一物，这样，就不仅心和身为无，就连尘土也归于空无所有之中。前者要求通过“拂尘看净，”提倡渐修以悟道；后者则力主即心即佛，顿悟见性。

① 《坛经校释》，《禅宗十三经》本，国际文化出版公司 1994 年版。

对于以主要精力研究诗歌理论的人来说，严羽并不很关注“心如明镜台”，还是“本来无一物”这些关系到佛门本体论方面的争论。他所注意于机锋、公案的是其对于诗的思维方式的启发作用。而渐修与顿悟这样两种禅学主张，恰恰可以给他以极大的帮助。

对于以苦吟著称的诗人来说，或者对于江西诗派来说，他们的主张和实践都具有渐进的、积累的特点。它所赖以取得成功的关键，在于经年累月奉行不辍的勤苦和由此而形成的积累，在于对一篇作品的精雕细刻。这种主张背后所体现的思维方式，同神秀所主张的以“勤拂拭”为标志的悟道方式之间，都要求实现目标所必备的“勤”的功夫，要求目标的实现不论其为禅之理还是诗之艺，必须经过由浅入深的循序渐进的过程。

而在严羽看来，诗坛的上述倾向未免带有过多的人工雕琢的痕迹。它有伤于诗歌的自然之美，有伤于诗歌的雄浑之美。在创作中，它会导致争价于一字之长，而失之于对诗歌完整意象的创造。

这二者之间的比较，就如同以顿悟为主的南宗终于胜过以渐修为基础的北派一样，雕琢之风似乎到了江西诗派那里，就已经陷入了绝境。江西诗派以文字为诗，以才学为诗，无异于诗中渐修之禅。于是，就像佛教要从以渐修为禅法的教派中解脱出来一样，诗也要从渐修之禅中解脱出来。

这样就要提倡顿悟，而美其称则谓之妙悟。为了使其理论特点更加鲜明、突出，于是强调之，谓为不二法门。因此坚持“一味妙悟”之说，坚持“唯悟乃为当行，乃为本色”之论。从而把妙悟说推向极致。

这里还需要着重指出的是，严羽的妙悟说，是从属于他的兴趣说的。作为他的艺术理想的核心的兴趣只能表现于完整的意象之中。这里需要的是对于外界事物的整体把握，需要确立自己审美感受的基本特征，从而将其艺术地展现给读者、听众。七宝楼台展示给人们的美，是完整的结构体。如果将其雕刻得极其精美的细部拆下来作为一个独立的艺术品对待，就势必破坏了作为美的载体的七宝楼台。

由此可见，严羽从佛教文化中移植来一个妙悟，构成他的艺术理论体系中的新的范畴，同他的总的思想是密切相关的，也是很有价值的。

二、意象与佛道诗理

严羽在论述其兴趣说的时候，对兴趣在诗中的艺术显示亦即意象作了多方面的、生动的描绘：

> 盛唐诸人，唯在兴趣。羚羊挂角，无迹可求。故其妙处，透彻玲珑，不可凑泊。如空中之音，相中之色，水中之月，镜中之象，言有尽而意无穷。①

在这里，他较多地借用了佛门具有形象性的语言，多方取譬，以阐述其建立在兴趣说基础之上的意象观。

这里所引用的非常形象的比喻，都是佛门中较为常见的甚至已为宋代文人经常运用的比喻。

① 《沧浪诗话·诗辨》。

“羚羊挂角”，见于佛门公案中。据《五灯会元》卷七载，雪峰义存禅师上堂，与众说法、问答。众或答得出，或答不出。继而，义存曰：“我若说东道西，汝则寻言逐句。我若羚羊挂角，汝向什么处扪摸?”① 这里的说东道西，指参公案、斗机锋时那些较为具有连贯性的对话。这些问答之间虽然偶尔也带有一定的跳跃性，但基本上能看出贯穿其间的逻辑关系。如慧能禅师在法性寺时，一晚，风扬刹幡，二僧就此互论辩。一僧说是幡动，另一僧则说是风动，往复酬答，未能契合禅理。慧能说：“可容俗流辄预高论否？直以风幡非动，动自心耳。”②

然而，在相当多的公案中，问答具有超越语言逻辑的特点，如果按着正常的思维逻辑去思考，就无法理解公案中的答话。如云门文偃禅师同其弟子的一段问答：

> 问：“如何是云岭泥牛吼?”师曰：“山河走。”曰：“如何是云门木马嘶?”师曰：“天地黑。”问：“从上来事，请师提纲。”师曰：“朝看东南，暮看西北。”曰：“便恁么会时如何?”师曰：“东家点灯，西家暗坐。”……问：“树凋叶落时如何?”师曰：“体露金风。”问：“如何是佛?”师曰：“干屎橛。”问：“如何是诸佛出身处?”师曰：“东山水上行。”……问：“如何是祖师西来意?”师曰：“日里看山。”……问：“如何是西来意?”师曰：“久雨不晴。”又曰：“粥饭

① ［宋］普济《五灯会元》卷七，中华书局 1984 年版。

② 《五灯会元》卷一。

气。”[①]

在这段问答之中，人们无法按着寻常的语言逻辑了解他们谈话特别是答话的含义。如果那样，就有如坠入五里雾中，茫茫然无所知。而在那些对禅理有较高深修养的僧人那里，这些话看似答非所问，却又无不在言理。他们之间的交流靠的是对于禅理的参和悟，靠的是对问话和答话的参和悟。在对佛或佛祖西来意的答复中，义存禅师的答话具有跳开一步的特点。它暗示发问的人，他的问题本身还囿于寻常之见，然而，如果他想要理解这样性质的问题，就必须超越常人的思考，必须通过悟而参禅。同时，在答复中，义存也告诉弟子，佛或佛祖西来意，就体现于万事万物中，甚至体现于那些最肮脏、最污秽的事物中。

在这段公案中，义存的答复就具有超越寻常踪迹的羚羊挂角式的特点。

“空中之音，相中之色”，在当时已经成为常用语。如《复斋漫录》引张芸叟语云：“王介甫之诗，如空中之音，相中之色，人皆闻见，难可著摸。”[②] 又如包恢在《答傅当可论诗》一文中论及诗歌艺术，他认为有些诗歌艺术近乎于造化之未发者。他说：

> 所谓造化之未发者，则冲漠有际，冥会无迹；空中之音，相中之色，欲有执著，曾不可而自有。尸

---

① 《五灯会元》卷十五。

② 《诗人玉屑》卷十二。

居而龙见，渊默而雷声者焉。[①]

在这些论述中，他们以“空中之音，相中之色”比喻诗歌意象，并且特别着眼于诗中似真似幻、可望而不可即、无迹可求、不可触摸之境。“空中之音”典出《妙法莲花经》，原为诸天于虚空中高声唱言，后人称为空中唱声。

“水中之月，镜中之象”，原为《大日经》中所设以十喻中的二喻，其四为镜中之影像，其七为水中所现之月影。这都是用以比喻无性生而又不执著者的。在后来的流传中，特别是在严羽的诗论中，已经不再强调它的不执著的一面，而是侧重于其无性生的一面，强调其不可指实性，突出其可望不可即的虚幻性。

在以禅喻诗中，严羽重视以佛门典故比喻诗歌意象。作为他的理论的重要组成部分的意象，它具有完整的、朦胧的、只可意会、不可指实的性质。因此，它不能凭着知性能力去把握，不能借助于逻辑思维去量化它，同时，也不能靠学识积累决定对它的把握程度。这里所需要的是人的悟性，需要想象，需要创造性思维。就像佛门中有的僧人读了很多经典，知性较好，然而缺少悟性，总不能参透禅理。如义存与弟子对话中反复回答佛祖西来意，就表明一些人对他的回答不能理解。而有的高僧，尽管没有多少文化知识，却具有较高的参悟能力，因此，他们悟道迅捷。同样的，在诗歌史上也存在这样两种类型的诗人。有的诗人学识较高，知解能力强。然而，他们对事物的感受较多地为文字雕琢、音韵锤炼、典故

① 《敝帚稿略》卷二。

的选择和运用所局限。他们不善于从外界事物的激发中通过联想建构起完整的意象。严羽举出韩愈为这方面的代表。而江西诗派则更为突出。诗歌史上也有另一种类型的诗人。他们的学识未必很高，可是，他们对生活的感受能力非常敏锐。一有所感，便能产生新颖的诗情，并通过联想而构建起出人意外的诗歌意象。虽然他们的诗中未必有名句，未必有被人称道的“诗眼”，可是，他们并不以为有所失。因为他们创作的着眼点不在片段上，而是要建立完美的七宝楼台，要建立只可想见，只存在于感悟之中而不可指实的意象。在这方面，严羽以孟浩然为例，以说明他虽然学识不如韩愈，可是他通过妙悟所建立的意象，却比韩愈的诗篇更为本色。

在有关意象的种种比喻中，严羽始终把兴趣、妙悟、意象三者紧密地连接在一起，形成其理论体系的核心。

三、禅之宗派与诗之盛衰

严羽论诗说禅，不仅运用禅理，而且引用了大量有关佛教历史、宗派问题，以对比、论述诗歌的不同的发展阶段。其中较为突出，也是受到攻击最严厉的是如下的一段：

> 禅家者流，乘有大小，宗有南北，道有邪正。学者须从最上乘，具正法眼，悟第一义。若小乘禅，声闻辟支果，皆非正也。论诗如论禅，汉魏晋与盛唐之诗，则第一义也；大历以还之诗，则小乘禅也，已落第二义矣；晚唐之诗，则声闻辟支果也。学汉魏晋与盛唐之诗者，临济下也；学大历以还之诗者，曹

洞下也。[①]

在这一段引文中，涉及到佛教历史发展中的很多问题。严羽自己认为是作了十分清楚的交代。然而，正是这段文字，给他带来了无数的责难。攻击他的人，据这段文字把他批评得一无是处；维护他的人，也较少对之表示可否。这就使那些批评者更加坚信他们已经击中了要害，更加振振有词。在这些人中，以清人冯班最具代表性。他在《严氏纠谬》中说：

> 今云大历以还是小乘，晚唐是声闻辟支，则小乘之下别有权乘，所未闻一也。……临济玄禅师，曹山寂禅师，洞山价禅师，三人并出南宗，岂沧浪误以二宗为南北乎？所未闻二也。临济、曹洞，机用不同，俱是最上一乘。今沧浪云："大历以还之诗，小乘禅也"，又云"学大历以还之诗，曹洞下也"，则以曹洞为小乘矣，所未闻三也。……沧浪之言禅，不唯未经参学南北宗派，大小三乘，此最易知者，尚倒谬如此，引以为喻，自谓亲切，不亦妄乎？[②]

在所有针对其以禅喻诗进行批评的文字中，这可以说是最为严厉、最为激烈的。在冯班看来，严羽简直连起码的佛教常识都不懂，还谈何喻诗。他所批评的三点，概括起来就是不知大小权乘之别，不明南北宗派之异，不知曹洞之质。在他

---

① 《沧浪诗话·诗辨》。

② ［清］冯班《钝吟杂录》卷五，又见于郭绍虞《沧浪诗话校释》附录。

看来，严羽论述问题和所引用的佛门派别、权乘，可以分析、归结为两类：

其一：正道——第一义——大乘——大乘——南宗——临济宗；

其二：邪道——第二义——小乘——声闻辟支——北派——曹洞宗。

经过他这样的归纳分析，的确存在严重问题。在两两相并的对立面中，出现了本来没有对应关系的对立面。如声闻辟支，本属小乘禅，而现将其拉出与大乘相对立，似乎其已经在小乘之外了，不仅对声闻辟支的划分出现了问题，而且，大乘、小乘之分也出现了不够严密之处。更多的问题还出在对禅宗基本情况的了解。所谓的南宗、北派，是弘忍禅师两大门徒所建立的禅宗内部的两个派别。北派是其两京禅系弟子神秀所传的宗派，以磨垢去妄，静坐观心为基本禅法。南宗是其在韶州的弟子慧能所传的宗派，以顿悟否定坐禅，强调不由渐阶，自然顿悟，言下悟道。不论从哪个角度说，这两派都属于大乘，属于第一义，属于正道。而绝不能将其同声闻辟支、同小乘、同邪道，划在一个类别中。在最后一组对立的参照系中，与南北之分，几乎可以导致同样严重的结论。正如南宗北派同出于弘忍禅师一样，出于青原禅系的曹洞宗，至少自己标榜源于禅宗六祖慧能。按照这样的传说，那么，曹洞和临济都属于禅宗，都属于南派。冯班谓二者“俱是最上一乘”，也并非没有根据。

冯班的批评中涉及到两个重要问题，一个是严羽用来取譬的有关佛教的历史是否准确或基本准确；另一个是如何看待、如何理解他所设的这些比喻及取譬事物之间的关系。这两个问题关系到对严羽的诗歌理论的严密程度和准确程度的了解，也关系到对他的学术个性的把握，因此，很值得进行一些必要的考证。

从知识的准确与否的方面看，冯班所提出的三个“所未闻”中，首先涉及的问题是，声闻辟支是否为小乘禅。简单地说，在严羽的论述中，不能得出其把声闻归之于小乘之外的结论。至于某些学者为什么会产生这样的印象，我们将在下文详论。

关系到佛门知识的另一个重要问题，是对临济宗、曹洞宗是否分属于南北、后者是否为小乘的认定问题。在这个问题上，冯班完全误解了严羽的本意。

毫无疑问，临济宗和曹洞宗不能分别划归于南北两个宗派内，曹洞宗也不能划为小乘禅中，同声闻辟支归为一类。

禅宗南宗北派之分，是禅宗史上的大事，也是佛教史上的大事。传说中的禅宗五祖弘忍禅师门下弟子很多，而以“南能北秀”最为杰出。“南能”，即指创立南派之慧能禅师；“北秀”指名震京师的神秀禅师。二派就是分别继承慧能和神秀的禅法而向着不同的方向发展，形成自己的鲜明的宗派特点。神秀的弟子传人较多地主张“坐禅”、“看心”，通过坐身住心入定而实现悟道；继承慧能衣钵的僧人，则以“不由渐阶”，“一念相生，便成正觉”，“言下悟道”，以否定坐禅，提倡顿悟为基本禅法。于是在禅宗史上形成了禅法迥异的两大派别。唐代末期以来，北宗渐趋衰落，而南宗的弟子、僧众，则由南方遍及全国。

冯班说，“临济玄禅师，曹山寂禅师，洞山价禅师，三人并出南宗”。考其源流，这种说法是符合禅宗发展的历史事实的。义玄在河北建立了临济宗；而本寂和良价则创立了曹洞宗。穷其本源，这两大派都出自南宗慧能，而成为禅宗“五家七宗”的两支，并在后来的传教布道中得到迅速的发展。如果说这两派分别代表了南北两派，那将是极其错误的。问题在于严羽并没有这样论述。而且，从其比喻中也不应得出这样的结论。

冯氏谓“临济、曹洞，机用不同，俱是最上一乘”；认为严羽“以曹洞为小乘”。这里既有合于实际的判断，也有不符合事实的批评。说二者都属于最上一乘，并不为过。谓严羽将后者归入小乘，则不免误解其意，同所谓的小乘之外别有声闻辟支，同所谓的临济、曹洞代表南北一样，都带有误解、曲解的成分。

至于冯班将临济、曹洞的区别仅仅归结为“机用不同”，则不免有失。他之所以不能理解严羽以临济比喻汉魏晋与盛唐之诗，而以曹洞比喻大历以还之诗，重要的根源之一就在这里。

固然，临济和曹洞同出一门，并且都拥有大批僧众和信徒。然而，如果因此就看不到其间的差别，像明代陈继儒那样责问：“临济、曹洞，有何高下？”[①] 或者像冯氏那样，将其归结为细枝末节的差别，则是把这两个派别在一时间的香火之盛，看成了永久不变的存在，抹杀了它们在传法布道过程中所产生的差别。

实际上，临济和曹洞创立之后，便逐渐向着不同的方向发展，它们也经历了不同的命运。特别是在北宋末、南宋初，

---

① 《偃曝谈余》，转引自郭绍虞《沧浪诗话校释》第 25 页。

两派的悟道法门和盛衰之势，都发生了较大的变化。

从禅师及其思想特点看，两家有了较大的区别。临济宗出了个著名禅师大慧宗杲。他的禅学思想集中体现为“看话禅”。即他主张并引导众弟子研究佛门公案中的答话，并将这种功夫作为悟道的捷径。这一支脉保持了禅宗南派的基本特色，以悟为宗。而曹洞则有所不同。在这个时期，曹洞的代表人物为正觉禅师。他提倡以静坐守寂为悟道的不二法门，从而创立了“默照禅”。从思想的基本特点来看，宗杲所代表的临济宗是在继承慧能所开创的行亦禅、坐亦禅的基础上有所发展；而正觉所代表的曹洞宗提倡坐禅，表现出某种程度的向着北派坐禅、渐修悟道的复归。

从发展态势上看，两者也是有所区别的。临济、曹洞在宋初传法布道间，都有长足的进步。僧众也发展较多。然而，前者长盛不衰，渐渐成为全国势力最大的教派。而曹洞则一度由盛入衰，甚至这一派的大师警玄到了晚年不得不请临济的僧人法远帮助自己选择接班人。事隔二十余年，法远选择了义青，曹洞有了合适的接班人，才重新振作起来，推动了自身的发展。然而，其在僧、俗中的影响，也无法同临济相比。临济宗不仅人多势众，与朝廷保持着密切的关系，而且江浙、福建一带的寺院多为其所住持。

就上述几方面因素来看，无论是严羽还是其他人，都不难从临济、曹洞的比较中看出差别。在这种情况下，用以为喻，以见出诗歌发展中的不同阶段和不同特点，不也是很正常的吗？由此可见，说严羽缺少有关佛教的基本知识，实属毫无根据的批评。

此外，我们再从如何理解严羽所设的比喻的角度，考察一下冯班的批评。

冯班批评中所涉及的声闻辟支为小乘、曹洞为北宗、曹洞为小乘等几个问题，都同《沧浪诗话》的原意有一定的出入。之所以会出现这样的与实际不相吻合的批评，重要的原因在于冯班在进行批评时所运用的思考问题、处理问题的逻辑，同严羽论诗时所运用的逻辑之间有本质的不同。

冯班是按照自己的思考问题的逻辑对严羽进行批评的。所谓严羽在这里表现出的谬误，也只是他按照自己的逻辑推导出的“失误”。这些结论同严羽的本意，同他的论辩逻辑之间，存在着相当大的距离。

严羽以禅喻诗，多方设譬，各有侧重。但一个基本的原则是通过不同层次上的比喻，将自己对于诗歌艺术的最新的理解，通过比喻的方式，传达给世人。他用以比喻的事物同被比喻的事物之间只有简单的对应关系。例如大乘、小乘对应诗的不同的发展阶段，而临济宗和曹洞宗也对应诗的不同时期和不同特点。在两组相互对比的情况下，被比喻事物的关系明晰可辨。这是建立在悟性认识基础上的。在这些比喻中，各组之间并没有必然的联系。不能拆开比喻和被比喻的组合，单独将所有的用于比喻的方面组合起来，寻找其间的逻辑关系。因为它们之间本来就不存在逻辑关系。

然而，冯班在这里却犯了个逻辑上的错误。他把严羽在悟性思维中构成的比喻关系移植到逻辑思维中去考察，把本来只在临济、曹洞对比中存在的关系，拆开来，经过重新组合，构成了曹洞与小乘、第二义、北派之间一脉相承的关系，也就是把仅存在于纵向组合中的序列，拆开后，建构起横向组合序列。然后，他还要进一步从这种强加给严羽的序列关系中，寻找其间的相通之处，即将曹洞划归北派，又在无言的分析中，暗示出曹洞同小乘、同第二义乃至邪道的序列关系。在这样组合建构的同时，他也在建构这些比喻之间的逻辑关系，并将其强加给严羽，从而断言严羽缺少佛教的基本知识，竟然大胆地以禅喻诗！

可是，实际上，这些类比关系都是冯班按照自己的主观想象建构起来的。它并不属于严羽。我们绝不应据此判定严羽有关佛教知识的正误。冯班根据自己的逻辑思维找出了所谓的严羽的疏漏，然后据此进行驳正，竟至于讥刺其对佛教缺乏起码的知识。以这样的态度，进行如此严厉的批评，究其实质，不过是在同自己想象中的论敌作战罢了。

另一方面，对历史事物进行客观评价是一回事，将其用于比喻时，则未必同历史事物的原貌一致。把历史事物视为一成不变的，甚至不能用作其他场合或性质的比喻，这往往是对事物的比较僵化的态度。这种态度是无法理解文学笔法中灵活多变的比喻的。

总之，严羽大量地引用佛教发展历史上各个宗派的对立和比较，其主导思想就是通过比较，以充分肯定禅宗南系所提倡的以顿悟为宗的参禅法门，而否定以渐修为基本主张的一切佛门宗派。他肯定临济宗而否定曹洞宗，关键也在于此。

然而，不论他举出哪个佛门宗派，宗旨还在于说诗。他通过对佛门重要教派的比较，用以说明，汉魏晋、盛唐的诗乃是词理意兴完美结合的诗。这时的诗之所以成功，之所以被人们所传诵，就在于当时的诗人通过妙悟而创造了诗中的意象，从而实现了以兴趣为宗旨的艺术理想。至于其他时代的诗，就像其他佛门教派不能同慧能的南宗或临济相比一样，都有很多不如人意之处。

四、文人儒者并非不说禅

吴陵在致严羽的信中，对他以禅喻诗的做法提出了异议。他直截了当地批评道："说禅非文人儒者之言。"对于这种责难，严羽也是站在维护其所发现的艺术真谛的立场，毫不留情地进行论辩。他在复信中指出："本意但欲说得诗透彻，初无意于为文。其合文人儒者之言与否，不问也。"①

从复信中，我们可以看出，他以禅喻诗的目的仅仅在于论诗。他要把用寻常语言难于表达清楚明白的诗理，用自己所熟悉的各种语言、各种方式，传达给世人。阐明自己的理论发现，是他压倒一切的宗旨。为此，他不怕受到孤立，不惜得罪至亲好友。从信中，我们也可以看出他的学术个性在一个侧面的表现。为了探讨艺术真谛，他可以完全不考虑士林是否说禅，或是否喜欢说禅。

然而，他是否注意到文人儒者对于说禅的态度是一回事，文人儒者是否说禅是又一回事。后一个问题关系到如何准确评价严羽的理论发现以及他对这一发现的阐述方式。因此，这个问题很值得进行深入的考察。

实际上，自从佛教传入中国之后，它便与儒学、道教这两支中国固有的文化支柱发生极为复杂的，既互相排斥，又互相吸收、互相融合的关系。在这样复杂的关系中，儒学、道教采佛教的玄理而增加了自身的深邃性；佛教得儒、道二家

---

① 均见《答吴景仙书》。

的内蕴而平添了其丰富性。三者相互依存、相互推动、共同发展的关系，是与历史的进程相伴随而建立起来的。从对中国文化的三大主干的宏观考察会得出这样的结论；从单体的个人进行微观的审视，也不难得出几乎相同的认识。

从佛教立足于中原以后，历代知识分子中的有识之士对它都不取排斥的态度，而是研究它，从中汲取精华，以提高自己的理论修养。于是，他们研读经卷，同高僧相往还，成为各个朝代的亲禅近佛的士大夫群体。而另一方面，各宗派的高僧们也乐于同文化修养较高的文人墨客结交，同他们论道说禅。汉、魏、晋及南北朝姑且不论，仅以唐、宋而论，这方面的事迹就举不胜举。

唐代是佛教得到顺利发展的时期。先有玄奘西出国门，到印度深究佛法，归来后受到唐太宗的特殊礼遇。此后，又有神秀、普寂师弟为代表的北派禅受到唐王朝的高度重视。在这期间，佛教给予上层贵族、官僚以巨大的影响。士大夫竞相结交禅门高僧，一时间形成了亲禅奉佛的风气。张说对神秀佩服得五体投地，对禅理、教义表现出真诚的信仰。普寂在上层社会的影响更为突出。中宗闻神秀年事已高，遂“特下制，令普寂代本师统其法众”。此后，“王公大人竞来礼谒”。到他去世之时，“都城士庶谒者皆制弟子之服”，“河南尹裴宽及其妻子，并衰麻列于门徒之次”，为之送葬。①足见其对士林的影响之大。

唐代诗人中同佛门高僧过从至密者也很多。白居易曾问禅、献偈于鸟窠禅师，晚年更加虔诚礼佛，还把自己的宅第

① 见《宋高僧传》卷九，中华书局1987年版。

辟为香山寺。又作《香山寺》诗以表达当时的心情。末二句云："且共云泉结缘境，他生当做此山僧。"[1] 如果天公假以年岁，似乎他还不止于对佛门在思想上的亲近和敬仰。柳宗元也与很多和尚交往，留下一些有关的诗文，有些作品还表现出禅门理趣。

在唐代诗人中，同佛门僧侣交游，又长期奉佛参禅的，当首推王维。他有《请施庄为寺表》一篇，其中说："臣亡母故博陵县君崔氏，师事大照禅师三十余岁，褐衣蔬食，持戒安禅，乐住山林，志求寂静。"[2] 这里说的是他的母亲，同时也说出了他成长的环境，即他生长于一个礼佛参禅的家庭。他受到这种环境和思想的熏陶，也培养出他的敬礼禅门的思想倾向，他与神秀的弟子普寂、义福等均有交往。其母师事三十余年的大照禅师，就是普寂。他在京城日饭数十名僧，以玄谈为乐。他妻子死后，更独居禁欲，去肉食，绝采衣，室中仅有茶具、经案、绳床而已。每当退朝之后，便净室焚香，独坐诵经，心无杂念。他推崇佛教史上的维摩诘，于是自号为摩诘（见《旧唐书》本传）。凡此诸端，都可以看出，在王维身上所表现的不是是否说禅的问题，而是对佛门已经信奉到什么程度的问题。

宋代文人同佛门的关系也毫无二致。两宋间，出现一些颇有影响的高僧。他们乐于结交士大夫，朝廷官员也以与高僧交游为荣。在互相接触中，他们说禅论道，很有些发人深

① 《白居易集》卷三十一，中华书局 1979 年版。

② ［唐］王维撰，［清］赵殿成笺注《王右丞集笺注》卷十七，中华书局 1961 年版。

思的见解。于当时，这已经形成风气。司马光在《戏呈尧夫》中写道："近来朝野客，无坐不谈禅"①，这是对当时僧与俗相交往情况的真实写照。朱熹与其弟子问答论学之时，也曾涉及到这个问题。有人问："今世士大夫所以晚年都被禅家引去者，何故?"朱子云：

> 是他底子高似你。你平生所读许多书，许多记诵文章，所借以为取利禄声名之计者，到这里都靠不得了。所以被他降下。他的是高似你，且是省力，谁不悦而趋之？王介甫平生读许多书，说许多道理，临了舍宅为寺，却请两个僧来住持，也是被他笑。②

由此可以看出，亲禅礼佛在当时的普遍状况。

在宋代诗坛上，王安石、苏轼、黄庭坚可以说是亲禅礼佛的代表。

苏轼对佛教的兴趣是受王彭影响而产生的。他在《王大年哀辞》中写出了这一过程："予始未知佛法，君为言大略，皆推见至隐以自证耳，使人不疑。予之喜佛书，盖自君发之。"③ 当时，苏轼才二十几岁。从此，他同佛教、高僧结下了不解之缘。他一生结交名僧很多，左迁江南以后尤其如此。

---

① 《司马温公文集》卷十二。
② 《朱子语类》卷百二十六，中华书局 1986 年版。
③ 《东坡后集》卷八。

他自述说："吴越名僧，与余善者十九。"[①] 他广交禅僧、诗僧，对禅意的理解也比一般知识分子深刻得多。他甚至与禅师斗机锋，献偈颂，表现出超乎常人的禅趣。他与禅师了元的交往，更为士林、禅门所传颂。

黄庭坚也多交佛门之友，喜谈禅。他在《题赵公佑画》中说："余初未尝识画。然参禅而知无功之功，学道而知至道不烦。于是观图画。"[②] 范温在《潜溪诗眼》中引黄庭坚说云："学者要在以识为主，如禅家所谓正法眼者，直须具此眼目，方可入道。"[③] 可见黄庭坚对禅理也很有兴趣，也是经常引以说诗论艺的。

在两宋三百余年的历史发展中，只要谈到儒者，必首推朱熹。他是无可非议的儒家宗师。然而，他也并非不说禅。他自称：

> 某年十五六时，亦曾留心于此（案指佛教）。一日在病翁（案指刘子翚）所会一僧。与之语，其僧只相应和了说，也不说是不是，却与刘说。某也理会得个昭昭灵灵的禅。刘后来说与某，遂疑此僧更有要妙处在。遂去叩问他。见他说得煞好，及去赴试时，便用他意思去胡说。是时文字不似而今细密，由人粗说。试官为某说动了，遂得举。[④]

---

① 《东坡志林》卷十一。

② 《豫章黄先生文集》卷二十七。

③ 见《宋诗话辑佚》。

④ 《朱子语类》卷一百〇四。

可见他不仅说禅，而且从说禅、亲禅中得到了意想不到的好处。此后，他评说禅门事很多，评述关系到禅的文人墨客更多，前面已经谈到的对王安石及众多士大夫亲禅的评论，此外，这类解答弟子疑难的谈话也所在多有。

有些士大夫对禅理有较深入的领会，于是，在自己的为人处事中奉作准则。元代初期的刘壎在其所著《隐居通议》中多记宋代世风。他转引叶适为徐谊侍郎所作的墓志铭，对徐谊的思想倾向进行了评述：

> 诸儒虽争为性命之学，然而固滞于语言，播流于篇末，多茫昧影响而已。及公以悟为宗，悬解昭彻。近取日用之内，为学者开示修证所缘；至于形废心死，神视气听，如静中雷霆，冥外朗日，无不洗然自以为有得也。①

徐谊卒于嘉定初（1212 年前后），与严羽大体同时。可见当时的士人不仅说禅、信佛，竟至于把佛门修道之法，奉为理解人生、社会的指导思想。其所受的影响之深，比仅仅说禅之人，不知超出多少。

对于严羽来说，还有一个更为切近的因素，也是值得我们注意的。这就是他的老师包扬和他的师兄包恢，都对禅宗修道法门之“悟”，和主张悟、以悟见称的学者，极为推崇。《隐居通议》卷一载《李牧坡悟入》一则，言牧坡（案李溥自号牧坡）尝从包扬游学。公曰：“何必远求？子之邻有利公文

---

① 《隐居通议》卷一，《四库全书》本。

伯者，即子之师也。”牧坡信而就学焉。利公举《论语》中一些问题考察他，皆未能很好地答出。牧坡遂废寝忘食地反复琢磨数月。一日，焕然而有所得。从此对问题看得非常透彻。他去世后，包恢为其撰墓志铭曰：“志道于远，得师于邻。一觉之后，一好之神。”① 包恢虽然没有“悟”字，而用一个“觉”字，其精神实质却是一致的。从包氏父子对利公和李溥的称赞中，不难看出他们对这个问题的态度。

南宋时期的著名诗人，严羽的朋友戴复古，虽然理论修养不很高，对禅理也没有高深的领会，可是他对以禅喻诗并不反对，甚至自己在《论诗十绝》中也曾这样做。他在诗中说：

欲参诗律似参禅，
妙趣不由文字传。
个里稍关心有悟，
发为言句自超然。②

这是邵武太守王子文日与李贾、严羽论诗时，他也参与讨论而作的。从中也可以看出他对严羽的支持。

由以上所论述可以看出，不论宋代还是其他时代，文人儒者并非不说禅。恰恰相反，绝大多数有作为的文人都把佛教文化看成中国文化的重要组成部分，加以学习、研究，借以提高自己的理论修养和洞察事物的能力。

---

① 见《敝帚稿略》。
② 《石屏诗集》。

严羽说禅的目的是为了说诗，是为了把用寻常语言难以表达清楚的理论思考，用自己得心应手的方式和语言传达给世人，为此，他自称“以禅喻诗，莫此亲切”。同时，他既不曾考虑他人的责难而避免说禅，也不因他人说禅而自己跟在后面学步。他所说的“其合文人儒者之言与否，不问也”[①]，的确合于他的性格特点。

从另一方面看，说禅虽在一些士大夫那里已经形成风气，但是，像他这样系统地说禅，并且通过说禅而深究诗理，则无论在宋代还是在其他朝代，都是绝无仅有的。

① 《答吴景仙书》。

第八章　独特的学术性格

严羽在中国古代文艺思想发展中建立了可贵的功绩。这一成绩的取得，除了他勤于探索的精神，具有广博的知识以外，他的鲜明的个性也起到了重要的作用。可以说，正是基于这一点，他才得以建立起自己的具有鲜明特色和完整的体系理论。因此，为了更深入地了解严羽，为了进一步寻求他取得自己的理论成就的深层原因，我们不仅要了解他的生平、他的思想，还要了解同他的思想密切相关的学术性格。

一、从“少小尚奇节”到“参诗精子”

无论是在社会生活、人生道路的拼搏中，还是在朋友聚合、道义切磋中，亦或是在诗歌创作中，严羽的个性都是很鲜明的。他的个性形成于少年时代，至老而弥坚，并且体现于他人生旅程的方方面面。他“少小尚奇节”。远在读书求学的少年时代，他就表现出不同于寻常孩子的特性。他不像寻常少年那样，跟着老师学习科举考试所涉及的各门功课。他读书范围很广，尤其喜欢战国时代纵横家之书。他不满足于做个文墨书生。他学习剑术，经常佩剑在身。他的气质不同于一般读书求学的少年。在他的身上，往往可以看出普通书生所不具备的英风剑气。在生活中，他不满足于做一个平庸的幕僚。他幻想着凭借其引以自负的纵横策和他的英风剑气，而得到重用取得事业上的成就和功名。于是，他希望、梦想着什么时候能够遇见一位像刘备那样贤明的君主，承认他的才能，给他提供一个建功立业的机会。然而，现实竟然如此冷酷。他所憧憬的君臣际遇，他所渴望的机会，始终没能出现在他的面前。他的一生充满了坎坷。他从一个幕府转到另一个幕府。在很长的时间里，他得不到重视。他郁郁不得志，却绝不悲观。他始终不曾停止为事业和理想的实现而进行的奋斗。在他的身上，充溢着顽强的进取精神。他性格豪爽，喜欢交结朋友，虽在年迈之时，犹能重气尚义，保存着重“然诺”之心。他为人落落大方，不拘小节，具有“随缘放旷，任性逍遥”① 和风流倜傥的特点。他在饮酒到高兴时，甚至脱掉衣服，搬起坛子，把酒喝个精光。

他这些性格特征，也或明或暗地体现于他的学术研究中，成为他的学术性格的基础。其中特别突出的是他的强烈的主观精神，他的敢于标新立异的理论家的勇气。有了这种精神，他才能大胆地破除世人的陈腐之见，敢于藐视一切权威，敢于向那些被视为神圣的理论观点挑战。

他在著名的《答吴景仙书》中说：“妙喜自谓‘参禅精子’。仆亦自谓‘参诗精子’。”我们对于他的这个比喻，绝不

① 《大慧普觉禅师语录》卷二十七。

可等闲放过。正是在这个比喻中，表现出了一个勇于探索的理论家的精神气质和他的强烈的自信，表现出他的强烈的主观精神以及他对以往的理论的态度。

原信在"妙喜"二字下有小注："是径山名僧宗杲也。"据《五灯会元》卷十九载，无尽居士给宗杲所住庵取名"妙喜"。此后，宗杲又先后两次住持杭州之径山，法席大盛，连朝廷上层统治者也来问道。其说禅以参究公案的"话头"为主，以引导僧俗悟道，称为"看话禅"。他是临济宗具有代表性的禅师，也是继承禅宗六祖慧能法席的最为著名的禅师。

宗杲自称为"参禅精子"，意谓自己善解禅机佛理，天下名刹高僧无出其右者。严羽以宗杲自况，称为"参诗精子"，表现出他对自己在诗歌理论界的地位和作用的估计。他自视甚高，颇有"当今之世舍我其谁"的气概。

他的这种态度，这种气概，是由多重文化基因培养而成的。首先应该指出的是，他对待事物的这种态度，在一定程度上有点接近孟子的声口，然而，却同以孔子为代表的儒家正统观念有较大的距离。儒家学说的宏观特点是：立身行己，诵法先王，务以通经适用而已，无敢自命圣贤者；其修身立世的原则是：无植党，无近名，无大言而不惭，无空谈而鲜用。在这种文化的制约下，就迫使人们按着礼的要求，奉行敬让的准则，要"不自尚其事，不自尊其身"，"卑己而尊人，小心而畏义"。①很显然，严羽的性格同这种文化的制约不仅难以相合，甚至是完全相反的。他恰恰是"自尚其事"，"自尊其身"，"自命圣贤"。他与正统文化相背离，而与另一些非正统文化相亲近。

① 《礼记·表记》。

他所热衷的文化，有明显的证据可考的就是以纵横家为代表的学派。严羽自己说“平生错负纵横策”①。在纵横家的身上，完全没有那样的谦卑，那样小心谨慎以躬行礼义的思想和行为。他们充满了自信地去游说各诸侯国，要以自己的奇策异智说服那些君主，要揣摹君主们的心思，因势利导，使其接受自己的主张。在他们的身上体现出较为强烈的主观精神。苏秦游说六国，以推行其合纵的主张如此；张仪游说秦国或欺骗楚国，也是如此。其他如鲁仲连、冯谖、毛遂等莫不如此。在这些人的身上，与他们的主观精神相适应的，是他们对于权威的藐视。实际上，如果他们不敢于藐视那些傲岸的大人物，也就不可能大胆地寻找并抓住机遇，创立自己的功业。

另一个重要的文化基因就是得自佛教特别是禅宗的启发和熏陶。禅宗文化同儒家文化的一个很大的区别，就在于后者讲究持之以恒地修身，要循序渐进地克己复礼，要让父兄，要论资排辈；而禅宗在论道时，往往以斗机锋、参公案的形式出现。在机锋和公案间，就没有权威可言了。谁参透了禅理，谁就是悟道的高僧。如慧能在弘忍禅师前献偈语，表现出对于道的深刻的领悟，于是，弘忍传法衣于他。而南海印宗法师一听到慧能关于“风幡非动，仁者心动”之说，便立刻知道他不是等闲之人，“执弟子之礼，请授禅要”②。宗杲见圜悟禅师。圜悟请宗杲为第一座。门人颇有不平之心。于是昭觉元禅师与他斗机锋，问道：“眉间挂剑时如何?”宗杲答道：“血溅梵天。”圜悟评说：“问得极好，答得更奇。”众僧

① 《严沧浪先生吟卷》卷三。
② 《五灯会元》卷一。

人乃服。[1] 从这里可以看出，在斗机锋、参公案的禅宗法门中，是不讲究修道久暂的。谁参透了佛理，即使他没有文化，即使他尚未剃度，也可以成为法衣的传人。

在佛门各宗派中，严羽所受的影响主要来自临济宗；在众多的高僧中，他得自宗杲的影响又远过于他人。这是时代造成的，也是禅门的历史原因造成的。对此，我们看看他对临济宗的推崇和贬低曹洞宗的论述就可明白。同时，我们从他以"参诗精子"自诩的比况中，也可以看出他对宗杲的敬仰。这是从严羽自己一方面考察。

如果进一步看看当时士大夫的思想倾向，也可以发现他们与临济宗在思想深处的联系，其中尤为突出的是以义玄为代表的临济僧人的毁佛毁祖的思想。义玄公然提出，具备大善知识的僧人要敢于毁佛毁祖，指陈天下是非，还要敢于排斥三藏教。这种思想如果首先在士大夫阶层中出现，就会必不可免地被视为大逆不道的行为。然而，这种思想、这种行为却发生在佛门，发生在一个极受尊崇的禅宗大师的身上。它给人们以极大的震动，也促使人们去思考一个极为严肃的问题：应当如何对待传统思想，应当如何对待具有某些神圣意味的权威？

在这种情况下，一些思想上较少束缚的知识分子也从义玄的毁佛毁祖的思想中发现了极为可贵的因素，接受了他的思想的合理的成分。例如宋代的朱弁在《曲洧旧闻》卷八说："若得一把茅盖头，必能为公呵佛骂祖。"[2] 在他们看来，义玄

① 见《五灯会元》卷十九。

② ［宋］朱弁《曲洧旧闻》，《四库全书》本。

的思想中蕴藏着的宝贵的思想成分，无疑为人们探索新思想、新理论时注入了信心和力量。

对于严羽来说，这样的外部精神条件会在不同的思想深度上给他以影响。此外，还有些更为直接的因素，也会在他的身上产生类似的作用。

在他周围的人中，我们没看到明显的提倡“毁佛毁祖”的有关记载。但是，与此相类的，无神权威的存在，敢于藐视某些圣灵的思想和言行，还是有据可查的。其中，特别值得提出的就是他的老师包扬。

包扬在进入朱熹之门以前，曾对朱熹进行了激烈的攻击，比较突出的是他指责这位当代儒学大师“读书、讲学，充塞仁义”。后来，他进入朱门游学，在编辑朱熹语录的时候，又把自己平时常说的“书为溺心之大阱”一句，作为朱熹的话混入“饶后录”中。[①] 在他否定读书的言论中，似乎可以看出禅宗主顿悟而不主渐修的思想影响；他大胆地否定权威，甚至把自己的话滥入朱熹教诲的做法，都在一定程度上反映出“毁佛毁祖”的思想因素。

另外，就宗杲的思想和行为来看，也有些极端的特征。其中尤以他火烧《碧岩集》为具有代表性。

《碧岩集》是宗杲的老师圜悟克勤参禅悟道、讲解经意，引导僧人理解前代公案、机锋的主要著作。此书在当时产生很大影响。

宗杲是克勤的弟子，并被他选为自己的接班人。宗杲对这位在当时名冠僧俗的禅师也是非常尊敬的。然而，在他的

① 见《宋元学案》卷七十七。

思想发展、成长过程中，《碧岩集》那种以较为烦琐的文字禅教人悟道的倾向，已经不能令他满意。这种禅法虽然保持了禅宗的基本特点，但它同以著名的拈花微笑为代表的顿悟还是有很大的区别的，同禅宗所提倡的不立文字的布道法门也有一定的距离。于是，宗杲毁版烧书，以禁《碧岩集》之流传。

应当指出的一点是，这件事并没见诸严羽的诗文中。我们只是从当时社会思潮的发展变化中尽可能多地寻找出一些可以说明问题的材料，尤其是严羽对宗杲的推崇，又引以自况，那么，宗杲一生中如此重要的事件，严羽岂能没有耳闻？耳闻后又岂能无所动于心？而且，这件事和义玄等人的毁佛毁祖之行具有直接的思想渊源。由此也可以看出，禅宗对于当时的知识分子的不可低估的影响。

据此我们可以想见，他的强烈的主观精神，他的无视权威的态度，同当时思想界的进步主张，同禅宗的进步主张，都有着极为密切的关系。人们从他以禅喻诗中，较多地是注意他的理论的表述方式。这就未免把问题看得过于简单了。他同禅宗的联系不仅存在于文字、语言方面，还存在于思想深层中。这一点，我在前面的论述中已经较多地涉及到了。在论及他的性格特征时，还需要进一步明确地指示出来。

他的这方面的性格特点在对诗歌理论的阐述中，就表现为强烈的自信。在《答吴景仙书》中，他说："仆之《诗辨》，乃断千百年公案。诚惊世绝俗之谈，至当归一之论。"在涉及到对自己的理论著作的评价时，他完全不像一般知识分子所表现的那样谦恭，而是以一种不容置辩的、唯独自己把握了真理的口吻，强调其正确性，强调其对于理论界的发聋振聩的作用。

在文艺思想发展的历史上，钟嵘的理论贡献是很大的。同时，他也是个颇有自信心的人。然而，他却不像严羽那样把自己视为至高无上的权威。他在《诗品》中说："嵘之今录，庶周旋于闾里，均之于谈笑耳。"[①] 在论述中，他口气坚定不移，而在总的自我评价方面，还要表现出一定的谦恭之态。其他人也往往如此。严羽则在这些基本点上同他们有着鲜明的差别。他的自信更多地表现为一个理论家对自己的见解的坚持、宣传，以取得社会的承认。因为，这是他经过严肃探讨而得出的结论。同样的原因，导致他在诗话中阐述自己主张的时候，也不承认任何权威。如果说可能有权威的话，那只能是他自己。在这样的思想支配下，他大胆地、根据自己认为应有的状况和形态，对前贤的理论探讨和诗歌创作提出批评，并以"挟天子以令诸侯"的声口斩钉截铁地论断是非。

王安石编辑《百家诗选》，很受当时人的欢迎。人们也很少想到该书有什么缺点。严羽却指出，此书是本于唐人《英灵间气集》而有所增补；此书前卷读之尽佳，"非其选择之精，盖盛唐人诗无不可观者"；而大历以后诗人之诗，"其去取深不满人意"[②]。这就是说，在一般人看来，该集所选的脍炙人口的诗，都是那个时代的诗人的好诗，随便选几首都是好诗。而该集中又有些不很可取的诗，人们还缺乏清楚的认识。同时，这部分选择失当的诗，恰恰是编辑者审美观点和艺术修养的表现。他对王安石自己在序言中所说的，"观唐诗者，观

① 《诗品·总论》。

② 见《沧浪诗话·考证》。

此足矣”，表示了极大的轻蔑。并且指出，人们对这部选集缺乏正确的认识，就在于这是王安石所编选，大家“敛衽而莫敢议”。

在读杜甫诗的时候，他不是满足于对刻本的理解，而是在阅读中提出了自己认为应有的文字状况。如杜甫《大历三年春白帝城放船出瞿塘峡久居夔州府将适江陵漂泊有诗凡四十韵》中云：“五云高太甲，六月旷抟扶。”他认为“太甲”之义不可晓，而推想此句之太甲当为太乙之误。[①] 又杜甫《戏作寄上汉中王之二》二首云：“杳杳东山携汉妓，泠泠修竹待王归。”他认为杜甫在绝句中经常采用对偶的写法，于是便推断此诗的“携汉妓”当做“携妓去”，以与下句的“待王归”相对。并且说：“臆度如此，更俟宏识。”[②] 在这里，他并没有且也不想提供什么依据。他是按着自己的理解进行考证、判断。在论述中，他摆出一副在精神领域独与前贤相往还的架式，要人们接受他的理解。在这些问题的论述中，他给人们的印象是，他在根据自己的理解，凭着自己超人的悟性进行考证。然而，实际上，他却是在考证的名义下指出了诗圣作品中的毛病，按着自己认为更理想的样子为杜甫改诗。

对于那些成就不如杜甫的前代诗人，严羽就直截了当地对他们的作品提出修改意见。在这方面，他是在效法苏轼。苏轼对柳宗元的诗《渔翁》很欣赏，认为“此诗有奇趣”。然而，对其结尾二句略有微词，认为“虽不必亦可”。[③] 严羽对谢朓

---

① 《沧浪诗话·考证》。
② 《沧浪诗话·考证》。
③ 《沧浪诗话·考证》。

的《新亭渚别范零陵》一诗提出了同样的批评。原诗共十句。他认为，如改为八句，删去其中的七、八两句，“尤为浑然”①。

他在答复吴陵时说，“仆于作诗，不敢自负，至识，则自谓有一日之长。”② 他正是以这样强烈的自负的态度出现于当时诗坛之上。不论他人承认与否，他要从宏观上，从基本态度上使人感到，他就是权威。至于实现这一目标在当时社会，在人们心理上存在的阻力，他可能有足够的思想准备。他在诗中说：“海内交游四五人”③，“世上如今少知己”④，“男儿一片万古心，满世寥落无知音”⑤。他缺少知音以至于产生这种孤独感的原因是多方面的。但是，如果那样做，他的理论的超前性所带来的石破天惊的震撼力也是不可低估的。他要把文学思想的滞后和症结所在指给人们，以便引导人们走出理论的误区。可是，文坛却不肯承认他。连他的亲戚、朋友都心存疑虑，其他人就更不必谈。在这种情况下，娓娓而谈可能较少直接的反对者，但是，如果那样做，他的理论同样不会为人们所接受，甚至人们还会认为他的委婉的探讨恰恰表明他缺乏自信和标新立异的勇气。他以权威自居，固然不免狂妄之讥，但是，他的理论会引起人们的重视，从而也易于发现其间的合理内核。

---

① 《沧浪诗话·考证》。

② 《答吴景仙书》。

③ 《剑歌行赠吴会卿》。

④ 《北风》。

⑤ 《惜别行赠冯熙之东归》。

二、“挟天子以令诸侯”

严羽的学术个性在如何确立自己在当时文坛的立足点，如何构建自己的理论体系等方面表现得很鲜明。此外，在如何阐述其理论主张，在评述诗歌史和当代诗歌成败等问题时他所选取的立场、声口，也都同他的性格密切相关，并且还关系到他的理论、观点能否为时人和后人所接受。

通过对他的理论著作进行考察，就不难发现，他在论述具体问题时的表达方式，他批评文坛流弊时的态度、口气，都充溢着磅礴的气势，使论敌感到有一股不可抗拒的力量。

严羽自己在谈到这方面问题时说：“论诗以李杜为准，挟天子以令诸侯也。”①

的确，在论述问题时，他的态度，他的声口，都体现出真理在握，任我抑扬的气势和特点。他坚信自己的理论的深刻与正确，他说：“李杜复生，不易吾言矣。”② 言下之意是，平庸之辈休想讨论其理论，只有那些艺术修养极高的诗人和理论家，才能同他在精神上相沟通。宋人在较长的时间内注重文学的道义性内容，轻视对文学自身规律的研究；江西诗派虽然在扭转这种不良倾向方面作了些可贵的探索，比宋初诗人较多地强调诗歌艺术表现的特点，但他们又过多地把注意力引向典故的运用、文字的锤炼。这两种倾向都不可能引导人们正确认识文学发展的规律，不能正确说明诗歌创作已

---

① 《沧浪诗话·诗评》。
② 《答吴景仙书》。

经达到的艺术高度，也不可能对前代诗歌和文学家给以实事求是的评论。在这种情况下，宋代文坛在较长的时间里存在着推崇韩愈、杜甫乃至李商隐，而贬低李白的倾向。

针对上述倾向，严羽不是从细微末节入手，而是着眼于诗歌的本质问题，以高屋建瓴之势去解决文坛上所存在的主要的倾向性问题。他建立起以“兴趣”说为核心的文学本质论、以“妙悟”为枢纽的创作论、以“雄浑悲壮”为代表的风格论组成的文学理论体系。他站在这样高的理论基点上，通过对诗歌发展历史的全面考察，他认为盛唐是中国诗歌发展的高峰，而李白、杜甫，则是雄踞于这高峰之上的两个巨人。

“会当凌绝顶，一览众山小。”① 人们在游览名山大川等自然景观时会有这种感受。同样的，在理论探讨中一旦达到较高的境界，也会产生这样的心境。当人们在较低的层次上争论不休的时候，会把自己的一孔之见看得比什么都珍贵。但是，当其认识获得质的飞跃，在一些基本点上超越前人，其视野便会豁然开朗。他们就会发现一些前此所未曾想到过的问题，提出一些他人无法提出的主张。这里的关键，就在于其立足点已经远远高于同时代人，也超过了前人。

严羽所生活的南宋诗坛也具有这样的特征。当时，江西诗派的影响还很大，继起而反对的是以赵紫芝、翁灵舒为代表的“四灵派”和江湖派诗人。他们一方面反对江西诗人的主张和创作倾向，另一方面则又要引导诗坛复归于对晚唐诗歌的尊崇和追随。就其主张的性质而论，这无疑是一种艺术上的倒退。就思想方法来说，他们同江西诗派都停留在大体

① 杜甫《望岳》，《读杜心解》卷一。

相当，甚至还不如江西诗派的理论层次上。他们的论争虽然能够给人以启发，但却不可能向人们提供一种崭新的理论，不会引导人们走出当时的理论误区。

严羽却不是如此。他从宋人关于中唐、晚唐的长期争论中，关于“险韵”、用典以及文字上的夺胎换骨、点铁成金等主张中，彻底摆脱出来。对于一个思想家来说，江西诗派和“四灵”派之间的探讨、论争，无论就其内容来说，还是就其思想方法来说，都未免过于狭隘、过于琐屑。停留于这个领域、这个层次上看问题，就会觉得彼此的主张都有一定的道理，夺胎换骨、点铁成金和摹仿贾岛、姚合的锤字炼句，各具一定的真理性，因此也都有其存在的理由。然而，这样争论的结果，只能变成此亦一是非，彼亦一是非的无休止的偏执之见。严羽通过理论研究并结合对诗歌发展历史实际的考察，从而认定盛唐为诗歌发展中成就最高的历史时期；认定李白、杜甫为诗歌成就和艺术修养最高的诗人的典范。于是，他站在这一高度，审察古往今来的诗歌走向，审视遍布于历史长河中的数也数不清的诗人。这些不同的时代，这些曾取得过不同成就的诗人，虽然也有其不可忽略的价值，但从总体上看，他们都显得较为片面、较为渺小。在盛唐这个艺术高峰和李、杜两大巨人面前，其他时代、其他诗人都黯然失色，不足为后世法。

然而，我们的分析仅仅停留于此还是不够的。上述分析仅只涉及到他的理论修养和对问题的认识能力。同严羽的性格密切相关的，还有对其所发现的理论如何表述的问题。

他自命为独具慧眼的理论家：只有他才真正把握了盛唐诗歌艺术真谛，只有他才是李白、杜甫的旷世知音。他自命为参诗精子，言下之意就是他参透了诗艺的精髓，悟出了李白、杜甫成功的奥秘。另一方面，他又以“纵横家”自任。从战国时代的纵横家以迄于后代的追随者，他们都是重视策谋、勇力的人，都是崇尚王霸之术的人。同时，他又是具有“英风剑气”的人。他重义尚气，具有一定的任侠精神。

这几重因素叠加于一起，造就了他“挟天子以令诸侯”的论述风格，也构成了他的学术性格的鲜明特点。他把政治上的王霸之气带进诗歌理论的研究之中，以不可一世的态度和口气，对古往今来的诗歌指点、批评。

他的“挟天子以令诸侯”式的论述，往往表现为对自己的理论观点的斩钉截铁式的阐述。如他说：“大抵禅道唯在妙悟，诗道亦在妙悟。”“唯悟乃为当行，乃为本色。”① 在这些论述中，他每下断言，给人以不容置疑，无可商量的感觉。

对于那些一时不能接受自己的观点，或对其观点有所怀疑的人，他则在论述中盛气凌人地指出，问题在于他们自身，在于他们学力不足，理解力低，甚至由更为严重的劣根性造成。他断然地指出：

> 诗道如是也。若以为不然，则是见诗之不广，参诗之不熟耳。试取汉魏之诗而熟参之，次取晋宋之诗而熟参之，次取……，其是非自有不能隐者。倘犹于此而无见焉，则是野狐外道蒙蔽其真识，不可救药，终不悟也。②

---

① 《沧浪诗话·诗辨》。
② 《沧浪诗话·诗辨》。

他要求人们按着他所指出的方法参诗悟理。他把人分为三类：能接受其观点的；通过参诗而接受其观点的；虽经参诗也不能接受其观点的。三类人的划分只依据对诗的理解的程度，即参诗的效果。他在这方面也没有多少道理可讲，只不过要人们提高自己的理解力，提高其参透诗理的悟性。就如同禅宗高僧对听其讲经、向其发问的僧俗那样，只以棒喝示禅，促使迷惑者猛醒。严羽则以较为近似的方式告诫后两种人，令其按着自己的指点，提高悟性。对于那些在他看来属于"终不悟"的人，他有时指责得非常严厉。他批评他们是"有下劣诗魔入其肺腑间"。

对于当时诗坛所推崇的晚唐诗人和本朝诸名家，严羽则以轻蔑的口吻加以否定。他批评"四灵"派和江湖派诗人把自己所推崇的贾岛、姚合称为唐宗，是对于唐宗的曲解。他说："不知只入声闻、辟支之果，岂盛唐诸公大乘正法眼者哉?"[①] 他明确地指出了这些人所奉为榜样的前代文学家，只不过是如同佛教小乘禅一样的入于歧途，或背离了盛唐典范所标志的方向的诗人。他在《沧浪诗话·诗评》中还指出，"晚唐之下者，亦堕野狐外道鬼窟中。"对某些人所津津乐道的晚唐诗斥之不遗余力。这样，也就从根本上否定了"四灵"派和江湖派的创作方向。

对于宋代诗人的成就，他排斥较多，肯定很少。他说："唐人与本朝人诗，未论工拙，直是气象不同。"[②] 他认为，对

① 《沧浪诗话·诗辨》。
② 《沧浪诗话·诗评》。

本朝人诗不用细分析，从总体气象上一看就可以分出高下之别。至于再进一步地考察，问题就更多了。他指出：

> 近代诸公乃作奇特解会，遂以文字为诗，以才学为诗，以议论为诗。夫岂不工也，终非古人之诗也。盖于一唱三叹之音，有所歉焉。且其作多务使事，不问兴致，用字必有来历，押韵必有出处，读之反复终篇，不知着到何处。其末流甚者，叫噪怒张，殊乖忠厚之风，殆以骂詈为诗。诗而至此，可谓一厄也。①

这些论述完全是站在理论和创作实践的最高点上，以严厉的口吻直斥宋人诗歌和理论的痛处。他要力挽狂澜，使当时人翻然醒悟，使后人知所去就。

他不仅批评江西诗派的理论主张，对于他们的创作，甚至对于宋人自以为成就最高的苏轼、黄庭坚的作品，他也只是在一定程度上给予承认。他说："坡、谷诸公之诗，如米元章之字，虽笔力劲健，终有子路未事夫子时气象。"② 在他看来，这几位本朝诗坛的巨子，也不过像子路未进孔子之门时那样，带着野气，带着未经圣人和礼仪驯化的特点，无法同那些长期在孔子身边受教育的大弟子相比。同样的，苏轼、黄庭坚等人"自出己意以为诗"，在严羽看来，就背离了诗的兴趣、妙悟等基本原则，因而他们的作品也不能与盛唐人的诗

---

① 《沧浪诗话·诗辨》。

② 《答吴景仙书》。

歌同日而语。

但是，从阐明自己理论主张的态度方面来说，这不免很有些霸道的意味。对此，他是很清楚的。他正要通过藐视那些在他看来已入于邪门外道的诗人和流派，通过不遗余力的攻击，以唤醒时人和后人。

三、理论斗士的精神

从《答吴景仙书》中可以看出，吴陵和严羽在有关文学的基本观点方面存在着分歧，在应该以什么样的态度批评、驳斥论敌的问题上，他们之间也有截然不同的看法。他们在临川相会时，吴陵已经看到了严羽的《沧浪诗话·诗辨》，除了对以禅喻诗和某些观点提出了自己的意见以外，还劝说他保持较为温和的论辩态度。后来，吴陵还写信提出质疑，吴陵的来信已不可考，但他的观点还可以从严羽的答书中约略看出。信中说："高意又使回护，毋直致褒贬。"这虽未必是来书的原文，至少是对来书有关意见的概括。即吴陵劝他多采取委婉含蓄的手法进行批评，而不要锋芒毕露地斥责对方。这是告诫他按着儒家的中庸之道做人，严守温柔敦厚的原则以论事。同时，这劝告中也包含着对他的批评，即批评他言词过激，有失儒家文化所要求的风范。

吴陵对严羽的批评和看法，恐怕不是没有根据的，而且也未必就是他独有的看法。戴复古在诗中评价他说："持论伤太高，与世或龃龉。"[①] 固然，这里主要还是说他的理论观点

---

① 《祝二严》见《石屏诗集》。

形成了全新的体系，超越了当时人的理论水平和接受能力，他因曲高和寡而陷入孤立的处境中。但是，诗中的一个“伤”字，也表现出对他的理论和表述方式的一定程度的批评。

的确，吴陵所说的“直致褒贬”完全符合严羽在理论阐述中的特点。他敢爱敢恨。对他所推崇的李白、杜甫，就在论文中极力褒奖，他说：“诗而入神，至矣，尽矣，蔑以加矣。唯李杜得之，他人得之盖寡也。”① 他要求人们对李杜的诗集“枕藉观之，如今人之治经”。对于不符合他的艺术理想的江西诗派的诗歌主张和艺术实践，他严加痛斥。

对于吴陵所提出的劝告和批评，严羽是无法接受的。原因很简单，这同他的人格不相符。严羽个性鲜明，棱角外露，他总是非常坦诚地展示自己的内心世界。在理论探讨中，他以发明真理、辨正理论是非为己任。为此，他执著地探索艺术理想，满腔热情地评价、称许那些体现了他的艺术理想的诗人；而另一方面，他对那些理论上的误区、对散布谬误的诗人和学者，表现出深恶痛绝的态度。他爱憎分明，不肯作委曲求全之事。

他申明自己在理论探讨中的立场和态度是：“辨白是非，定其宗旨，正当明目张胆而言，使其词说沈着痛快，深切著明，显然易见。”② 这种态度同他对理论探索的强烈的责任感，同他平素的为人、性格都是一致的。

他的态度首先表现于对自己所发现的理论观点的阐述上，即他的强烈的自信，他的“挟天子以令诸侯”的气势、声

---

① 《沧浪诗话·诗辨》。

② 《答吴景仙书》。

口，同时，也表现于对各种谬误的批评中。江西诗派的理论主张和创作倾向是他建立自己的理论观点的首要的参照系，也是他口诛笔伐的首要论敌。他确立自己的论诗宗旨以后，便将笔锋一转，直斥江西诗派。他指出，江西诗派“作诗多务使事，不问兴致”，从根本上说就不懂得诗歌艺术的本质；江西诗派力主以文字为诗，以才学为诗，用字必有来历，押韵必有出处，这都是把诗歌创作中的末节问题当做根本，同他所提倡的妙悟说是截然对立的；由前两方面的失误，必然导致其在诗歌艺术效果方面存在的不良倾向，即“于一唱三叹之音，有所歉焉”①。这就从有关诗歌理论和诗歌创作的一些重要问题，给予江西诗派以致命的打击。无怪乎他满怀信心地说：“其间说江西诗病，真取心肝刽子手。”②

与此同时，他对其他以荒谬之说误导后进的理论家，也同样深恶痛绝地进行抨击。在这方面的论述可以以驳斥惠洪为代表。他在《沧浪诗话·诗体》卷末原注中说：“近世有李公《诗格》，泛而不备；惠洪《天厨禁脔》，最为误人。”在《诗评》中他又说：“《天厨禁脔》谓平韵可重押，若或平或仄则不可。彼但以《八仙歌》言之耳，何见之陋邪?”案惠洪所说的《八仙歌》即杜甫的《饮中八仙歌》。该诗的确多处重复用韵。如“知章骑马似乘船”和“天子呼来不上船”；“眼花落井水底眠”和“长安市上酒家眠”；“汝阳三斗始朝天”和“举觞白眼望青天”；“皎如玉树临风前”、“苏晋长斋绣佛前”

① 以上均见《沧浪诗话·诗辨》。

② 《答吴景仙书》。

和“脱帽露顶王公前”。[①] 在一首诗中竟有四韵重复使用，惠洪之说不为无据。然而，把这仅有的特例作为规律，就不免以偏概全之讥。严羽批评他孤陋寡闻也未为过当。

在以上这些论述、批评中，严羽对那些错误的主张及其代表人物，都是痛下针砭，直刺要害，在理论阐述上不留下任何模糊含混之处。这样严肃、坚定的论辩态度来自他的高度的理论自觉，来自他的以发展文学思想为己任的责任感，也表现出一个理论斗士的精神品格。正如他自己所讲的，为了辨明真理，“虽得罪于世之君子，不辞也”[②]。这样的品格非但不是他的缺点，反而是中国古代以温良恭俭让为传统精神条件下成长起来的难能可贵的品质。

当然，严羽也不是对任何人都进行严厉地抨击的。对于“四灵”派所代表的方向，他也是极力反对的。然而在态度上，却较对江西诗派为温和一些。他称江西诗派所倡导的诗风是“诗之一厄”；对“四灵”派给予诗坛的影响，则称之为“诗道之重不幸”。单纯地比较“一厄”与“重不幸”二者，似乎不易说哪个高，哪个低。然而，纵观严羽对这两个在方向性、原则性问题上他都不赞同的流派的批评，就可以看出，他的矛头所向，是以前者为主，而对于后者的批评，则稍宽缓一些。

此外，他在阐明自己的诗歌主张的时候还涉及到一些诗人和理论家，他对于他们的某些错误观点、提法进行的批评，却相对委婉得多。如他在考证《木兰诗》中“愿借明驼千里

① 《读杜心解》卷二。

② 《答吴景仙书》。

足”一句时，批评说：“渔隐不考，妄为之辨”，即认为胡仔考证不精。在考证古诗《长歌行》时，认为郭茂倩“不能辨也”。在这些论述中，其语气均较缓和。在论及李白、杜甫二人关系时，前人颇多猜疑之词。范正敏在其《遁斋闲览》中说：“二人名既相逼，亦不能无相忌也。”[①] 此说是毫无根据的。因此，严羽举出很多诗句以证明这两位当时诗坛的巨人之间，存在着深厚的友谊。同时，他又进一步指出，这些猜测都是“以庸俗之见而度贤哲之心”。

这都表明，他在坚持严厉批评错误主张、澄清理论是非的同时，对影响不是很大的人和主张，其态度也是有所差别的。

四、关于“自家实证实悟”

严羽在《答吴景仙书》中说：

> 以禅喻诗，莫此亲切。是自家实证实悟者，是自家闭门凿破此片田地，即非傍人篱壁，拾人涕唾得来者。……我叔谓：说禅非文人儒者之言。

从这段话中可以看出，吴陵对他以禅喻诗的做法很不以为然，同时，又认为他这样做，是受了当时一些人的影响。“傍人篱壁”，“拾人涕唾”，均指此而言。但这样具有刺激性的语言未必出自吴陵。因为，他主张在批评和阐述自己的意

---

① 转引自《诗人玉屑》卷十四。

见时“毋直致褒贬”。他可能用较为委婉的语言表达了这样的意思。而严羽则喜欢坦率明了。于是，他用自己的痛快淋漓的表达方式将吴陵信中含而不露的意思说破，遂用了上述语句。但是，无论如何，来信中认为其以禅喻诗是追随个别人的做法，不是文人儒者所应为。对此，严羽的答复斩绝明快，这“是自家实证实悟者，是自家闭门凿破此片田地”而提出的看法。

本书前文作了很多考证，以见出文人儒者并非不说禅，说明严羽的以禅喻诗也受了时代风气的影响。既然如此，为什么他会作这样一番申辩呢？宋代很多人都在文章中谈禅说佛，甚至严羽周围的人也这样做。这是不容置辩的事实。然而，严羽同他们的做法之间有着本质的区别。

宋人说禅，大多就某一事理取佛门语以为喻。如曾季狸在其《艇斋诗话》中说：“后山论诗说换骨；东湖论诗说中的；东莱论诗说活法；子苍论诗说饱参。入处虽不同，然其实皆一关捩，要知非悟不可。”① 他这里所引用诸人论诗的提法，有的属于以禅喻诗，有的并不在此范围之内，其中换骨与活法所涉及的诗歌创作问题也有所不同，把它们都归结为一个“悟”字，是很值得商榷的。对此，我们无须作进一步的探讨。然而，有一点是应该明确指出的，即他用“悟”以比喻换骨、中的、活法、饱参等四种提法。这里所用的只是佛门中的一个词，用以比喻、说明一种意思。与此相类似的还有陈师道。他在《后山诗话》中说：“退之以文为诗，子瞻以诗为词，如

① 《历代诗话续编》本。

教坊雷大使之舞，虽极天下之工，要非本色。”① 这里的“本色”亦禅家语。陈师道借用来以说明韩愈、苏轼的诗和词，在艺术上的特殊之处。

有的人所用佛教词汇多一些，如范温《潜溪诗眼》引黄庭坚说云：“学者要先以识为要，如禅家所谓正法眼者，直须具此眼目，方可入道。”② 这里所引是否真为黄庭坚的语言，我们姑且不论。同我们所要讨论的问题密切相关的是以禅喻诗。这段引文从“正法眼”以下，其语多取自佛门。然而，它们所用以比喻、说明的意思却只有“以识为主”。

此外，还有一些以禅喻诗的较为突出的例证。如黄庭坚说的“参禅而知无功之功，学道而知至道不烦”③；如包恢说：“前辈尝有‘学诗浑似学参禅’之语。彼参禅固有顿悟，亦须有渐修始得顿悟。如初生孩子，一日而肢体已成，渐修如长养成人，岁久而志气方立。此虽是异端语，亦有理可施之于诗也。”④ 这些论述同以上所引，虽然在取譬的词语、内容方面有些差异，但有一点是大体上相去无几的。即他们的以禅喻诗，基本上是以佛门的一个概念、词语，以说明诗歌艺术的一个概念或一种意思。其用来取譬的佛门词语典故同被比的诗歌理论问题之间，只存在着简单的对应关系，而不涉及其他更为复杂的问题或道理。

严羽则不然。他的以禅喻诗具有两个非常鲜明的特征：

---

① 《历代诗话》本。

② 《宋诗话辑佚》。

③ 《题赵公佑画》，《豫章黄先生文集》卷二十七。

④ 《答傅当可论诗》，《敝帚稿略》卷二。

其一，他在比喻中不像一般文人那样较多地着眼于孤立的、个别的现象，而是系统地、完整地借用佛门的理论、典故为喻。他之所以能这样做是有前提条件的，即他对佛教文化有较系统的了解。关于他在这方面的知识，我们除了可以根据他在诗歌理论阐述中所运用的佛教知识以外，从他的诗歌创作中也可以考见一些证据。在他流传下来的诗篇中，直接涉及佛教的有三篇，即《舟中望落星寺》、《游临江慧力寺》和《访益上人兰若》。其中直接讲到所接触的僧人就是益上人。上人是士大夫对高僧的称呼。在上述最后一首诗的后半部，他写道：

山僧喜客至，
林阁借人看。
吟罢拂衣去，
钟声云外残。[①]

诗中的一个“喜”字，表明他受到这位益上人的热情接待。他们可能游览了寺院和周围的山林。他们一起吟诗。在当时，很多僧人都能吟诗。其中一些人还颇有诗名，如道潜、惠洪、佛印等都是当时著名的诗僧。同严羽的以禅喻诗相反，他们以诗喻禅、以诗证道说理，有的直接写诗，有的则以诗的形式作偈语、禅颂，在知识分子中也颇有影响。这位益上人既同严羽一起吟诗，自然也是一位有较高文化修养的诗僧。按当时士大夫同僧人交往的惯例看，他们的接触往往既吟诗，也

① 《访益上人兰若》。《严沧浪先生吟卷》卷二。

论道。因此，在严羽同益上人的交往中，我们虽不能确切地考见他们是否讨论了禅理，至少可以说明他们谈得较为投机。

在《游临江慧力寺》一诗中，他写道："赏唯静者契，法对高僧论。"① 诗中已经明白无误地讲到他们之间论道并且相契合的情况。《舟中望落星寺》一诗对他同僧人的交往没用具体的描写。但是，倘若他与此寺的僧人没有较为密切的关系，他也未必发出"愁杀舟中指落星"② 的慨叹。

从这些诗中可以看出，严羽同僧人有较密切的关系，他对佛教文化有较为系统的了解。正是基于这种知识结构方面的优势，他在论述诗歌理论的时候，系统地引用佛教文化以比喻诗理。他所涉及到的佛教问题包括大乘、小乘、声闻辟支；禅宗的南宗、北派；临济宗、曹洞宗；佛法之邪正、第一义、第二义、最上乘；参禅悟道的基本方式，即渐修与顿悟；悟道的效果，即当行、本色、悟之深浅；他自比为诗坛之宗杲；在论述他的兴趣说的时候，他连续运用佛门语言构建起诗歌的意象和境界；在佛门词语的运用方面，他也比别人多得多。由此可见，在对自己的理论进行阐述时，他大量地、系统地运用了佛教文化知识。这是其他人无法比拟的。

其二，严羽以禅喻诗还有一个特点是他人无法企及的。这就是他从佛教文化特别是禅宗那里吸收了可贵的理论成果和思想方法。他人说禅，多停留于对佛教语言、文化的简单地引用和浅显的比照，停留于对佛教文化同诗歌艺术的表面联系的寻觅和论述。而严羽却完全不是这样。

---

① 《严沧浪先生吟卷》卷二。
② 《严沧浪先生吟卷》卷二。

他从佛教文化中吸取其长于思辨的可贵成分。当诗歌理论中的一些基本问题诸如诗歌的本质、诗歌艺术的特殊性、艺术创作的特征等一系列问题，被各种谬误弄得是非颠倒的时候，他进行着艰苦的探索，力求找到能够突破现有理论体系的法宝。这个可贵的精神武器就是禅宗的对于道的认识，是禅宗参禅悟道的思想方法。他对于大乘、小乘的比较，对于禅宗南北两派的抑扬，对于妙悟这一艺术原则的提出，以及其他一些重要的理论观点的解说，都是出于对佛教特别是禅宗长于理论思考特点的学习和继承。

应当强调指出的是，他不同于一般士大夫之处就在于，他不是简单地、生硬地把禅宗的概念移植到诗歌理论的体系中。他认真地总结了诗歌创作中完成艺术构思和艺术表现的两种不同的倾向。一种倾向力主苦吟、锤炼，字斟句酌，反复推敲，渐趋工稳。另一种倾向则注重捕捉瞬间的灵感，不尚雕琢，以清水出芙蓉为其极致，推崇浑然天成之美。对于前一种倾向，诗人和诗歌理家们作了很多探索，已有很多论述。人们对其在诗歌创作中的作用也有了较为清醒的认识。然而，对于后一种倾向，却一向缺乏研究。从来没有人给它以明确的理论概括和准确的阐述。宋代文坛特别是江西诗派尤其排斥这一倾向。因为它与江西派所主张的以文字为诗、以才学为诗的艺术理想不合。

严羽要解决诗歌理论中的问题，摆在他面前的一个重要的课题，就是如何给后一种倾向并且在他看来是唯一能创作出优秀诗篇的艺术思维以恰当的概括，如何认识两种倾向在艺术创作中的作用，还应解决这两种艺术构思和艺术表现在其全部理论体系中的地位问题。他所要做的是前人不曾论述过的、无可借鉴的新的理论探讨。在这种情况下，沿着人们以往所走过的路便无法开创新的理论天地。他只能另辟蹊径。从他的性格来说，在别人看来几乎无法解决的这一难关，却恰恰可以发挥出他的特长。因为他的知识广博，尤其是他喜欢读常人所不很重视的驳杂之书。诸如纵横家之书、佛教之书，他无不精研细读。

于是，他从禅宗的理论中发现了可贵的思想成果。这就是禅宗关于参禅悟道的两种思维方式的理论：一种方式强调坐禅诵经，通过日积月累而逐渐悟道的渐修式的思维；另一种方式则认为道不在于一点一滴地把握，终年诵经也不一定能够完全明了禅理。禅理是体现于万事万物之中的。行亦禅，坐亦禅。人们完全可以从一棒一喝之间茅塞顿开，体悟禅理。这就是与前者相对立的顿悟式的思维。

禅宗关于悟道的思维方式的理论给了他以极大的启发。

诗艺与禅理在很多方面有相通之处。因此，诗人和理论家才每每借禅以喻诗。同样的，在构建诗歌艺术美和把握禅门奥理妙意方面，也存在着可以相通、相互启发之处。诗歌创作中那种日锤月炼式的苦吟，同禅宗的坐禅诵经、逐步明理的渐修，都是通向其目的的方式。而那种在诗歌创作中，诗人的灵感油然而生，随即借助于浑然天成的语言将其构成美好的意象的创作倾向，同佛门中在棒喝之间骤然领会禅理的顿悟，也具有相同的特点。于是，他归纳出了诗歌创作中的妙悟说。这是基于对禅理和诗理都有较深刻的理解，才能产生的认识上的飞跃，是一次重要的理论突破。而不是简单的比喻。

从这两方面看，严羽把自己的以禅喻诗说成是“自家实证实悟者”，也的确是合于实际的评价。这说明严羽在某些貌似相同的情况下，也总有他自己的特点，总有他的个性。这应该说是他关于“自家实证实悟”之说中所表现出的学术性格的主要方面。

另一方面，他的这些自我评价中，他的理论阐述中，也可以看出他的性格的一些非主要的特点。他性格豪放，往往以纵览天下的目光对事物作宏观的把握。在这种情况下，他以大礼不辞小让的态度说事论理。结果，他所要阐述的主要观点十分鲜明。然而，在其理论的展开过程中，在其理论体系的细部，有时暴露出一些不够周密之处。正如很多学者所指出的那样，在小乘禅之外又以声闻辟支为喻，的确容易造成误解；他所谓的“自家实证实悟”，也会造成混淆。在久已存在着以禅喻诗风尚之时，这样谈问题既失之于片面，也会给人造成言过其实之感。在这里，他应该强调自己的做法同他人的不同之处，以便人们更充分地了解他的理论贡献。尽管如此，我们还是应该充分肯定他的个性。正是他的学术个性造就了他，造就了他的理论。

第九章　身后的辉煌

——严羽思想的影响

严羽的一生是为自己的理想奋斗的一生，是为其文艺思想和理论观点而奋斗的一生。在十数年的客游生活中，他把自己的诗歌理论主张带到各地，向所接触到的诗人和爱好诗歌的人宣传自己的见解，引导人们按着他理论观点认识以往的诗歌发展规律和诗歌创作规律，也就是说，他要给当代文坛以有力的指导。然而，接受他的思想观点的人并不很多。他邀集同志好者结成诗社，被公推为盟主，可是，真心诚意拥护其主张并将这一主张贯彻到自己创作中的人寥寥无几。到了晚年，终于赢得了信赖和拥护，产生了一批“盛传宗派”之人。邵武成了一个新的文学中心，在这里形成了一个以严羽为代表的诗派。应该说，这是他坚持不懈地奋斗了几十年的结果。对于任何文学家来说，这都是极其难得的成功。

然而，严羽更大的成功，还是在他去世以后。他的理论观点被人们所认识，所接受，所阐扬。他的思想的深刻的内蕴被发掘出来了。

他开创了一个新时代。他启迪了元代诗人，他的影响覆盖了明代文艺理论界，深刻地影响了清代和近代。这是任何其他理论家都不曾有过的殊荣。

从宏观上看，严羽的影响可以分为生前和去世后两大阶段。生前，他主盟诗坛、诗社，直接指导了一批文坛后进，从而形成了一个诗派。这都属于他的社会活动的一部分，因此，我们在论述严羽的生平时进行讨论。从他去世以后，他的历史作用就表现为思想影响。正是在这方面，才表现出一个思想家的本质和他对历史、对文明的贡献。这一章，我们就从这一角度进行探讨。

严羽的影响有时表现得较为直接，较为明显，人们以他的文艺观点和学说为基础，从中直接引申、发挥，产生了新的学说和重要观点；有时，他的影响则显得不够直接，具有一定的潜在的特点，人们不是以他的学说、观点为自己立论的基础和前提，而是从他的学说中发现一些合理因素，或者受到某些启发，导致了一些新观点的形成；此外，还有更具间接性特点的情况，有的人并不接受他的观点，然而，他在研究问题的态度和思想方法等方面给后人以更深刻的影响。

一、严羽影响下的邵武后进与元代文坛

严羽去世后，最先接受其影响而活跃于文坛上的人，是生活在宋代末期和元代的诗人。其中较为突出的是黄公绍、严斗岩、黄镇成、陈士元诸人。他们尊敬严羽，信服他的学说，整理他的诗篇和诗歌理论著作，使之在遭到战火的焚毁之后，得以在新一代诗人中广泛传播，

从而产生了更大的影响。在这些具有跨时代意义的新人中，首先应该予以肯定的是黄公绍。

公绍为邵武黄氏之后。自宋代以来，邵武黄氏几乎世世代代不乏进士及第之人。而公绍这一支又足可令邵武黄氏引以自豪。其先人黄蒙举进士，后赠中奉大夫；蒙之子中美，字文昭，七岁丧父，励志为学，登绍圣元年（1094）进士；中美之第四子永存，字坚叟，登绍兴二十四年（1154）进士，居官以才能出众闻名朝野，被超拔，累官至正议大夫；永存之孙大昌不事科举，以岩穴幽隐之高风闻于远近，撰有《兼山语解》。[①] 公绍即大昌之子。

公绍字直翁，咸淳元年（1265）进士，仕为架阁官。宋亡，隐居樵溪。他取胡安国"心要在腔子里"这句名言的意蕴，将自己的居所称为"在轩"，并将自己的诗文集也称为《在轩集》[②]。此外，公绍所著有《韵会》一书，惜已散失，经后人整理，流传于世。[③]

公绍生活于宋代末叶，距严羽时代较近。他幼时还看到家乡父老所保存的严羽诗集。但是，后来在蒙古灭宋的战争中，严羽的诗卷也同当地其他文献一起毁于战火。他怀着深深的遗憾慨叹这些诗"恨不及传"。后来，李南叔搜集严羽诗歌的散篇汇为一卷，编成《严沧浪吟卷》，虽同原卷相比，在数量上差了很多，但人们都感到非常宝贵。黄公绍认为，达官贵人们写了许多诗集、文集，依靠其权势、财力刻版流传，

---

① 见《闽中理学渊源考》卷三十九，《嘉靖邵武府志》卷十三。

② 参见《宋诗纪事》卷七十五，张凤孙重修《邵武府志》卷十六。

③ 见《嘉靖邵武府志》卷十三，《四库全书总目》卷一百六十五。

然而，那些穷苦诗人的作品却难付梓，但他们的一联半句都是十分宝贵的。他们的作品依靠其自身艺术成就播在人口，或因其为人们所深爱而得以雕版成册。严羽的作品就属于这后一类。因此，他说："三严之诗不可尽得。得其一篇一咏，亦足以快。而况于沧浪之卷犹存十一于千百，不已幸乎！后之览者，其永宝之哉！"从这些看法和说法中较为清楚地表现了他对严羽的诗作的评价。

公绍对严羽的诗歌理论也深加推许。他引用文献记载说：严羽"为诗宗盛唐，自风骚而下，讲究精到。石屏戴复古深所推敬"。他用文献中的评价、用当时大诗人的态度表达了自己对严羽的理论观点的赞同。①

黄公绍是使严羽在历史上产生巨大影响的第一功臣。

与黄公绍所处时代相近而又受严羽影响较深的有严斗岩和黄清老。

严斗岩是邵武人，为邑中著名学者。元世祖至元（1264—1294）末期，有诏征之，不肯从命，隐居乡里，聚徒讲学。他对自己的学生黄清老说："吾昔受学于严沧浪，今得子相从，吾无恨矣！"② 从这则记载可以看出，斗岩也出于邵武严氏后裔。他又尝受学于严羽，由此我们可以看出他的学术渊源，即他是严羽亲传弟子之一，是有据可考的弟子中年齿、辈分最小的人之一，可能同严羽之孙子野、半山为同辈，年龄也相去无几。他的生年可能比黄公绍略早些，因为，他既然得严羽之亲传，那就必然是在严羽隐居山中之前，他师事这位当代诗坛巨擘。我们

① 均见黄公绍序。

② 见《宋元学案补遗》卷四十九。

无法考见斗岩是否有所著述。可是，至少有一点是可以肯定的，即他通过讲学授业，把严羽的思想观点传给了下一代人。

黄清老是严羽的再传弟子，直接受业于严斗岩，为其得意门生。清老字子肃，出于邵武黄氏，与公绍同祖同宗。清老天资颖悟，五岁时便能日记数千言。元泰定四年（1327）及进士第，累官翰林编修、奉训大夫，出为湖广行省儒学提举，奖掖大批后进人才。其为人，其学识，均受到当时知识界推重，称之为樵水先生。撰有《春秋经旨》、《四书一贯》等数十卷。其诗有盛唐风概，深受时人喜爱，至明代犹存数千篇。[①] 从这些记载及前面所引严斗岩对清老的褒奖可以看出，严羽的影响明晰可辨。元人多主张宗唐复古，而所宗之唐却不辨初盛中晚。严羽正是在当时一片学习晚唐之风甚炽的时候，力主以盛唐为典范。从这个角度说，在严羽的后学之中，清老以盛唐为指归的诗歌创作颇得其先师学说的三昧。

在元代可以看出受到严羽的一定程度的影响而又成就突出的诗人当属黄镇成。

据《嘉靖邵武府志》卷十四载，镇成字元镇，邵武人。自弱冠即厌弃荣利，慨然以圣贤道学自励，学者号曰存斋先生。元延祐间（1314—1320）科举行，再试，与有司不合，至正年间（1341—1368），筑室城南，名之曰“南田耕舍”。一些朋友见他隐居之所及室名，多作诗赋，将其比为老农。于是，他作诗写怀，抒发了不被理解的苦恼。他在诗中描写了种田南山下，但土壤贫瘠，良苗稀少，恶草丛生的景象。接下去他在诗中说：

---

① 见《嘉靖邵武府志》卷十三、《闽中理学渊源考》卷三十九。

路逢荷蓧人，相顾徒嗟咨。我欲芟其芜，但念筋力微。终焉鲜嘉谷，何以奉年饥？谁令恶草根，亦蒙雨露滋？岂无力耕士，悠悠兴我思。[1]

从这首诗中可以看出，他不是一般的鄙薄功名利禄之人。他本来怀有铲除恶草之志，要对社会有所贡献，但却生逢乱世，理想无法实现，只好隐遁山林。他的远大抱负，也只能在诗中诉诸世人。部使者相继推荐不应。后以执政荐，授江西路儒学提举，命下而卒。撰有《尚书通考》十卷，是书同当时一些儒生引用尚书的只言片语以论心学的偏向有明显的差别，他大量征引旧说以考论虞、夏、商、周四代之名物、典章、制度，被认为是“以实用求《书》，不以空言求《书》”[2]。此外，有《周易通义》、《中庸章旨》、《性理发蒙》等均失传。作为诗人，镇成有《秋声集》四卷传于世。[3]

与镇成同时且为诗友的陈士元也是在严羽影响下成长起来的邵武后进。士元隐居不仕，学者号为旸谷先生。撰有《武阳志略》，多为历代重修邵武地方志者所引用；此外，他又编辑邵武前辈诗人的作品汇为一集，名之为《武阳耆旧宗唐诗集》。黄镇成为此集作序。他在序中既阐明了士元编辑此诗集的良苦用心，也表明了自己的诗歌主张。他说：

宗唐诗者，武阳耆旧之所作也。诗以唐为宗，诗

① 《南田耕舍诗》其二。
② 见《四库全书总目》卷十二。
③ 参见《闽中理学渊源考》卷三十九，《嘉靖邵武府志》卷十四。

> 至唐而备也。……宋诸大家务自出机轴，而以辨博迫切为诗，去风雅颂反远矣。及其弊也，复有一类衰陋破碎之辞，相尚为奇，岂不为诗之厄哉！吾乡自沧浪严氏奋臂特起，折衷古今，凡所论辩，有前辈所未及者。一时同志之士更唱迭和，以唐为宗，而诗道复昌矣。是时，家各有集，惜行世未久，海田换代，六丁取将。旸谷陈君士元网罗放失，得数十家。大惧湮没，俾镇成芟取十一，刊刻传远，一以见一代诗宗之盛，一以见吾邦文物之懿。陈君是心可不谓贤者？我朝文治复古，诸名家杰作齐驱盛唐，是编之行，适其逢也。

从这诗集的命名，从诗集的序言，都很清楚地表明了镇成、士元的观点、主张。他们倡导在诗歌创作中以唐为宗，反对宋代诗风；他们赞同并高度评价严羽文艺思想中的一些基本观点，特别是其对唐诗、宋诗的总体评价。

黄镇成、陈士元的诗歌主张同元代诗坛上力主宗唐复古潮流是一致的。

元代诗坛上，以戴表元为代表的一批诗人极力主张学习唐诗，学习古诗。戴表元认为，“诗自盛古至于唐，不知几变，每变愈下”①，因此，要学习唐诗，学习唐以前的诗。元初文坛大手笔陆文圭把诗分为诗之内与诗之外。所谓的诗之外，即指诗中字和句的锤炼、运用；所谓的诗之内，则“诗有意，意

---

① 见《剡源集·张仲实诗序》。

中有趣”。他折衷黄庭坚和严羽，各有所取。[①] 这些人的文艺观点并不很明确，只不过是从前代诗人和理论家的思想、观点中吸收了一部分适合于自己时代的主张而已。尽管如此，我们还是可以看出严羽对他们的一定程度的影响。当然，他们身上所体现出的影响，比起黄镇成、陈士元来，则距严羽理论的内核还隔得更远一些。

二、严羽思想荫庇下的明代文坛

严羽的学术思想在元代的影响当以黄公绍《沧浪吟卷序》表述得较为明确。当时的文化建设较为迟缓，还没有人对严羽的文艺思想作出较为全面的评价。到了明代则产生显著的变化。明王朝建立百有余年之后，武宗时代的太仆少卿都穆于正德庚辰年（1520）为尹子贞刻本《沧浪吟卷》作序时说：

> 作诗难，论诗尤难。古人论诗者众矣，然皆泛略不同，鲜有定论。求其精切简妙，不袭故常，足以指南后学如《沧浪先生吟卷》者，岂非诗家之至宝乎？[②]

在这之前几年，和春在王蒙溪刻本《沧浪先生吟卷·跋》中，也极力称赞严羽的诗话，“其识精，其论奇，其语峻，其旨远，

① 参见《墙东类稿·跋陈元复诗稿》。

② 《沧浪诗话校释·附录》。

断自一心，议定千古。”也有的人从另一个角度看问题，冯班在《严氏纠谬》中指出像前后七子那样的理论家虽然声名赫赫，然而，“详其诗法，尽本于严沧浪”①。何焯在该书评语中也说：“自宋末以来，大抵多为（严羽）所误。”②

不论这些评论者对严羽的理论观点赞成与否，从他们的论述中至少可以看出一个公认的事实，即严羽的思想对明代文坛产生了广泛、深刻的影响。

在明代率先从严羽的思想中汲取营养别创新说的是以李梦阳（1475—1531）、何景明（1484—1522）为代表的前七子。

李梦阳、何景明等人生活在明代中期，当时，文坛为杨士奇、杨荣、杨溥为代表的台阁体所笼罩，作诗讲究“词气安闲，首尾停稳，不尚藻辞，不矜丽句”③，而其内容则多为应酬、题赠之类。他们自称“勋名在钟鼎”，“固不屑与文人学士竞浮名于身后”。这些人因自己社会地位较高，满足于歌舞升平，对诗歌表现人们审美感受的功能，对诗歌艺术表现的技巧，不作深入的研究，将诗歌创作引入了歧途。正如纪昀所说，“成化以后，安享太平，多台阁雍容之作，愈久愈弊，陈陈相因，……千篇一律”④。这是明代诗坛的一厄。

李梦阳，字献吉，号空同子。庆阳（今属甘肃）人，后徙大梁（今河南开封）。登弘治七年（1494）进士第，官至户部郎中。其为人刚正敢言，十年间三次下狱。有《空同集》。

---

① ［清］冯班《钝吟杂录》卷五。

② 《沧浪诗话校释·附录》。

③ ［清］钱谦益《列朝诗集小传》乙集，古典文学出版社1957年版。

④ ［清］纪昀等《四库全书总目》卷百七十一，《空同集提要》。

李梦阳对明代文坛的现状和风气深致不满。他从严羽的思想观点中获得启发，鲜明地提出复古的主张。他公然说“汉后无文，唐后无诗”；“古诗必汉魏，必三谢；今体必初盛唐，必杜。舍是无诗焉”[①]。这些说法很明显地继承了严羽的观点，甚至对某些问题的提法也极其相似。严羽说，“以汉魏盛唐为师”；“汉魏晋与盛唐之诗，则第一义也”；“汉魏尚矣，不假悟也。谢灵运至盛唐诸公，透彻之悟也”。[②] 不仅对汉魏盛唐的推崇方面表现出相同的态度，连对那个时代的个别诗人诸如谢灵运的看法都如出一辙，足见严羽对前七子影响之深。李梦阳的观点一经提出，当时诗坛纷纷表示拥护，所谓“明之诗文于斯一变”[③]。从这里不难看出当时诗坛对严羽的思想接受的程度。

李梦阳最重要的理论贡献在于他明确提出了格调说。他在《潜虬山人记》中说：“夫诗有七难：格古，调逸，气舒，句浑，音圆，思冲，情以发之。七者备而后诗昌矣。”格与调居七难之首，成为他的诗歌理论的支柱，也是他评价诗歌艺术成就高下的标准。他说：“高古者格，宛亮者调，沉著雄丽、清峻闲雅者才之类也，而发于辞。”[④] 他认为唐诗与宋诗的根本区别就在于格调之存否。他说：“诗至唐，古调亡矣。然自有唐调可歌咏，高者犹足被管弦。宋人主理而不主调，于是唐调亦亡。”[⑤]

---

① ［清］钱谦益《列朝诗集小传》丙集。

② 《沧浪诗话·诗辨》。

③ 《明史·文苑传》。

④ 《驳何氏论文书》，《空同集》卷六十二，《四库全书》本。

⑤ 《缶音序》，《空同集》卷五十二。

李梦阳以复古相号召的诗歌主张在当时文坛上针对性较强，对扭转台阁体忽视情志、矫揉文采的诗风，起了强大的冲击作用，因而具有明显的进步意义。但是，他们的理论主张从一开始就带有极端化、片面化的倾向。他的格调说也是其复古主张的重要组成部分。他要求通过学习古人诗歌的格调，以达到更好学习古人之诗的目的。然而，就中国古代文艺思想发展的过程来说，“格调说”又不能与其所支持的复古主张简单地等同看待。复古、拟古，亦步亦趋地跟在汉唐诗人身后，只能学习写诗，绝不能推陈出新，创作出自己时代的诗歌。因此，这一主张的肤浅、片面性特征是不言自明的。格调说则不然。在复古的主张中，它具有一定的独立的理论意义。它是从总结古代人诗歌艺术成就、更好地学习古人的角度提出这一概念的。尽管这一主张也同样带着片面性，但它是诗歌艺术方面研究的成果。它代表了这个时代人们对诗歌表现方法、表现能力认识和把握的尺度。

应该说，作为格调说构成的因子，并不都始于严羽。欧阳修在《六一诗话》中或明或暗地多次论述了格、气格。如他说：“唐之晚年，诗人无复李、杜豪放之格。”他比较、评价苏舜钦、梅尧臣的诗时说：“子美笔力雄隽，以超迈横绝为奇；圣俞覃思精微，以深远闲淡为意。”这里着眼于两位诗人的风格和诗体，而他关于气格的主张则体现于字里行间。黄庭坚论诗虽较多地强调在用典上，在文字的雕琢上下功夫，然在关于气格方面也有所论述。他在评价王安石的诗时说：“荆公之诗暮年方妙。然格高体下。”[①]

① 见《后山诗话》，《历代诗话》本。

严羽的文艺思想中能够为格调说所继承、发挥的观点就更多了。他论及诗法时明确提出了“格力”和“气象”两个概念。他论述唐诗与宋诗的根本差别时说，“唐人与本朝人诗，未论工拙，直是气象不同。”① 他谈到唐以前诗在词理意兴方面取得较高成就时说，“汉魏古诗，气象混沌。”“建安之作，全在气象，不可寻支摘叶。”② 除了这些具体的论述以外，他关于词理意兴的主张，关于妙悟的学说，则在更深的层次上给予格调说以启迪和理论依据。因此，可以说，格调说论者对严羽的文艺思想从基本主张到具体观点进行了多方面的吸收、扬弃，同时结合自己时代文坛的条件而提出的新理论。

以李攀龙、王世贞为首的后七子受严羽思想观点的影响更多。

李攀龙（1514—1570）字于鳞，号沧溟。历城（今山东济南）人。嘉靖二十三年（1544）进士，历官刑部广东司主事、陕西提学副使、河南按察使等职。有《沧溟集》。

王世贞（1526—1590）字元美，号凤洲，又号弇州山人。太仓（今属江苏）人。嘉靖二十年（1541）进士。历官刑部主事、刑部尚书等职。著述宏富，有《弇州山人四部稿》等。

李攀龙、王世贞等人也像前七子一样，力倡复古，甚至比前七子更激切。他们结成诗社，“诸人多少年，才高气锐，互相标榜，视当世无人”③。李攀龙“高自夸许”，宣称“诗自

① 《沧浪诗话·诗评》。
② 《沧浪诗话·诗评》。
③ 《明史·文苑传》，中华书局 1974 年版。

天宝以下，文自西京以下，誓不污我毫素也”[①]。他推崇汉魏古诗，摹拟古乐府，特别要求人们学习古诗在声调方面的特点。他作为当时文坛盟主，与志同道合者鼓吹、宣称，蔚成风气。甚至在他秦中挂冠，杜门高枕以后，还“操海内文章之柄垂二十年”，足见其影响之大。

王世贞也是当时文坛领袖，他的才气实高于李攀龙，“其神明意气，皆足以绝世”[②]。他与李攀龙的观点、主张一致，也以推崇西汉古文、大历以前的唐诗为自己文艺观的核心。李攀龙去世之后，王还独操文柄二十年。“一时士大夫、词客、衲子、羽流，莫不奔走门下”[③]。由此可见其在明代中期诗坛的地位。

以王、李为首的后七子之间也存在一定的分歧，甚至李攀龙同谢榛之间还发展到绝交的地步。但在有关文学的基本观点方面，他们之间有较多的共同性。如对汉魏盛唐诗文的的推崇和坚持等。王世贞比李攀龙在理论方面的建树更多，因此也更能代表当时文坛对诗歌理论研究所达到的水平。王世贞也继承了前七子的观点、主张，以格调说构成了自己理论的核心。同时，他的主张比李梦阳的论述显得全面些，深刻些。他说：

才生思，思生调，调生格。思即才之用，调即

① 《列朝诗集小传》丁集。
② 《列朝诗集小传》丁集。
③ 《明史·王世贞传》。

思之境，格即调之界。[1]

夫格者才之御也，调者气之规也。子之响者遇境而必触，蓄意而必达，夫是以格不能御才，而气恒溢于调之外。[2]

从这些论述中可以看出，王世贞所说的格调，已不同于李梦阳仅仅停止于诗的外部形态。他把格、调同才、思紧密地联系在一起，竭力找出四者见诸创作时的对应关系，并且把格调同诗人创作时的艺术构思、艺术表现紧密相连。于是，他的格调之论就不再局限于对诗歌艺术的表面的、肤浅的理解。它有助于引导人们深入理解诗歌的成功之处，有助于引导人们御才、敛气以熔铸于诗。

虽然前后七子论诗都力主格调说，但他们所赋予这一理论的内涵却有较大的差别。王世贞的主张带有较多的理论色彩。而他的理论色彩的得来，也更多地依赖于《沧浪诗话》。他的格调说就是从严羽的兴趣说和妙悟说中脱胎而出，不仅如此，他还把格调同境界说联接起来，构成了“调即思之境，格即调之界”[3] 的关系。由此可以看出，他极力赋予格调说以更丰富的内涵。同时，在阐述自己主张的时候，他也多方面地吸收严羽的文艺思想和表达方式。如他论述汉魏文学时说：

西京、建安，似非琢磨可到，要在专习。凝领

---

① 《艺苑卮言》。
② 《沈嘉则诗选序》。
③ 《艺苑卮言》。

之久，神与境会，忽然而来，浑然而就，无歧级可寻，无色声可指。①

在这段论述中，可以很清楚地发现他对严羽关于“词理意兴，无迹可求”、关于“水中之月，镜中之象”等方面观点和论述方式的化用；此外，他教导人们区分第一义、第二义的文学，引导后学取唐以前诗熟读之等，从做法到语言，都可以看出严羽的影子。

明代胡应麟（1551—1602）论诗主格调说，服膺前后七子，尤其推尊王世贞，称“诗家之有弇州，证果位之如来也，集大成之尼父也”。他的有些说法足可使人们了解其理论来源。他在《诗薮·内篇》卷五说：“汉唐以后谈诗者，吾于宋严羽（案当作仪）卿得一悟字，于明李献吉（案李梦阳字献吉）得一法字。皆千古词场大关键。”由此可见，严羽的理论给予明代诗人和理论家以多方启发，尤其是他的妙悟说，为新一代理论家建构自己的观点、主张，从思想方法的角度提供了有益的借鉴。

值得进一步指出的是，中国古代在文艺思想领域历来缺乏较为完整的理论体系和较具自觉意识的学说。因此，一旦有位杰出的理论家在这个领域内提出较具体系性的看法，就很容易取得社会的认同。其中，首先达到这种地步的理论成果就是《毛诗序》所提出的诗教观。《毛诗序》说：

故正得失，动天地，感鬼神，莫近于诗。先王

① 《艺苑卮言》。

以是经夫妇，成孝敬，厚人伦，美教化，移风俗。

在这一主张看来，文学只不过是政治的附庸，是实现政治目的，维持纲常、社稷的工具。它过分强调了文学的社会作用，并且以此取代了文学的艺术本质。尽管如此，它毕竟是中国文学思想发展史上第一个较为完备的理论观点。

刘勰的理论体大思深，当时所涉及的文学问题几乎都可以在他的论著中找到答案。然而，这样的理论家在中国古代是绝无而仅有的。大多数诗人或诗论家理论概括能力有所不足，无法结成宏大的体系和绵密的论述层次，而以较为轻松的笔触写成诗话的形式。在这些著述中，钟嵘的《诗品》观点鲜明，内容深邃，卓然成家。该书以体论诗，以风格论诗，给后世以极大的影响。此后，建立完整学说，并给后世以深刻影响的，当以严羽为最突出。

如果从这个角度看，格调说虽然有很多未能尽如人意之处，但是，就这一学说的自觉意识来说，或者就这一学说的完整程度，就其在古代诗歌艺术研究的历史发展来说，我们都应给它以必要的肯定。

三、"神韵说"及其理论溯源

清代前期诗坛对明代的复古倾向和格调说极为不满。钱谦益批评李梦阳模拟古人的做法及其影响时说："牵率模拟剽贼于声句字之间，如婴儿之学语，如相子之洛诵，字则字、句则句、篇则篇，毫不能吐其心之所有。""雄霸词坛，流传伪种。二百年以来，正始沦亡，榛芜塞路。先辈读书种子，从此断绝”[①]。钱氏之说代表了当时文坛普遍的思想潮流。这种对明代前后七子的否定之风，也为当时文坛提出自己的理论发现提供了很好的借鉴，即他们在对文艺理论进行新的探讨之时，应该比前后七子更加深入，并且不要重蹈他们片面化、极端化的覆辙。从这个意义上说，这个时期的风气较为利于新学说的形成。

神韵说就是在这样的时代条件下，继承严羽的文艺思想而建构起的新的理论主张。

神韵说的代表人物是王士祯。王士祯（1634—1711）字贻上，号阮亭，又号渔洋山人。山东新城（今桓台）人。顺治十二年（1655）进士，官至刑部尚书，谥文简。有《带经堂集》、《渔洋精华录》、《渔洋诗话》等著作数十种。

王士祯曾很得意地表白，自己首先提出神韵说，却能与前代人之主张暗合。他引述嘉靖间进士孔天允的观点说，“诗以达性，然须清远为尚。”又引述孔天允等人评论谢灵运、王维、孟浩然、韦应物之诗，认为“总其妙在神韵矣”。然后说，“‘神韵’二字，予向论诗，首为学人拈出，不知先见于此。”[②]

王士祯以神韵说构成自己的理论核心，也以此标新立异于当世。作为一个新提出的文艺观点，他所谓的神韵说同钟嵘、严羽等人的理论一样，都需借助于领悟才可把握、具有不可指实的特点。他借用前人的论述以说明这一概念的内涵：“严沧浪论诗云：‘盛唐诸人，唯在兴趣。羚羊挂角，无迹可

---

① 《列朝诗集小传》丙集。

② 《池北偶谈》。

求。透彻玲珑，不可凑泊。如空中之音，相中之色，水中之月，镜中之象。言有尽而意无穷。’司空表圣论诗云：‘味在酸咸之外。’……于二家之言别有会心”，于是，他从开元、天宝诗人中，选取尤为隽永超诣者四十二人的作品编为《唐贤三昧集》。由此可以看出，水月、镜象的艺术境界，酸咸之外的艺术旨趣，就是他的神韵说的基本要求，按照这种要求，诗歌的内容应以模山范水为主，就像王维、孟浩然的诗那样，风格应取清奇、淡远、自然，应该言有尽而意无穷，具备一唱三叹之妙。此外，他说：“律句有神韵天然，不可凑泊者。’[①] 又说：“七言律联句神韵天然，古人亦不多见。”

如果将神韵说同格调说略加对比，就可以看出，前者注重诗歌的艺术境界、旨趣和风格，比格调说对诗歌艺术的探讨，显得深刻，也较易于为诗人接受。

虽然王士祯宣称神韵说是自己发现的，只不过与古人之说暗合，就像严羽自称以禅喻诗是他“自家凿破此片田地”一样，其实，或许他确实没看到过前人的有关论述，或许他只以间接的方式受到前人的影响。总之，在他之前并非没人谈起神韵，只是这个词在那时还没成为文学理论中的一个范畴而引起文坛的注意。

神韵说是个融汇前代画论、诗论的成果而形成的新的观点。南齐谢赫在《古画品录》中说：“神韵气力，不逮前贤；精致谨细，有过往哲。”[②] 这里的神韵，以神似方面的差距同形似方面的特点相比较，含有神情韵味之意。唐张彦远《论

① 《带经堂诗话》卷三。
② 谢赫《古画品录》，人民美术出版社 1959 年版。

画六法》说："至于鬼神人物，有生动之状，须神韵而后全。"[①] 也是说这些绘画在描摹形态方面较为真切，然而在神态的刻画或传神之笔方面，则有所不足。此外，明代的陆时雍在其《诗镜总论》中提出了"情韵"说。他论诗主张"情欲其真，而韵欲其长"。这里的"韵"偏重于韵味、余韵。他说："有韵则生，无韵则死；有韵则雅，无韵则俗；有韵则响，无韵则沈；有韵则远，无韵则局。""韵生于声，声出于格，故标格欲其高也；韵出为风，风感为事，故风味欲其美也；有韵必有色，故色欲其韶也；韵动而气行，故气欲其清也。此四者，诗之至要也。"[②] 所谓的四者，即指格、风、色、气。而这四者又都是韵的存在方式。因此，韵和情韵作为一个文艺理论范畴既不同于格调说，也有别于后来的神韵说。它在二者之间具有一定的联结作用。

在古代诗歌研究中，更多的导向神韵说，甚至直接提出这一词语的，是明代的胡应麟。胡应麟（1551—1602）曾拜谒王世贞，对王的诗歌主张和诗歌创作极力推许。王世贞也对他给予多方肯定。汪道昆为胡应麟的《诗薮》作序，就指出了他同严羽、高廷礼、李攀龙、王世贞之间的思想联系。

胡应麟论诗的基本倾向也主张格调说。然而，他又提出了"兴象风神"和"神韵"等概念。他说："诗与文体迥不类：文尚典实，诗贵清空；诗主风神，文先理道。""盖作诗大法，不过兴象风神，格律音调。"[③] 在他的理论中，格律音调构成

① 《历代名画记》，人民美术出版社 1963 年版。

② 《历代诗话续编》本。

③ 《诗薮》外编卷一，上海古籍出版社 1979 年版。

了诗歌形式方面的基本要求。兴象风神则重在对作者将其审美感受表现为诗的考察。它强调诗人在创作中应将自己的诗情熔铸为艺术形象，构成意境，并且应该具备风韵神采，使人在吟咏之后，还会有余韵悠远之感。二者的完美结合才会成为好诗。如果外部形式上的格律音调这些基本点上乖舛、卑弱，兴象风神或者无法形成，或者要受到严重的损害，即他所说的“兴象风神，无一可观。乃诗家大病”①。对那些格律音调妥贴匀称，琅琅上口的作品，人们就要着重品味诗中的兴象风神。如他说：“盛唐绝句，兴象玲珑，句意深婉，无工可见，无迹可求。中唐遽减风神，晚唐大露筋骨，可并论乎?”② 中晚唐人诗，在声律、音韵方面不可谓之不工，然而其诗的艺术成就同盛唐之间存在着显著的差别。这差别，胡应麟认为就在于兴象风神之间。在这些论述中，已经表现出他在超越格调说方面所作的努力。

与这些努力相适应的，他还运用“神韵”二字以论诗。他说：

> 杜陵、太白七言律绝，独步词场。然杜陵律多险拗，太白绝间率露，大家故宜有此。若神韵干云，绝灭烟火，深衷隐厚，妙协箫韶，李颀、王昌陵故是千秋绝调。“野旷天低树，江清月近人”，神韵无伦。③
>
> 诗之筋骨，犹木之根干也；肌肉，犹枝叶也；色

---

① 《诗薮》外编卷一，上海古籍出版社 1979 年版。
② 《诗薮》内编卷六。
③ 《诗薮》内编卷六。

泽神韵，犹花蕊也。筋骨立于中，肌肉荣于外，色泽神韵充溢其间，而后诗之美善备。①

此外，他论及神韵之处还有很多，不必一一列举。从这些论述中可以看出，他所说的神韵，同兴象风神在内蕴上颇有相近之处。即它们都强调诗歌的艺术效果，讲究韵味、风采，偏重于对意境的领悟。

总而言之，当王世贞雄踞诗坛之时，当格调说尚为众人所信奉之时，就已经有些追随者开始了将格调说推向新阶段的研究。这些探讨为后来的神韵说作了很好的理论准备。特别是胡应麟在这期间提出了神韵二字以论诗，应该说这同清代神韵说之间就有了更密切的关系。

但是，我们的研究不应停留于对某些词句的直接比较中，还应进一步从思想深处探寻其理论渊源。对此，王士祯自己曾多次真诚地谈起过他从钟嵘、严羽那里所受到的影响。他说：

余于古人论诗，最喜钟嵘《诗品》、严羽《诗话》、徐祯卿《谈艺录》。②

严沧浪《诗话》借禅喻诗，归于妙悟，如谓盛唐诸家诗，如镜中之花，水中之月，镜中之象，如羚羊挂角，无迹可求，乃不易之论。而钱牧斋驳之，

---

① 《诗薮》外编卷五。

② 《带经堂诗话》卷二，人民文学出版社 1963 年版。

冯班《钝吟杂录》因极排诋，皆非也。[1]

严沧浪论诗，特拈“妙悟”二字，……皆发前人所未发之秘。[2]

这都限于对严羽的直接的称赞。至于引用严羽的观点、见解以说诗论事之处，更是不胜枚举。仅此一端，已足可看出严羽的文艺思想在新的形势下所产生的影响，可以看出，他的观点给予人们的启发已经逐步向深入发展了。

四、师其意而不师其词的后继者

严羽给予后世的影响是多方面的，也是非常深刻的。然而，后代理论家在继承和扬弃他的思想观点时，却有较大的差别。有的学者对他非常尊崇，把他视为自己文艺主张的不祧之祖，对他的思想观点不加分析，兼收并蓄，既继承了他的杰出的理论贡献，也把那些不够严谨的甚至带有明显的偏颇之处的论述都视为至理名言。如明代前后七子对严羽的态度中，就较多地带有这样的特点。有的学者能够分辨严羽理论的复杂情况，从而采取了扬弃的态度，继承他的杰出的理论成果，阐扬之，引申之，进而提出自己的观点、主张；对他的较为偏颇的看法，或弃置一旁，或有所修正。如王士禎、胡应麟都在一定程度上采取了这样的态度。有些学者也受到严羽的影响，然而，他们既不曾给严羽以很高的评价，也未必申明

① 《带经堂诗话》卷二。

② 《带经堂诗话》卷二。

引述他的观点作为自己理论建树的出发点和前提。他们对严羽采取了师其意而不师其词的态度。他们从严羽的论述中受到了某些启发，进而提出了自己的见解。对于这一类影响，有时可以从某些观点、概念的联系中进行考察，有时又无法通过片言只字去认识前后两位理论家之间的传承关系。

严羽对袁枚的影响就具有后一类特点。

袁枚（1716—1798）字子才，号简斋，浙江钱塘（今杭州）人。乾隆四年（1739）进士。历官庶吉士、江宁知县。后辞官卜居江宁小仓山，号随园。有《小仓山房诗文集》、《随园诗话》等。

袁枚论诗力主性灵。他说:“凡诗之传者，都是性灵。”①他直接论述性灵之处并不多见。然而，在称赏前代和时人的某些诗的时候，往往把这一主张阐述得很充分。他论诗强调真，即诗人的真情实感，并且，他要求诗人最好应该保持一些纯真之情，在诗中应体现为真情的流露，要率意而为，不要矫揉造作。因此，他把性灵同真情联系在一起，而与雕琢之作，与讲求格调的主张相对举，鲜明地表现出自己的论诗基点。他认为，“三百篇半是劳人思妇率意言情之事”。这是《诗经》为后世树立的榜样。他说：

> 且夫诗者，由情生者也。有必不可解之情，而后必有不可朽之诗。情所最先，莫如男女。古之人屈平以美人比君，苏、李以夫妻喻友，由来尚

① 《随园诗话》卷五，上海文明书局戊午年（1918）刊刻。

矣。①

杨诚斋曰："从来天分低拙之人，好谈格调，而不解风趣。何也？格调是空架子，有腔口易描。风趣专写性灵，非天才不办。"余深爱其言。须知有性情，便有格律。格律不在性情外。②

所谓的性灵说，学者的解释也不尽相同。其实，这里的"性"，不仅指性情。在传统文化看来，天命谓之性。因此，性就体现出对纯情、真情的强调。这一主张要求诗人在作品中表现出他的真实感受。

从性灵说的基本内容看，它同严羽的思想主张之间有一定的距离，不易判断二者之间的传承关系。然而，若透过表面进行分析，我们仍能看出其间并非没有启发和继承之事的。

首先，袁枚所说的性灵，特别强调作者的真实感情。这同传统文化所要求的"诗言志"，把诗当做经国之大事的主张有很大的差别。而严羽所说的"诗者，吟咏情性者也"的见解，在充分肯定情在诗歌创作中的合理性这一点上，具有较多的一致性。同时，袁枚把性情视为诗歌创作和诗歌欣赏的唯一依据，是对儒家诗教观的有力冲击，也是对当时文坛上存在的从前代文献中寻求创作题材，把作诗的功夫用在格调上的倾向是个有力的批评。而在这方面，严羽关于"诗有别材，非关书也；诗有别趣，非关理也"，以及他关于兴趣的论述，关于妙悟的论述，无疑给予袁枚以极大的启发。

上面我引述了袁枚赞同杨万里的一段论述。在那里，他

---

① 《答蕺园论诗书》，《小仓山房文集》卷三十，乾隆间刻本。

② 《随园诗话》卷一。

主要用性灵说反对格调说。然而，这段引文还表现出他对天分与学力的看法。应该说，在这方面他们的见解具有更多的相似之处。他还指出了当时文坛的三种弊端：其一，填书塞典，满纸死气。这就是严羽批评江西诗派的以文字为诗的倾向。其二，全无蕴藉，矢口而道。这同严羽所反对的“于一唱三叹之音，有所歉焉”的枯燥之作毫无二致。其三，对当时一些人讲求声调平仄以为诗谱的做法提出了批评。从本质上说，这些属于诗歌形式方面的规律也需要进行研究。但如果衍为倾向，就必然会把诗坛后起之人引入歧路，会使人背离诗的宗旨。严羽提出兴趣说，在创作中力主妙悟之说，其本意也在于此。严羽并不反对读书。他说，“非多读书，多穷理，则不能极其至”，就是这样良苦的用心。可是，从根本上说，他不赞成依靠书本知识进行创作，不认为学识的渊博与否会决定诗歌艺术水平的高下。因此他明确指出，“孟襄阳学力下韩退之远甚，而其诗独出退之之上者，一味妙悟而已。”袁枚在上述引文中所说的天分、学力之别，所批评的三种弊端，从正反两个方面都同严羽的主张相通。

此外，袁枚还在一些场合直接称赞严羽或引述他的观点。他认为，严羽借禅以喻诗，以阐明艺术境界无迹可求、不可凑泊的特征，都是非常精辟的见解。而王士祯把它推崇得过高，冯班又将其否定到一无是处，都不可取。① 他在论述诗歌艺术规律时，也或明或暗地援引严羽的观点以资说明。他在《续诗品》中说：

① 见《随园诗话》卷八。

> 思苦而晦，丝不成绳。……星月驱使，华岳奔驰。能刚能柔，忽敛忽纵。笔岂能然？唯悟所用。

这里所表现出的对悟的重视，同前面所讲到的主张性灵，反对格调的看法是一致的，并且也较为明显地表示出他对这位前代理论家思想的扬弃。

通过上述分析可以看出，袁枚同严羽之间在思想上的联系是多方面的。然而，他对这位前人并未过多地表现出推崇和肯定，用他自己的话来说，大概是“不取亦取，虽师勿师”① 的缘故罢。

如果从严羽所给予后代的影响的角度研究明清及近代的文艺思想，我们就会发现更多的像袁枚这种类型的思想继承者。他们离开严羽的时代越来越远，从严羽到前后七子学说的积极成果和偏颇之处，也逐渐看得很清楚了。在这种新的形势下，他们采取师其意、师其心，而不师其词的态度，也是理论成熟的表现。但是，由于以这种方式接受严羽影响的人很多，情况也千差万别，因此，要把这些表面上不易发现，而骨子里又的确在不同程度上接受其思想观点的学者都给予总结，将是十分困难的。这里我们只能从各个时代有突出建树的理论家那里，考察他的历史作用。

除了袁枚以外，王国维可以说是另一个对严羽有所继承而在自己的领域里取得杰出成就的理论家。王国维（1877—1927）字静安，号观堂，浙江海宁人。清末诸生，曾留学日本，归国后官学部图书馆编译，名词馆协韵。辛亥革命后，任

① 《续诗品》，人民文学出版社 1981 年版。

清华大学研究院教授。有《观堂集林》、《人间词话》、《红楼梦评论》、《宋元戏曲史》等，后汇编为《海宁王静安先生遗书》。王国维是近代杰出学者。他学贯古今，著述宏富。他在文艺批评领域取得了突出的成就。在诗词理论方面，他的《人间词话》是以新的理论观点和研究方法写成的重要著作。考察严羽对后世的影响，也绝不容忽略这部书。

在诗词理论研究中王国维提出了境界说，并以此构成了他的理论核心。他说：

> 词以境界为最上。有境界则自成高格，自有名句。五代、北宋之词所以独绝者在此。
>
> 境非独谓景物也。喜怒哀乐，亦人心中之一境界。故能写真景物、真感情者，谓之有境界。否则谓之无境界。①

这一学说以其新颖、深刻的见解在文艺理论界产生了极大的影响。对他的观点、理论，我们也不能单纯地、表面化地寻求其渊源所自。他比袁枚的情况复杂得多。他的观点中既有传统的思想资料，又有西方的理论和方法论。我们只能说，他同前代，特别是同严羽的思想有一定的关系。这种关系可以从他下面的论述中进行考察：

> 沧浪所谓兴趣，阮亭所谓神韵，犹不过道其面目。不若鄙人拈出境界二字为探其本也。

---

① 《人间词话》，人民文学出版社 1960 年版。

言气质，言神韵，不如言境界。有境界，本也。气质、神韵，末也。有境界，而二者随之矣。①

前一则引文是全文抄录了严羽关于兴趣的论述之后而说的。他将自己的观点同严羽、同王士祯的观点进行了比较，以证明自己的见解之鲜明、深刻。但是，我们从另一个角度加以分析的话，也完全可以看出，他对严、王之说是有所借鉴的。此外，他在论述境界，在对有些诗句进行分析、鉴赏之时，我们也似乎可以看出某些蛛丝马迹。如他说："'红杏枝头春意闹'，著一'闹'字，而境界全出。'云破月来花弄影'，著一'弄'字，而境界全出矣。"如果我们结合严羽的兴趣说，结合他关于词理意兴的观点来分析，这两句词所构成的境界，与水中月、镜中象的无迹可求之妙，也不无相通之处。

五、引起的争议与批评

严羽的影响突出地表现为明代理论家对他普遍地尊崇，对他的理论观点多方面引述和阐扬。这是严羽的殊荣。这是令中国古代任何文艺理论家都十分欣羡却又无法同他相比的特殊地位。

然而，在他去世之后，还有另一种反响，即他遭到一些人的尖锐批评。批评态度之激烈，批评问题之广泛，也是其他理论家不曾有过的。

我们认为，对于一个文艺思想家来说，他提出的观点、主

---

① 《人间词话》。

张为学术界所接受，被视为至理名言，被人们当做分析文学现象、解释文学史、文学创作中重要问题的圭臬，这是十分可贵的贡献。这也是后人容易看到的历史作用。但是，如果他研究的是一个新的领域，他提出了一系列全新的观点和方法，足可令世人惊愕，引起人们思考，那么，他的贡献也具有开创的性质。对于一个思想家来说，他在这方面的历史作用却不易为人们所承认。

严羽正是在这两方面都做出了历史贡献。对于他的前一种历史作用，我们已经讲得较为充分了。这里还要对他的后一类贡献略加梳理。

当严羽受到前后七子顶礼膜拜之时，以袁宏道为代表的公安派和继起的竟陵派则表现出一定的不逊之意。他们并不直接同严羽展开思想交锋，而是把矛头指向前后七子的复古主张。他们反对言必称秦汉、盛唐，反对在创作中模拟古人的做法。在这方面，前后七子的确显得肤浅。他们常常像鹦鹉学舌一样，重复严羽复古的言论，学习他模拟古人的做法。而在另外一些场合，公安派又表现出对严羽有所接受。他们从他关于兴趣说的理论中吸取一个趣字。同时，在对趣的阐述中，他们也或明或暗地跟在严羽的身后。如袁宏道《叙陈正甫会心集》一文说：

> 世人所难得者唯趣。趣如山上之色，水中之味，花中之光，女中之态，虽善说者不能下一语，唯会心者得之。

这里几乎完全袭用了严羽有关兴趣的论述方式和声口。正是从他们的态度和语言中，我们可以看出，严羽就像一个影子似的存在于他们文章的字里行间。

以否定者和批评者的身份表现出同严羽之间思想联系的理论家，当以钱谦益和冯班为代表。钱谦益和冯班是清初人，又有师弟子之谊。钱谦益论诗直接受公安派袁中道的影响。他论诗提倡真情实感，“诗者志之所之也。陶冶性灵，流连景物，各言其所欲言”①。他强调文学同情志的关系，并进而要求见诸文学表现的情应具有温柔敦厚的特点。由此可以看出，他的思想同严羽以至前后七子的思想相比，已经向儒家传统的诗教观复归。他不赞成把汉魏、盛唐诗歌视为极轨的复古的停滞的见解。他认为唐、宋、明各有自己的诗。因此，他反对前后七子的复古主张和模拟古人以为己作的行为。

他从这些有关文学的基本主张出发，虽然对严羽给予一定程度的肯定，却在很多情况下报以严厉的批评。他指出：

> 宋之学者祖述少陵，立鲁直为宗子，遂有江西宗派之说。严仪卿辞而辟之，而以盛唐为宗。信仪卿之有功于诗也。自仪卿之说行，本朝奉以为律令，谈诗者必学杜，必汉魏、盛唐，而诗道之榛芜弥甚。仪卿之言，二百年来遂若涂鼓之毒药。②
>
> 今以初、盛、中、晚唐为界分，又从而判断之，曰此为妙悟，彼为二乘；此为正宗，彼为羽翼。支离割剥，俾唐人之面目，蒙幂于千载之上，而后人

① 《范玺卿诗集序》。

② 《徐元叹诗序》。

之心眼，沉锢于千载之下。甚矣，诗道之穷也。[①]

从这些批评言论看，他对严羽略加肯定之后，便展开了严厉的笔伐。肯定性的文字说明他对严羽是有所接受的。然而，在否定的论述中就可发现，他对严羽的一些杰出的理论贡献也未能进行必要的分析。其意虽欲纠正前后七子乃至严羽的理论失误，但是，他在泼水之时，竟连洗澡的孩子也一齐倒掉了。

冯班是钱谦益的学生。其论诗也主于性情，主于温柔敦厚，甚至向汉代经学的文学观复归。他说：

以屈原之文，露才扬己，显君之失，良史以为深讥。忠愤之词，诗人不可苟作也。以是为教，必有臣诬其君，子讼其父者，温柔敦厚其衰矣。[②]

这段文字几乎是班彪、班固父子对屈原批评的转录。然而，这些看法早在东汉后期就被王逸等人所代表的新的思想所否定。事隔千有余年，再把这些观点作为自己的文学主张重新提出来，则未免过于落伍了。

冯班站在这样的基点上谈文学，他极力反对前后七子，反对江西诗派和严羽的理论主张。对严羽尤其斥之不遗余力。他撰有《严氏纠谬》一书，对《沧浪诗话》中几个部分逐一加以反驳。他指出，“沧浪论诗，只是浮光掠影，如有所见，其

① 《唐诗鼓吹集序》。
② 《陆敕先玄要斋稿序》。

实脚跟未曾点地”，“沧浪只是兴趣言诗，便知此公未得向上关捩子”。① 对于诗坛一致认同的兴趣说，他也不加分析地予以彻底否定。他对严羽以妙悟说为核心的创作论也嗤之以鼻。特别是对严羽以禅喻诗的做法和大量的以禅喻诗的言论，他逐一加以驳斥。他引述了严羽关于第一义、第二义，南宗、北宗，临济、曹洞之分以后，把严羽分别用来设比的各项综合在一起，从而得出结论，认为严羽误把临济同曹洞的对立当成了南宗北派之别，又认为他把曹洞归入小乘，最后说，“沧浪之言禅，不唯未经参学南北宗派，大小三乘，此最易知者，尚倒谬如此，引以为喻，不已妄乎?”

这些非常激切的批评似乎可以致严羽于死命。其实则不然。首先，他不加分析的一概否定，丝毫掩盖不了严羽那些具有开创性的理论观点的价值，无法改变人们对这些可贵的思想的继承和阐扬。其次，他的有些批评，如说严羽不了解佛门的基本情况就妄加比喻等，较易于造成模糊的认识。但是，如果人们对佛教历史略加梳理，就很容易看到，这些批评往往执著于一宗一派的辉煌时期，而对其后来的发展昧于所知。就以曹洞宗来说，诚然，它与临济宗同出于慧能禅师。但是，在经过几代发展之后，两派之间显出了差别。临济宗因有宗杲的主持而香火大盛；曹洞宗则日渐衰落，以至于连香火也难以为继，竟至于请临济大师法远代为选择接班人。严羽根据两派发展的实际设譬，并不意味着把曹洞宗归为北派或小乘禅。况且，任何比喻都只在其特定的范围内起作用。如果把比喻引向人们所限定的意义以外，或者把一组一组的比

① 《钝吟杂录》卷五。

喻编排到一起，从而找寻这些用以设譬的事物之间的问题，那么，任何比喻都显得充满矛盾，都会荒谬至极，不值一驳。但这仅仅是论者的假想敌，而不是论敌本身。在论辩中持这种态度，只能不利于自己从论辩中吸收可贵的思想材料，只能减少自己思想理论的价值，不会有其他结果。

任何时代的理论探讨或对前人理论的分析都应以思辨为基础。这样，才会使自己在思想领域有更多的建树。否则，只会走向自己主观愿望的反面。

严羽已经成为历史人物。他的思想也在中国文艺思想发展的过程中起到了应有的历史作用。古人对他推崇之时，不免褒奖过当；而对其批评之时，又贬抑太甚。真正对他进行客观地批评，是其所是，非其所当非，唯有今日，唯有对他进行科学的实事求是的评价。

索　引

人 名 索 引

三画

四画

五画

六画

七画

八画

九画

十画

十一画

十二画

十四画以上

文　献　索　引

三画

四画

五画

六画

七画

八画

九画

十画

十一画

十二画

十三画以上

重要词语索引

一至三画

四画

五画

六画

七画

八画

九画

十画

十一画

十二画

十三画

十四画

十六画

后记

二十多年前，我对宋代文学和文化思想怀有浓厚的兴趣，很想寻找一个合适的机会和角度，研究一下这个课题，以便更好地认识那些自己喜爱的人和有关的事件、成就。八十年代初，在我研究并撰写博士学位论文《诗经胜境及其文化品格》（后由台湾文津出版社出版，1993年）之时，对此又有了进一步的触发和一定程度的涉足。周代的礼对人的思想、性格的制约，孔子儒学对人的教育，程朱理学在人格理论方面的新的发展，文学同文化的深层关系，都关系到文学及文学理论的时代风貌和民族特色的形成。这个问题的深邃及其给予中国文学的决定性的影响，更深深地吸引着我。嗣后，在同日本学者合作，完成日本文部省课题《中国古代文学家人格理想的本质及其表现》时，我们对这个问题取得一些新的认识；我在该项课题中还撰写了《前代典范与宋代文学转向》一章。因此，当匡老主持《中国思想家评传丛书》的计划和选题公诸于世之时，关于宋代文艺思想家的选题引起我极大的兴趣。于是，我承担了《严羽评传》的研究撰写任务。

关于严羽的文论成就及相关思想，从古至今不断地有人进行研究，取得了一些可贵的成果。这成了我研究的前提和基础。我之所以对这一课题感兴趣，花费几年的时间和精力研究它，至少有三方面的原因值得特别提出来：其一，严羽是南宋后期文艺理论界的巨人，他的思想和理论建树具有超前的性质。他扬弃了当时文艺理论界的积极成果，将其推向新的思想高度。他对于文学的性质、宗旨，对于诗歌创作的基本原理，乃至评价诗歌的标准等一系列原则性问题，都提出了自己的新的看法。他的思想、观点不仅对当时的文艺理论界来说是个极大的冲击和突破，就是对当时正在走红的程朱理学来说，对于传统的儒家文学观来说，也都具有明显的离经叛道倾向。正因为如此，他的理论在当时较少同调，而在明代实学兴盛之际，他的思想观点不仅未被人们遗忘、抛弃，恰恰相反，他得到了几乎一个朝代的杰出诗人和理论家的拥护，直到清代，人们还要从他的论述中寻找积极的思想因素。并且，在他的思想启迪下所形成的观点、主张，都侧重于对艺术规律的直接探寻和总结。应该说，我们不仅要重视严羽的理论建树及其给予后代的影响，更应侧重研究其影响的实质。其二，严羽的家世、生长环境、他的师友交游和经历同他的思想的形成、学说的创立，有极为密切的关系，也是我们探讨一个思想家建立其学说的规律时必须解答的问题。然而，古往今来，人们对此却知之甚少，从而也无法说明严羽之所以成为严羽的必然原因。其三，严羽的理论具有非常丰富的内涵。对此，人们已经进行了一些探讨，然而，对于理论界和文学研究界来说，它仍然像一座有待开发的矿藏，能够向人们展现其绚丽的色彩。

上述理论难点同这一课题的学术价值同在，因此，它对我具有极大的吸引力。

鉴于这一课题的上述困难，我从基础工作作起：对他的诗进行整理、笺注、编年，以作为了解严羽生平的内证；多方搜集有关资料，编写他的年表、年谱，对其生平、家世形成基本的认识；深入研究当时有关思想资料，认识其理论观点同当时思想成就的关系；联系当时文学创作的实际，吸收文艺理论的新的成果，探讨他的理论的内涵。

在我所借鉴的研究成果中，郭绍虞、张文勋、陈伯海诸先生的启迪之力尤为突出，谨致谢忱。其他有关严羽的研究，有关宋代文学、思想的研究成果，直接、间接借鉴甚多，未能一一注出，敬祈见谅。

在研究过程中，南京大学中国思想家研究中心的领导和同志都很关心本书的撰写；责任编辑巩本栋先生为本书倾注了较多的心血，并惠赐参考资料；素昧平生的张伯伟先生慷慨地以自己珍藏的资料相助；敝师兄李炳海博士提供了《适园丛书》本《严沧浪先生吟卷》；还有一些朋友对本书的撰写给予了多方的关心和帮助，在此一并致谢。

本课题在辽宁省教育委员会立为重点科研项目，并获得经费资助，谨志于此。

许志刚
1995 年 10 月于大连

图书在版编目(CIP)数据

严羽评传 / 许志刚著. —南京：南京大学出版社，1997.1(2009.5 重印)
(中国思想家评传丛书/匡亚明主编)
ISBN 978-7-305-03006-2

Ⅰ.严… Ⅱ.许… Ⅲ.严羽(1191～1248)-评传 Ⅳ.K825.6

中国版本图书馆 CIP 数据核字(2006)第 021120 号

中国思想家评传丛书
严 羽 评 传
许志刚 著

南京大学出版社出版发行
社址：南京市汉口路 22 号 邮编：210093
电话：025-83596923 025-83592317 传真：025-83328362
网址：http://press.nju.edu.cn
电子邮箱：nupress1@public1.ptt.js.cn
南京爱德印刷有限公司 印刷
开本 850×1168 1/32 印张 11.125 字数 250 千
1997 年 1 月第 1 版 2009 年 5 月第 3 次印刷
印 数 3501—4500
ISBN 978-7-305-03006-2

定价：33.00 元